国际教育

教育理论与实践研究前沿

北京外国语大学中央高校基本科研业务费专项

『主要发达国家参与全球教育治理的政策比较研究』（2022TD002）资助成果

英国对外教育援助政策研究

王小栋／著

知识产权出版社
全国百佳图书出版单位
—北京—

图书在版编目（CIP）数据

英国对外教育援助政策研究 / 王小栋著 . —北京：知识产权出版社，2023.5
ISBN 978-7-5130-8724-7

Ⅰ . ①英… Ⅱ . ①王… Ⅲ . ①国际教育—对外援助—教育政策—研究—英国
Ⅳ . ① G556.10

中国国家版本馆 CIP 数据核字（2023）第 060823 号

责任编辑：王颖超 **责任校对：**谷 洋
封面设计：杨杨工作室 · 张冀 **责任印制：**孙婷婷

英国对外教育援助政策研究

王小栋 著

出版发行：知识产权出版社有限责任公司 **网 址：**http://www.ipph.cn
社 址：北京市海淀区气象路 50 号院 **邮 编：**100081
责编电话：010-82000860 转 8655 **责编邮箱：**wangyingchao@cnipr.com
发行电话：010-82000860 转 8101/8102 **发行传真：**010-82000893/82005070/82000270
印 刷：北京建宏印刷有限公司 **经 销：**新华书店、各大网上书店及相关专业书店
开 本：880mm × 1230mm 1/32 **印 张：**10.375
版 次：2023 年 5 月第 1 版 **印 次：**2023 年 5 月第 1 次印刷
字 数：230 千字 **定 价：**59.00 元
ISBN 978-7-5130-8724-7

序

作为全球教育治理重要的行为之一，国际教育援助被认为是现代国际援助体系的重要组成部分，也常被视为一种外交关系中的人道主义行为。英国是国际教育援助的主要力量之一，其行动目标、制度规范、战略措施、合作成效等在国际教育援助的发展中发挥了重要作用，积累了较为成熟的经验。英国也是参与全球教育治理的核心成员之一，其参与度、透明度及竞争力、领导力等在全球教育治理中具有独特的现实影响。

随着“人类命运共同体”理念的提出，以及《推进共建“一带一路”教育行动》的发布，我国的比较教育研究越来越重视教育在全球治理中的作用和价值，也更加重视国际教育援助在全球教育治理中的行动理念与行事逻辑。与此同时，在我国参与全球治理遇到各种挑战的情况下，了解并学习国际教育援助的政策规划与发展策略，理解并辨析全球教育治理中参与主体的国际合作与战略博弈，成为当代比较教育研究中的重要板块。目前我们对主要援助国的研究还处于起步阶段，缺乏系统性、规律性的研究与探讨，特别是针对某个国别的专项研究还有待补充。因此，系统地开展英国对外教育援助政策研究很有必要。

王小栋在攻读博士学位期间，我就让他开始关注有关国际教育援助的问题，并以英国作为研究对象开展国别专项研究。经过三年的努力，他对英国有关对外教育援助的政策文本、报告和学术文献进行了深入、细致的整理和分析。在英国访学的一年里，他开展了大量的访谈调研工作，不仅访谈了相关领域的专家与学者，还访谈了参与教育援助的政策实施者、第三方机构人员、志愿者等。同时，得益于受访者的协助，他收集到了大量的一手资料及信息，并完成博士学位论文。本书是在他博士学位论文的基础上进行修改、完善而形成的。作者选取公共政策过程的阶段启发式框架，深入、系统地分析了英国对外教育援助政策的制定、实施与评估。本书资料翔实、内容丰富、例证具体、分析深入，填补了我国对外教育援助领域有关英国研究的空白。

英国是国际教育援助行动目标的倡导者和践行者，其对外教育援助政策的制定、实施与评估，已经成为推动全球教育治理与发展的重要力量，且对我国对外教育援助项目的开展，特别是深化合作、全面参与全球教育治理具有一定的启发。作为参与全球教育治理的后发国家，我国的对外教育援助正在通过共建“一带一路”，不断加强对沿线国家的发展产生重要影响。尽管我们认为“中国对外教育援助在公共外交中将大有可为”，但也不能忽视我国的对外教育援助将受到全球环境的影响而面临各种挑战。作为具有国际影响力的援助国之一，英国对外教育援助的发展之路，呈现出主题清晰、形式多样、行动具体、经验丰富等特征，并提供了大量的政策模板与评估依据。从时间的维度上来看，这些经验也能够成为我国“一带一路”教育行动过程中对外教育援助的借鉴与参照。

以此为序！

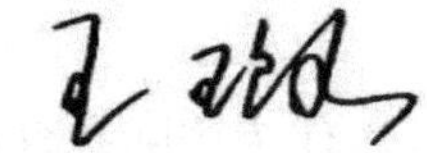

2022 年 11 月 15 日

前 言

作为国际教育援助的输出国之一，英国致力于帮扶贫困的发展中国家改善落后的教育困境，在基础设施建设、物资供应、人才培养等方面作出了很大的贡献。1997 年，随着布莱尔政府的上台，英国政府加强双边与多边的国际合作，转移了援助的重点，从中等教育、高等教育、职业技术教育逐步转向基础教育和幼儿教育。同时，随着联合国“千年发展目标”（Millennium Development Goals，MDGs）的逐步落实，英国进一步聚焦对外教育援助对象，从儿童教育转向女童教育，并延伸至边缘化女童的教育中，保证援助能够提供给真正有需要的儿童。此外，英国对外教育援助政策实施的机制完善，市场化管理体制健全，援助项目管理与实施成效显著。为了提高援助经费的使用价值，英国政府采用以结果为依据的支付方式，提高了对外教育援助的成效和经费使用的价值。

值得注意的是，2020 年 6 月，时任英国首相鲍里斯·约翰逊（Boris Johnson）宣布，将英国开展对外援助的机构国际发展部（Department for International Development, DFID）并入英国外交和联邦事务部（Foreign and Commonwealth Office,

FCO），并更名为“外交、联邦和发展事务部”（Foreign, Commonwealth & Development Office，FCDO）。由于机构改组时间较短，笔者所收集的资料和数据均源自 DFID 时期所开展的行动，故 DFID 时期的英国对外教育援助政策是本研究的重点。

研究发现，英国对外教育援助政策在制定的过程中，关注国际援助战略目标，迎合国际援助发展趋势，重视对国际援助的承诺以及受援国发展问题的解决，提升国际发展的领导地位。在对外援助政策制定的过程中，英国是国际教育援助目标的践行者。在实施对外教育援助的过程中，英国关注受援国当下的教育问题，从“量”的积累转变为“质”的提升，同时，通过加大经费投入，强化师资培养、国际合作、项目管理等内容，努力提高学生入学规模，逐步提升教育质量。

英国对外教育援助政策的实施制度完善，政府引入市场竞争机制，盘活承包方（第三方机构）的市场建设，且经费投入重结果、重效率。在对外教育援助政策实施的过程中，英国政府自上（政府）而下（承包方）地规范了援助工作人员的职责和义务。在这一过程中，援助决策机构简政放权，依靠市场化运作，培植专业的援助团队。同时，援助团队建设灵活、多样，实施方式新颖、先进。

英国对外教育援助政策的评估体系完善，评估方式与方法多样，可操作性强。评估的过程重结果、重证据、重经费使用效率。同时，英国政府重视对外援助的成效，重视评估的作用，从政策的制定、修改到政策的推行、实施，评估工作贯穿始终。作为对外教育援助政策评估的特色方式，英国引入了以结果为基础的支付方式，将评估结果与经费使用紧密捆绑，通过援助实施成效的过程性、终结性评估，提高了教育援助经费的使用效率。此外，对外教育援助政策评估的方式方法灵活多样，英国政府可根据项目的规模、国家背景、组织优势，制订合适的评估方案。

在对外教育援助政策实施的成效方面，英国对受援国以及国际合作组织的影响显著。首先，从数量上看，援助经费、儿童入学、师资培养、校舍建设等数值明显提高，但教育质量、师资水平、经费使用、基建维护、工作适应性等方面欠佳。其次，英国政府重视援助的可持续效应，目前正通过回访的方式，进一步检验并总结对外教育援助政策实施的可持续性。

目　录

第一章　绪　论

英国是国际教育援助的主要力量之一。从殖民时期至今，英国的国际援助发展已历经百年，在支持发展中国家经济建设、加强多边国际战略合作、重构全球政治秩序等方面产生深远的影响。对外教育援助便是英国开展国际发展援助的重要内容之一。

殖民时期，英国的国际援助带有宗主国的色彩，试图把英国的教育理念与教育制度输入殖民地国家。在国际政治舞台上，这类所谓的“教育援助”一直被政治家和学者诟病。“二战”后，英国出于人道主义立场，开始了真正意义上的国际援助，其向贫困的发展中国家，尤其是曾经的殖民地国家和地区提供教育援助，重点关注受援国的基础教育、职业教育、全民教育、女童教育和妇女教育等，注重提升教育质量、改善办学条件，对受援国人才培养、基础设施建设以及教育事业的发展作出了一定的贡献。

“冷战”结束后，英国对外援助的目的发生了转变，既有对自身国家利益的诉求，也有对国际道义的推崇。但在全球经济一体化的背景下，“国家”与“全球”两个概念之间的理念互动更加积极，这暗示了任何一个国家的问题都有可能跨越疆域的限制，并影响其他国家甚至全球的和平与发展。因此，全球合作成为新时期对外援助的常用概念。一方面，本着互利共赢的合作理念，国与国、国与地区之间的合作成为新形态。在这种合作中，英国致力于与受援国建立一种以相互尊重、相互信任为基础的新型关系，开展双边合作。另一方面，多边合作的形成，成为各国政要争夺国际话语权的舞台。作为联合国、世界银行（World Bank，WB）、经济合作与发展组织（Organization for Economic Co-operation and Development，OECD）等国际组织的重要成员，英国本身政治实力和经费贡献影响着国际援助事务的决策导向，以及国际援助的战略规划与发展方向。[1]

实际上，"援助"本身已经成为政治合作，或者说是国际合作的方式。英国是这场国际合作中的资深玩家，以领导者的身份自居，并将作为"世界领导者"这一理念直接写入英国对外援助的战略规划。同时，英国政府深知，对外教育援助（包括援外培训）投入少、见效快，影响深远，能够"温和"协调与殖民地国家间的关系，因此，英国逐步发展成为国际发展援助中影响力最大的国家之一。

在对外教育援助的过程中，英国是联合国全球发展目标的倡导者和贯彻者。2009年，英国将MDGs写入DFID发布的《消除世界贫困：建立我们共同的未来》（Eliminating

[1] 孙同全，周太东．对外援助规制体系比较研究［M］．北京：社会科学文献出版社，2015：245.

World Poverty: Building Our Common Future）政策文本中。2015年，又将“可持续发展目标”（Sustainable Development Goals，SDGs）写入DFID发布的《英国援助：在国家利益中处理全球挑战》（UK Aid: Tackling Global Challenges in the National Interest）政策文本中。

在践行联合国全球发展目标的过程中，英国对外教育援助的目标也发生了转向。英国对外教育援助由关注中等教育、高等教育转向了关注基础教育、儿童早教，援助的对象从儿童教育、女童教育转向了边缘化儿童特别是边缘化女童的教育。此外，在对外教育援助的过程中，英国政府也将终身教育的理念融入受援国的教育过程中，旨在帮扶受援国实现教育可持续发展目标。

同时，英国也是对外援助政策实施的规则制定者。在对外教育援助政策的制定、规划、实施与评估等方面，英国已经形成一套完善的、灵活的、可操作的机制和体系。英国对外援助的政策法规健全，所有的援助环节（自上而下的）有章可循、有章可依，可操作性强。但英国又不是援助项目的实际执行方，在对外教育援助政策的实施中，英国政府表现出老牌资本主义国家的特质。通过资本的输出，英国政府将援助项目市场化，运用竞标的模式盘活了整个“援助”市场，寻找到适合的政策实施方（第三方机构）。这一方式也简化了英国政府的部门职能，通过竞争的方式寻找到最佳的第三方合作团队，激励并完善了国际援助团队的专业化程度。

为了研究英国对外教育援助政策，本书以公共政策过程的阶段启发式框架为基础。在分析政策过程中，阶段启发式框架的使用较为普遍。它把政策过程分为一系列的阶段，通常包括议程设置、政策构建和合法化、政策实施以及评估，同时分析各阶段具体进程的影响因素。[1]本书选用三阶段划分的方法对英国对外教育援助政策进行研究，其中包括政策制定、政策执行、政策评估。之所以选择该三阶段分析框架，是因为该框架能够整合政策过程中众多繁杂零碎的政治事件，有助于对研究文献和访谈资料进行归纳、整理和提炼。同时，阶段启发框架是一个公共政策的“分解器”，有助于分析并解读英国对外教育援助的政策内容。

此外，托马斯·R.戴依认为，政策评估必须以“政策结果”为核心概念。政策结果有两类：一是政策产出，二是政策影响。[2]为了了解英国对外教育援助政策的实施情况，本书分析了政策实施的成效，发现了英国在对外教育援助过程中存在的问题。为此，本书提出并分析了以下几个问题：英国政府是如何制定对外教育援助政策的？英国政府是如何实施对外教育援助政策的？这些政策是如何被评估的？英国教育援助项目的开展取得了哪些成效，又存在哪些问题？

[1] 保罗·A.萨巴蒂尔.政策过程理论［M］.彭宗超，钟开斌，等译.北京：生活·读书·新知三联书店，2004：9.

[2] 托马斯·R.戴依.自上而下的政策制定［M］.鞠方安，吴忧，译.北京：中国人民大学出版社，2002：203.

第一节 国际援助与对外教育援助

在大国外交中，对受援国家开展援助活动，提供援助支持，比较常见的概念包括官方发展援助（Official Development Aid / Assistance）、海外援助（Overseas Aid / Assistance）、国际发展合作（International Development Cooperation）、国际援助（International Aid / Assistance）与对外援助（Foreign Aid / Assistance）等。[1]在学术研究过程中，多用“国际援助”和“对外援助”两个概念。与其他相关概念相比，“国际援助”是一个词义最为宽泛的概念，通常泛指资源以优惠或者无偿形式进行的跨国流动。其主体（援助者和受援者）不仅包括主权国家或者准主权国家实体，而且包括国际组织（政府间国际组织和非政府国际组织）、国内机构乃至个人。[2]而“对外援助”具有明显的指向性，指的是某一国（在经济、技术等方面）支援其他国家。约翰·怀特（John White）认为，“对外援助”这个术语只能严格地用来指一个国家的人民或机构对另一个国家的人民或机构

❶ 孙同全，周太东．对外援助规制体系比较研究［M］．北京：社会科学文献出版社，2015：4.

❷ 丁韶彬．大国对外援助：社会交换论的视角［M］．北京：社会科学文献出版社，2010：12-13.

所实施的帮助或计划进行帮助的行为。[1]

一、核心概念界定

（一）国际援助与对外援助

国内外学者从不同视角对国际援助的内涵和外延作了比较清晰的界定，不仅试图说明“国际援助是什么”的问题，而且说明了为什么要进行国际援助，如何开展国际援助。值得注意的是，在梳理国际援助这一概念时发现，为了体现出当代国际秩序与国际合作的复杂性，也出现了国际发展援助、国际发展合作等相关概念。简单来说，这些概念描述了国际援助中，国家与国家之间、国家与国际组织之间、国际组织与国际组织之间互动的关系。

丹尼尔·菲利彭科（Daniil Filipenco）认为，国际援助是富裕国家和发达国家给予发展中国家的援助。捐助者可能是政府、非政府组织、开发银行或各种国际组织。他们提供帮助是出于道德、慈善、政治或经济等多种原因。援助以多种形式提供，从贷款、赠款到捐赠农业设备等。[2]这与储祥银的观点较为一致，其认为国际发展援助是指发达国家或高收入的发展中国家及其所属机构、有关国际组织、社会团体以提供资金、物

[1] WHITE J. The politics of foreign aid [M] . London: Bodley Head, 1974: 7.

[2] FILIPENCO D. What is international aid? [EB/OL] . (2022-04-21)[2022-07-30] . https: //www. developmentaid. org/news-stream/post/141735/what-is-international-aid.

资、设备、技术或资料等形式，帮助发展中国家发展经济和提高社会福利的具体活动。[1]李小云等则拓展了该定义，从功能的角度强调了“国际发展援助……用以解决受援国的政治、经济、社会环境等发展过程中遇到的问题”。[2]在合作方式上，韩国政府在2010年出台的《国际发展合作框架法》中强调，国际发展合作分为多边和双边两种，国家、地方或公共机构以有偿或无偿方式，直接或间接与合作伙伴国开展的发展合作是双边发展合作；通过向致力于发展中国家经济发展和福祉事业的国际机构捐款或者投资以及优惠贷款等方式，开展的合作为多边发展合作。[3]这也是目前国际援助两种合作方式的普遍理解。

目前，国际上比较广泛采用的定义是由OECD的发展援助委员会（Development Assistance Committee，DAC）提出的，即由官方机构，包括中央政府和地方政府或其执行机构，对发展中国家及多边机构所提供的资金，且必须符合两个标准：第一，以促进发展中国家的经济发展和福利为主要目的；第二，具有“优惠”（concessional）的本质，且援助必须包含至少25%的赠予成分（grant elementary）。[4]其援助行为包括项目援助、方案援助、现汇、物资、人力资源培训、研究开发项目、

---

[1] 储祥银.国际经济合作实务［M］.北京：对外经济贸易大学出版社，2000：495.

[2] 李小云，唐丽霞，武晋.国际发展援助概论［M］.北京：社会科学文献出版社，2009：1.

[3] 孙同全，周太东.对外援助规制体系比较研究［M］.北京：社会科学文献出版社，2015：4.

[4] Official Development Assistance. Definition and coverage［DB/OL］.（2016-10-14）［2022-07-30］. http：//www. oecd. org/dac/stats/officialdevelopmentassistancedefinitionandcoverage. htm.

债务免除以及向非政府组织提供捐助。与以往的概念有所不同，OECD 提出的这一概念更具有可操作性和约束性，规范了开展国际援助的程度和义务。

相对于其他概念，“对外援助”这一概念在国际援助领域的使用频率较高。尽管有学者认为，“对外援助”等同于“国际援助”，[1]但从概念的使用情况来看，它至少包含两个既相互区别又相互联系的含义。[2]对外援助最常用的含义通常指主权国家提供的包括发展援助、军事援助、人道主义援助等各种形式在内的援助。与国际援助不同，对外援助的主体一般仅指主权国家。当我们说“对外援助是对外政策工具”的时候，常常是在这一意义上使用的。援助者主要是发达国家，但也可以是发展中国家；而受援者主要是发展中国家。[3]目前的受援国更多集中在次贫国家（Less Developing Country）和最贫国家（Least Developing Country）。刘丽云则思考了对外援助的本质，认为战后以来存在三种对外援助观，即现实主义、理想主义与激进主义。现实主义以民族国家框架为主导考虑对外援助行为，视对外援助为实现国家利益的工具，重视双边战略援助；理想主义从国际共同体角度出发考虑对外援助，将对外援助视为一种义务和责任，主张通过援助促进发展中国家的人权、民

---

❶ FILIPENCO D. What is international aid? [EB/OL]. (2022-04-21)[2022-07-30]. https://www.developmentaid.org/news-stream/post/141735/what-is-international-aid.

❷ 丁韶彬. 大国对外援助：社会交换论的视角 [M]. 北京：社会科学文献出版社，2010：13.

❸ 丁韶彬. 大国对外援助：社会交换论的视角 [M]. 北京：社会科学文献出版社，2010：13.

主与繁荣；激进主义将对外援助视为新殖民主义，呼吁建立一种公正的对外援助机制。[1]

实际上，多数学者还是从援助的目的、方式和意义界定"对外援助"这一概念。2011 年，中国政府在发布的《对外援助白皮书》中所描述的对外援助目的和方式是，"帮助受援国增强自主发展能力，丰富和改善人民生活，促进经济发展和社会进步……属于南南合作范畴，是发展中国家间的相互帮助"。[2]罗红波从方式的层面将"对外援助"界定为对其他国家和地区给予物资、资金和技术等实质性的支援。[3]对外援助资金主要有三种类型，即无偿援助、无息贷款和优惠贷款。[4]张郁慧的界定更为全面，她认为，对外援助是指援助国或国家集团、援助组织、社会团体乃至个人处于政治、经济、人道主义等方面的动机，以优惠的方式向受援国或国家集团提供资金、物资、技术和人力等帮助。[5]卡罗尔·兰开斯特（Carol Lancaster）的观点则更为具体，认为对外援助是公共资源的转移，是从一个政府转移到另一个独立政府、非政府组织或者国际组织（如世界银行或联合国开发计划署），这些转移资源至少

---

[1] 刘丽云 . 国际政治学理论视角下的对外援助［J］. 教学与研究，2005（10）：83-88.

[2] 孙同全，周太东 . 对外援助规制体系比较研究［M］. 北京：社会科学文献出版社，2015：5.

[3] 罗红波 . 意大利：独具特色的发展合作政策［M］// 周弘 . 对外援助与国际关系 . 北京：中国社会科学出版社，2002：402.

[4] 孙同全，周太东 . 对外援助规制体系比较研究［M］. 北京：社会科学文献出版社，2015：5.

[5] 张郁慧 . 中国对外援助研究（1950—2010）［M］. 北京：九州出版社，2012：18-26.

有 25% 是无偿捐赠，目的之一是改善受援国人民的状况。[1]

通过对“国际援助”和“对外援助”概念的梳理发现，目前国内外学者对相关概念的界定，主要包含援助目的、援助主体、援助形式、援助性质等四方面内容。从援助目的来看，国际援助的目的可以从广义和狭义两个方面来划分，从广义上讲，国际援助是基于政治、经济、人道主义目的开展的；而狭义的国际援助目的是改善生产、经济、卫生、教育等，解决受援国的政治、经济、社会环境等发展过程中遇到的问题，促进发展中国家的经济发展，提高公共福利。由于国家利益的不同，援助目的呈现出三种表现形式，即为了受援国利益还是自利，抑或互利共赢。从援助主体来看，援助主体是在援助方与受援方的互动间确立的。援助的主体通常分为官方机构和个人。官方机构通常是指国家、地方政府、公共机构、社会团体、国际组织等。个人则是指在援助过程中，以个人名义出资捐助的行为个体。从援助形式来看，国际援助建立在国与国之间的关系中，是从“富”向“穷”、“先进”向“落后”、“发达”向“发展”的跨国流动。从广义上讲，援助的形式分为多边或双边援助合作。从狭义上讲，援助则包括人、财、物三种形式。“人”主要指为受援国培养人才与输出人才；“财”主要指资金的支持和支付的转移；“物”主要指设备、技术或资料的供给。从援助性质来看，在援助的过程中，援助的性质可以分为三种，即优惠、有偿和无偿。在援助的过程中，DAC 还会

---

[1] LANCASTER C. Foreign aid: diplomacy, development, domestic politics [M]. Chicago: The University of Chicago Press, 2007: 9-17.

对优惠的比例有所要求。

本书关注英国政府对他国的援助行为。这里所指的他国，通常是指次贫国与最贫国。其行为本身出现了“发达国家”帮扶“发展中国家”的倾向。因此，本书选用“对外援助”一词作为核心概念，且根据以上分析将其定义为，发达国家或高收入的发展中国家及其所属机构、相关的国际组织、社会团体乃至个人出于政治、经济、人道主义等方面的动机，向贫困落后的发展中国家或地区，通过有偿、无偿、优惠等多边和双边的援助合作行为，提供人力、物力、财力上的支持，解决受援国政治、经济、社会环境等发展过程中遇到的问题，促进其经济增长，提高公共福利。

（二）国际教育援助与对外教育援助

教育援助（Education Aid）是国际援助的一种表现形式，[1] 属于国际援助的专项领域之一。正如梳理国际援助概念时所发现的，其相关概念具有统一的共识，但缺乏统一的界定。有学者将“国际教育合作”（International Cooperation in Education）翻译成“国际教育援助”，其主要是针对学校教育和其他正规教育机构的援助活动，但从促进国家和个人发展，以及人力资源开发需求等角度来看，职业培训、远程教育、扫盲和市民教

[1] FILIPENCO D. What is international aid? [EB/OL]. (2022-04-21)[2022-07-30]. https://www.developmentaid.org/news-stream/post/141735/what-is-international-aid.

育均应被包含在国际教育援助的范围内。[1] 为何用“合作”而不用“援助”一词，这本身属于国家立场与国际关系对所谓“平等”的考量，在此不作讨论。“合作”的范围和边界本身更为宽泛，而“援助”具有了某些合作的属性。因此，本书将具有援助特征的国际教育合作视为国际教育援助的一种。

在国际教育援助概念的界定上，日本学术界和官方用“国际教育协力”来描述其对国际教育援助的理解。日本学者菊本虔将“国际教育协力”定义为既有国家层面的活动，也有国际组织层面的活动，如联合国教科文组织（United Nations Educational, Scientific and Cultural Organization，UNESCO）、联合国儿童基金会（United Nations International Children's Emergency Fund，UNICEF）等。另外，非政府组织（Non-Governmental Organization，NGO）所开展的教育援助活动也包含其中。国际教育协力根据其活动形式，既有人才、资金的交流，亦有信息交流。各种形式的交流不仅在发达国家间进行，也在国际机构组织或发达国家和发展中国家间进行，当然，也包括发展中国家间的交流。[2]

赵玉池、陈时见在对国际教育援助进行概念界定时更注重教育援助的目的和形式。他们认为，国际教育援助是国际间援助方对受援方在教育领域所提供的贷款、无偿赠款及专业技术

---

[1] 顾建新．国际援助非洲教育发展及对我国的启示［J］．西亚非洲，2008（3）：54.

[2] 菊本虔．國際教育協力の構築に関する基礎的研究［EB/OL］．（2009-12-06）［2016-10-01］．http：//www. ile. tsukuba. ae. jp/rehp/jp/hp/survey/hg/hgreportl. pdf.

资源的一种援助形式，以帮助这些国家和地区改善教育，并最终促进生产、经济、卫生和公共福利的改善。同时，国际教育援助非常重视对受援国人力资源的开发，在援助中注重对教师、校长、教育行政管理人员及各级项目管理人员的培训。此外，国际教育援助还为发展中国家的学生、教师、学者提供了到工业化国家进修、学习、调研和考察的机会，同时派遣大批专家赴发展中国家提供技术援助，为发展中国家教育的发展奠定了人才基础。[1]

对外教育援助本身具有国际教育援助的一般属性。正如对“国际援助”和“对外援助”进行概念辨析可知，对外援助更具指向性，其援助国的教育物质、资源甚至理念，能够从“发达”流向“发展”、“先进”流向“落后”的地区和国家。因此，对外教育援助比国际教育援助更具指向性。也就是说，对外教育援助的客体（受援方或受援国）更具有针对性，专指在教育领域的援助，其目的是促进受援国的教育发展与改善。徐辉认为，教育援助是国际组织和富裕先进国家对贫困落后国家、地区的援助，以帮助这些国家或地区改善生产、经济、卫生、教育和公共福利。它是以援助投资、技术援助、发展援助和国家发展教育等名义进行的人力、物力、财力和技术上的帮扶和支持。[2]这与靳希斌等的观点相似，强调国际教育援助本

---

❶ 赵玉池，陈时见．国际教育援助及其对世界教育发展的影响［J］．比较教育研究，2010（10）：49-54.

❷ 徐辉．战后国际教育援助的影响、问题及趋势［J］．外国教育研究，2000（1）：35.

质上是国际教育资金的一种融通渠道。[1]翁士洪则认为，教育援助是指对处于相对弱势环境中的教育受益主体（学生），进行综合智力和物资两方面的教育扶持与帮助，以实现所有儿童的教育方面的平等和教育的均衡发展。[2]从狭义的角度讲，教育援助属于基础性教育供给，供给的方式多样，如资金拨款、师资培养、学生培养、校舍建设等，最核心的目的是改善受援国全民教育，增加受援国发展内动力，保证受援国经济、社会发展具有可持续发展的能力。因此，在实施教育援助项目中，包括职业培训、远程教育、扫盲和市民教育。

此外，上别府隆夫（Takao Kamibeppu）在《20 世纪 50—90 年代日本对发展中国家的教育援助政策史：次级政府程序的作用》一书中，划分了对外教育援助的四种模式。第一，双边的赠予援助（Bilateral Grant Aid），多以计划、研究或硬件建设（如学校建设）、文化活动等形式推广。第二，双边的技术合作（Bilateral Technical Cooperation），指的是双边合作中的教育援助。例如：受援国委托的技术培训，派遣专家学者、调查团队、志愿者到受援国开展援助服务等；设备及物资的供应；共同合作的计划方案；受援国发展现况调查的研究计划。第三，双边的借贷（Bilateral Loans），如同 WB、UNICEF 等的借贷方式，所借贷的经费被指定用于受援国或地区教育援助的工作。第四，多边机构合作（Contributions to Multilateral

---

[1] 靳希斌，安雪慧，闫国华，等．国际教育援助研究：理论概述与实践分析［M］．福州：福建教育出版社，2008：12-13.

[2] 翁士洪．治理呼唤制度：教育援助的非正式制度研究［M］．北京：中国社会科学出版社，2015：20.

Organizations），是指援助国与国际组织合作，参与受援国的援助行动，推动如职业教育、小学教育、中学教育、非正式教育等相关的项目。[1]

基于以上的概念分析发现，对“国际教育援助”或“对外教育援助”的概念界定主要涉及援助目的、援助主体、援助形式三个方面。首先，对外教育援助的目的有广义和狭义之分。狭义的对外教育援助目的是促进受援国或受援地区的教育发展，通过重新整合或转换教育资源，帮助受援国改善教育现状，开发教育资源，提高教育质量，以期实现教育平等、均衡发展。广义的对外教育援助目的则关注社会的发展和人民的福祉，改善受援国的生产、卫生、教育和公共福利，促进人力资源开发以及社会、经济、国家的发展。

其次，对外教育援助的主体包括施援国以及国际组织。实施对外教育援助的国家（施援国）通常是富裕、先进的国家，发达国家和发展中国家均包括在内。而国际组织种类较多，可分为政府间国际组织（如联合国、欧洲联盟、北大西洋公约组织、东南亚国家联盟等）与非政府间国际组织（如国际红十字会、红十字与红新月会国际联合会、绿色和平组织等）。

最后，对外教育援助本身是一种合作形式，主要通过双边与多边两种合作形式开展。双边援助是指两个国家或地区之间通过签订教育援助协议或合作协定，由一国（援助国）以直接

[1] KAMIBEPPU T. History of Japanese policies in education aid to development countries, 1950s-1990s: the role of the subgovernmental processes [M]. New York & London: Routledge, 2002: 9.

提供无偿或有偿款项、技术、设备、物资等方式，帮助另一国（受援国）发展教育或教育扶贫而进行的援助活动。多边援助则是指多边援助机构利用成员捐款、认缴股本、优惠贷款及在国际资金市场借款或业务收益等，按照制定的教育援助计划向发展中国家或地区提供的教育援助。[1]

综上，本书选用“对外教育援助”一词作为核心概念，将对外教育援助定义为，国际组织或富裕先进国家，通过双边和多边等合作形式，为贫困国家或地区的教育发展提供人力、财力、物力、信息、技术上的支持，帮助受援国重新整合或转换教育资源，以期改善受援国的教育，激活受援国可持续发展的内动力，并最终促进人力资源开发以及社会、经济、国家的发展。

二、研究现状述评

（一）关于对外教育援助的研究

1. 对外教育援助的历史沿革

国际援助的发展可以追溯到殖民时期，[2]英国是这一时期的典型代表之一。但对国际教育援助的起源认定却存在争议。阿诺德·M. 扎克（Arnold M. Zack）指出，殖民时期的非洲，殖

---

❶ 黄梅波. 国际发展援助的有效性研究：从援助有效性到发展有效性［M］. 北京：人民教育出版社，2020：11.

❷ 赵玉池. 国际教育援助研究［D］. 重庆：西南大学，2010：104.

民者对非洲人力资源的开发方面基本没做什么工作，“一战”前非洲教育的任何显著进步基本上都是基督教和穆斯林的传教团开展活动的结果。殖民者更多的是考虑如何监管而不是开展新的基本的教育项目。❶ 与之不同的是，袁本涛认为，国家教育援助的历史应该从殖民时代算起，殖民时代的国际教育援助主要以教会组织、基金会等非政府机构的援助活动为主，政府援助相对较少。他将国际教育援助的历史发展划分为三个阶段，即殖民地时代的国际教育援助、“冷战”时代的国际教育援助、“冷战”后的国际教育协作。❷

目前普遍认为，“二战”前所谓“国际教育援助”带有“思想灌输”的政治意味，是宗主国在殖民国家和地区推行自己的教育制度。虽然该阶段有援助的性质，但由于其不纯粹的政治目的，并不属于真正意义上的国际教育援助。直至“二战”后，殖民地国家先后获得独立，真正意义上的国际教育援助才产生。20 世纪 60 年代初期，教育首次被纳入国际援助中。最初，开展教育援助是为了支持劳动力发展计划，强调职业培训、工程教育及应用技术。尽管基建投资如铁路、交通、桥梁、农业、工业机械是援助的首选，但是它们需要通过教育来培养技术工种，用以维护基建设施的正常运行。直到 20 世纪 80 年代，国际援助才将中小学教育、人文社科、专业教育、教

---

❶ ZACK A M. The impact of western trade unconism［C］//Proceedings of the 1962 Spring Meeting of the Industrial Relations Research Association，1962：524-531.

❷ 袁本涛 . 发展教育论［M］. 南京：江苏教育出版社，2005：467-468.

育研究等纳入其中。[1]

根据“二战”后国际教育援助的发展以及各个时期的变化特征，对国际教育援助的历史划分也存在不同。徐辉将其划分为四个阶段：第一，重建与恢复阶段（1946—1950年）；第二，发展援助阶段（20世纪50年代初至60年代末）；第三，过渡阶段（20世纪70年代）；第四，全面发展阶段（20世纪80年代至今）。[2]随着全球化的日益加剧，教育援助开始向教育合作和教育国际贸易转变。1989—1994年，OECD/DAC成员方的对外教育援助活动数量呈下降趋势，但是教育领域的国际合作却在不断增多。因此，国际教育援助历史演进出现了新的划分。顾建新将其划分为五个时期：第一，人力资本时期；第二，结构调整时期；第三，管治时期；第四，减贫与市场时期；第五，新知识经济时期。[3]而赵玉池整合了以往的研究对国际教育援助阶段划分的特点，分析了当今国际教育援助的趋势，将其总结为四个阶段：第一，国际教育的兴起和快速发展阶段（“二战”后到20世纪60年代末）；第二，国际教育援助的深化阶段（20世纪70年代）；第三，国际教育援助的调整阶段（20世纪80年代）；第四，国际教育援助的全面发展阶段（20世纪90年代）。[4]

---

[1] HEYNEMAN S P. Foreign aid to education, recent US initiatives: background, risks, prospects [J]. Peabody Journal of Education, 2004, 80 (1): 107-119.

[2] 徐辉. 国际教育初探：比较教育的新进展［M］. 成都：四川教育出版社，2005：144-158.

[3] 顾建新. 国际援助非洲教育发展及对我国的启示［J］. 西亚非洲，2008（3）：55.

[4] 赵玉池. 国际教育援助研究［D］. 重庆：西南大学，2010：104.

对国际教育援助历史阶段的划分，需要关注援助目的、援助行为、援助性质等方面内容。在不同的国际背景下，对外教育援助的发展形式和运作手段有其特点和特性，因此，对不同时期的援助行为进行研究，对国际教育援助的历史认知以及本质进行探究，也具有重要意义。例如，马里奥·诺威利（Mario Novelli）分析了“冷战”后至“圣战”（Holy War）间的国际教育援助发展，特别是在研究伊拉克和阿富汗开展的教育援助时发现，长期的教育援助对国家的发展和工人们的安全有负面影响。[1]但是，吉尔·卡尔博尼耶（Gilles Carbonnier）等认为，20 世纪六七十年代，英国官方发展援助（Official Development Assistance，ODA）的界定和范围都有了极大的扩大，而 20 世纪 70 年代以后的国际教育援助的内涵与外延也发生了变化。[2]因此，国际发展合作不得不涵盖新关注的领域，以适应新的目标。[3]

2. 对外教育援助的主体

对外教育援助的主体主要有政府、企业、非营利组织、学校与个人等。目前，学者们更多地关注政府部门和非营利组织的双边与多边教育援助行为。政府部门包括 DFID、美国国际开发署（United States Agency for International Development，USAID）、

[1] NOVELLI M. The new geopolitics of educational aid：from cold wars to holy wars［J］. International Journal of Educational Development，2010，30（5）：453-459.

[2] CARBONNIER G，CARTON M，KING K. Education, learning, training：critical issues for development［M］.Boston：BRILL NIJHOFF，2014：19.

[3] KING K，BUEHERT L. Changing international aid to education［R］. Paris：UNESCO，1990：60-67.

澳大利亚国际援助委员会（Australian Agency for International Development，AusAID）、日本国际合作机构（Japan International Cooperation Agency）等。[1] 例如，伊丽莎白·A. 卡斯提（Elizabeth A. Cassity）研究了澳大利亚援助政策的有效性，强调了 AusAID 在全球发展中所扮演的角色，重点关注了该机构教育政策、国际扶贫与可持续发展目标间的关系。[2] 苏阳研究了美国国际开发署，介绍了美国通过对外教育援助，改善了受援国的基础设施建设，提高了教育质量，加强了人员配需和机构能力建设等。[3]

非营利组织包括 UNESCO、OECD、UNICEF、WB 等，非营利组织以合作的方式（多边援助、双边援助）向受援国家提供人力、财力、物力等方面的援助，帮助其地区促进教育发展。例如，琼·德嘉菲儿（Joan DeJaeghere）与南希·裴罗斯基·威格尔（Nancy Pellowski Wiger）研究了多个 NGO（UNESCO、WB 等）在孟加拉国的援助过程中，倡导不同性别的平等话语权。[4] 沈蕾娜研究了世界银行对发展中国家高等教育的政策和影响，重点关注援助的教育理念、援助方式、援

---

[1] COLEMAN J S. Equality of educational opportunity [M]. Washington: U. S. Government Printing Office, 1996: 15.

[2] CASSITY E A. More effective aid policy? AusAID and the global development agenda [J]. Comparative Perspectives, 2008, 9 (2): 2.

[3] 苏阳. 美国对外教育援助政策研究：以美国国际开发署为例 [D]. 北京：北京师范大学，2016：54.

[4] DEJAEGHERE J, WIGER N P. Gender discourses in an NGO education project: openings for transformation toward gender equality in Bangladesh [J]. International Journal of Educational Development, 2013, 33 (6): 557-565.

助内容和援助目的，揭示了援助服务的转向。[1] 此外，瓦然卡纳·考克匹塔克（Warangkana Korkietpitak）等调查了日本国际合作机构与非政府组织的合作，讨论了其对日本灾后重建的合作行为及其关系。[2]

3. 对外教育援助的目的

各国进行对外教育援助的目的有所不同，但总体上可以归为社会公平、经济改善、国家发展三个方面。以孟加拉国为例，琼·德嘉菲儿与南希·裴罗斯基·威格尔研究了 NGO 在孟加拉国开展的教育援助工作，强调 NGO 在学校微级别（Micro-level）的变革中扮演的角色以及起到的作用，关注教育援助过程中的性别平等问题和社会公平问题。[3] 凯文·A. 季（Kevin A. Gee）则研究了孟加拉国的非正式教育，发现了性别与学业成就的关系，即女生在学业中能够取得与男生同样的成就，该研究旨在促进性别平等，倡导社会公平。[4]

由于对外援助的受援国经济发展水平不同，其援助目的也会有所不同。那些落后的发展中国家主要解决的是，人成为公

---

[1] 沈蕾娜. 世界银行对发展中国家高等教育的政策和影响：以亚非四国为例［D］. 北京：北京师范大学，2009：41-43.

[2] KORKIETPITAK W，RAUNGRATANAAMPORN I，KAEWKUMKONG A，et al. Human security and Japan international cooperation agency and non-governmental organizations collaboration：a case study of great east Japan earthquake/tsunami［J］. Procedia Environmental Sciences，2013（2）：909-917.

[3] DEJAEGHERE J，WIGER N P. Gender discourses in an NGO education project：openings for transformation toward gender equality in Bangladesh［J］. International Journal of Educational Development，2013，33（6）：557-565.

[4] GEE K A. Achieving gender equality in learning outcomes：evidence from a non-formal education program in Bangladesh［J］. International Journal of Educational Development，2015，40（6）：207-216.

民的初始公平问题，即教育的起点公平，重点关注贫困儿童等特定群体的特殊性公平。[1]但对于经济、教育水平相对较好的受援国，其主要解决教育结果公平的问题。具体来说，是对贫困儿童等特定群体的特殊性公平，转向关注所有儿童的一般性公平。[2]但是，两者都需要通过教育的过程公平来实现，对外教育援助政策的实施就是保证其过程公平的重要一环。

此外，对外教育援助的主要受众对象为儿童和妇女，特别是边缘化儿童的教育问题，其目的是打破传统习俗与宗教观念的桎梏，捍卫女性在落后环境中的生存与发展权利，并通过教育培养唤醒女性独立意识的觉醒。总的来说，对外教育援助的目的是，通过在受援国和地区开展教育活动，启迪人们的心智，促进其生产、经济、卫生、人民福祉等方面的发展，保证人民在经济和物质上能够自给自足，摆脱落后的社会面貌，而最终目的是实现受援国的政治、经济、文化的全面发展。

4. 对外教育援助的方式

对外教育援助主要包括双边与多边两种合作方式。但从研究者关注的具体操作层面来看，对外教育援助的方式还包括赠予、贷款、技术等多个方面。双边捐赠主要有教育与科研项目、基础设施（如校舍项目、基础工程、文化活动等）；双边贷款主要是指用于教育事业发展的长期低息贷款；双边技术合作包括接受培训人员、派遣专家、调查队和志愿者，为上述人

[1] 翁士洪．治理呼唤制度：教育援助的非正式制度研究［M］．北京：中国社会科学出版社，2015：12–17.

[2] 朱利安·勒·格兰德．另一只无形的手：通过选择与竞争提升公共服务［M］．韩波，译．北京：新华出版社，2010：25.

员开展工作提供相关的设备与物资，融合了技术合作与捐赠援助两方面的工程型合作，发展调查和发展合作工程等。多边捐赠主要是指为UNESCO、UNICEF、联合国开发计划署（United Nations Development Programme，UNDP）等国际组织提供教育援助活动经费。[1]

目前在探讨对外援助的方式时，研究者主要从双边和多边的合作中讨论对外教育援助所使用的具体方式。例如，史蒂夫·P.赫尼曼（Stephen P. Heyneman）与波密·李（Bommi Lee）研究了教育援助中双边、多边组织及个人捐助的方式，讨论了实施教育项目中出现的主要问题。[2]滕珺等在研究中非教育合作与交流的过程中，指出中国对外教育援助的方式，即双边为主，兼顾多边。中非教育合作项目现在主要还是依据双边协议，强调双向对称的交流，双边合作的机制化特征明显。但是当前中非教育合作方式在强调双边主义的同时，并不排斥多边合作。[3]翁上洪则对国际教育援助的方式划分了层次，他认为对外教育援助可分为三个层次，包括对贫困家庭学生的整体救助、对贫困地区和民族地区等弱势群体地区的整体性救助和对贫困落后国家的救助，即国际的教育援助。教育援助同时

---

[1] KAMIBEPPU T. History of Japanese policies in education aid to development countries, 1950s–1990s: the role of the subgovernmental processes [M]. New York & London: Routledge, 2002: 7–9.

[2] HEYNEMAN S P, LEE B. International organizations and the future of education assistance [J]. International Journal of Educational Development, 2016, 48: 9–22.

[3] 滕珺，李笑旭，陈柳. 中国：一个新兴教育援助国的历史基础与未来挑战——基于“中非教育合作与交流”的批判性文献分析 [J]. 北京师范大学学报，2016（1）: 21.

包括物质援助和智力援助，不仅指目前国内学者通常所指的对贫困学生的经费资助，如各种援助主体捐资助学、捐助用于硬件投入、校舍、设施、办学经费、教学设备、图书资料、活动场地等方面，也包括各种支教教师，比如国际志愿者、研究生支教团、西部计划志愿者、三支一扶、教师对口支援、大学生实习支教、社会上自发组织的志愿者支教活动等智力援助。❶

因此，对外教育援助的方式“不仅意味着援助方和受援方之间资金的转移，同时也意味着知识和技术及其他相关教育资源的转移”❷。也可以说，对外教育援助方式，不仅让受援国获得了必要的援助经费、先进的教育方法、有效的教育技术等，也服务了受援国教育研究、管理、规划和科学决策能力与建设水平的提升。

5. 对外教育援助的影响

国际教育援助是战后世界教育大发展尤其是欠发达国家教育发展的不可取代的因素。❸基于研究视角的不同，国际教育援助可以分为宏观的（国家、社会层面）影响研究和微观的（仅限于国家教育本身）影响研究。

在宏观层面，研究者更加关注对外教育援助行为对受援国社会、经济以及政治制度的影响。孙玲与靳希斌等在研究对外

---

❶ 翁士洪．治理呼唤制度：教育援助的非正式制度研究［M］．北京：中国社会科学出版社，2015：20.

❷ 赵玉池，陈时见．国际教育援助及其对世界教育发展的影响［J］．比较教育研究，2010（10）：49.

❸ 徐辉．战后国际教育援助的影响、问题及趋势［J］．外国教育研究，2000（1）：36.

教育援助的影响方面，结论较为相似，均认为：国际教育援助能够改善受援国教育总投入不足；推动受援国义务教育的普及与均衡发展；加强受援国教育制度和教育规划的建设；提升受援国人力资源的水平；促进世界范围教育研究的发展。[1]丹尼斯·卡葛奈（Denis Cogneau）和简·大卫·纳德特（Jean David Naudet）研究了援助的分配方式，指出援助能够改善贫困国家的现状，促进教育机会的公平。[2]在研究对外援助行为与受援国经济增长关系时，伊丽莎白·阿斯杜（Elizabeth Asiedu）和波斯·纳德瓦（Boaz Nandwa）认为，教育援助能促进经济增长，其原因是教育能提高人力资本能力，增加受援国的教育投入，同时，教育可以促进生产力的提高和技术进步，并改善人们的健康。[3]卡萨德尔·比其乐（Kassandra Birchler）与卡萨丽娜·密歇洛娃（Katharina Michaelowa）强调，援助经费的增加能够成功地促进学生在校的注册率，而最明显的效果来自对教育设施的提供和对人员的培训。[4]史蒂芬·考撒齐（Stephen Kosack）在研究中指出，受援国改善基础教育的政治愿望

---

[1] 孙玲．教育投资效益研究：世界银行贫困省教育发展项目案例分析［D］．北京：北京大学，2003：1；靳希斌，安雪慧，闫国华，等．国际教育援助研究：理论概述与实践分析［M］．福州：福建教育出版社，2008：73-79.

[2] COGNEAU D，NAUDET J D. Who deserves aid? equality of opportunity，international aid，and poverty reduction［J］. World Development，2007，35（1）：104-120.

[3] ASIEDU E，NANDWA B. The impact of foreign aid in education growth［D］. Tokyo：United Nations University，2007：3.

[4] BIRCHLER K，MICHAELOWA K. Making aid work for education in developing countries：an analysis of aid effectiveness for primary education coverage and quality［J］.International Journal of Educational Development，2016，48：37-52.

（Political will）及其相应的投入是项目成功的最关键因素。援助提供的额外资源和技术力量，可以帮助受援国政府达成目标。[1]

对以上观点进行分析，可以发现，目前教育援助对受援国的影响可以分解为3个维度14个方面，其中，教育发展维度包括教育投入、人力资源培养、观念改变、教育研究；社会影响维度包括社会公平、义务教育、管理改进、经济增长、地区差异、生产技术、人民健康；政治制度维度包括制度建设、政治愿望、资本运营。

从微观层面来看，学者们对教育援助的研究更为具体，不仅关注学校层面、课堂层面的研究，也聚焦教师教学、师资培训、课堂管理、学生学习中出现的问题。同时，学者们对教育援助微观层面的研究也反映了教育公平与质量的发展趋势。王根顺、崔艳丽研究了我国西部基础教育境外项目的效益，发现教育援助提高了义务教育阶段的适龄儿童入学率，女童入学率也有显著提高；提高了教师的学历合格率和教学能力；提高了教育行政机构和学校的管理水平；项目学校的办学条件得到了很大程度的改善；引进了先进的教育理念和教学方法；给我国实施项目的地区带来了“无形效益”。[2]卡萨德尔·比其乐与卡萨丽娜·密歇洛娃在研究援助效能时也发现，与提高教育质量相比，教育援助能够提高学生的入学率。同时，提出了中学教

---

❶ KOSACK S. Directing foreign aid for basic education：taking account of political will ［R］. Brookings Global Economy and Development Policy Brief. No. 4，2008：32.

❷ 王根顺，崔艳丽．我国西部基础教育境外项目述评［J］. 上海教育研究，2007（9）：14.

育能够提高小学教育的入学率。[1]

此外，顾建新关注了援助不同教育阶段对人力资源的开发和影响。他指出，一般而言，教育援助指针对学校教育和其他正规教育机构的援助活动，但从促进国家和个人发展以及人力资源开发需要等角度来看，职业培训、远程教育、扫盲和市民教育均应被包含在教育援助的范围内。[2]潘忠则以“五年”为一个单位，划分了不同时期联合国开发计划署对华教育援助项目的重点：第一个五年（1981—1985 年）重视人力资源开发；第二个五年（1986—1990 年）重视智力开发；第三个五年（1991—1995 年）重视教育及教学方案的设计，并加强对人、物、财资源进行合理而有效的配置；第四个五年（1996—2000 年）重视教育的普及。[3]

值得注意的是，在相关的研究中也发现，不是所有对外援助行为都能够取得正向的影响结果。艾比·瑞德（Abby Riddell）和米古拉·尼诺扎拉巨阿（Miguel Niño-Zarazúa）在研究援助效能时，探讨了援助对基础教育的积极贡献，发现援助的实施与潜在实施效果之间存在巨大差异，特别是在改进教育质量方面。同时也指出，发展部门如果仅关注援助实施后的短期影响，从长远的角度看，那将会对教育体系及其深层发展

---

[1] BIRCHLER K，MICHAELOWA K. Making aid work for education in developing countries：an analysis of aid effectiveness for primary education coverage and quality［J］. International Journal of Educational Development，2016，48：37-52.

[2] 顾建新 . 国际援助非洲教育发展及对我国的启示［J］. 西亚非洲，2008（3）：54.

[3] 潘忠 . 联合国开发计划署援助与中国的发展：一个国际多边发展援助案例的研究［D］. 北京：中国人民大学，2006：78-83.

产生负效应。[1]

（二）关于英国对外教育援助的研究

在英国对外教育援助研究方面，目前的研究主要集中于援助政策对受援国的影响、对外教育援助成效、对外教育援助的政策内容解析等方面。

在国别研究中，英国政府和研究人员关注英联邦成员国和英国前殖民地国家的援助项目，[2]南亚的巴基斯坦、孟加拉国，非洲的卢旺达、肯尼亚、尼日利亚、埃塞俄比亚等国家是其对外教育援助政策实施的重点国别。在开展对外教育援助的国别研究时，英国大学及其专业团体是 DFID 援助项目的承担者，在项目经费的支持下，前往受援国开展对外教育援助政策项目实施的调研工作。同时，相关的研究报告、年度总结等会定期公布在英国政府官网及其管理的网站上。

在内容分析中，英国对外教育援助政策内容的演变反映出了国际教育援助目标的转变。实际上，作为联合国的成员国，英国也致力于联合国目标的实现，并将其写入了英国对外教育援助的政策中。与此同时，相关的文献研究也会随着这些共同目标的改变而发生转变。赵玉池在研究中发现，英国对外教育援助的侧重点，从关注中高等教育和职业技术教育，逐步转向基础教育，特别是 1997 年以后，DFID 的援助重点就放在了受

[1] RIDDELL A，NINO-ZARAZUA M. The effectiveness of foreign aid to education: what can be learned?［J］. International Journal of Educational Development, 2016，48：23-36.

[2] 赵玉池 . 国际教育援助研究［D］. 重庆：西南大学，2010：108-109.

援国的基础教育上。[1] 如今，又向着儿童早教阶段过渡。

实际上，“千年发展目标”激励人们把重点放在教育机会的获得上，而非教育质量上。[2] 因此，在早期的研究文献中，有关英国对外教育援助的描述，更注重规模和数量（入学率、升学率、师资人数、女童教育人数等）的统计。例如，胡小娇分析了英国对三个发展中国家（苏丹、坦桑尼亚、孟加拉国）教育援助的情况。在苏丹，DFID 通过学校建设、书本供应、基金资助、师资培养等方式，提高了儿童入学率，特别是女童的入学率。在坦桑尼亚，以预算支持的方式资助坦桑尼亚 20 万名儿童上小学，小学增加了 400 多万名儿童（其中 49% 是女童），中学增加了 120 多万名学生，教师数量增加了 40%。[3]

在保证儿童入学率的持续增长以后，英国又将援助的战略重心转移到教育质量的保证上。因此，有关英国对外教育援助的研究开始重视援助对教育质量提升的作用。例如，蒂莫西・P. 威廉斯（Timothy P. Williams）对卢旺达的初等教育质量进行了考察，研究发现，卢旺达的教育质量差，儿童入学人数激增，但小学辍学率和复读率很高，大多数儿童没有获得适合年龄的读写能力或计算能力。[4]

---

❶ 赵玉池 . 国际教育援助研究［D］. 重庆：西南大学，2010：108–109.

❷ BERRY C，BARNETT E，HINTON R. What does Learning for All Mean for DFID's Global Education Work?［J］. International Journal of Educational Development，2015（1）：323–329.

❸ 胡小娇 . 国际教育援助及其效果的研究［D］. 上海：华东师范大学，2011：46–58.

❹ WILLIAMS T P. The political economy of primary education：lessons from Rwanda［J］. World Development，2017，96：550–561.

值得注意的是，在英国对外教育援助政策研究的过程中，经费的投入是英国政府非常关注的内容。这与英国政府反复强调的两点要素有关：一是要对英国人民的钱负责；二是要实现援助经费占国民生产总值0.7%的国际承诺。因此，相关研究总会强调英国经费的数额与所要落实的行动。例如，在对印度开展援助的过程中，英国政府表示为印度的卫生和教育事业投资9.8亿美元，用于增加30万名教师、兴建30万间教室，这意味着印度400万名儿童可以获得教育机会，不仅增加最贫困人群获得小学教育的机会，提高学习效果，而且促进了两性平等，提高了教师的职业技能。[1]

女童教育，特别是边缘化女童教育一直是研究者尤其是国际研究者关注的重点。实际上，在贫困的受援国，由于宗教、种族等问题，女童经常会被划入边缘化群体中。为此，英国政府在“女童教育挑战”（Girls' Education Challenge）项目[2]的基础上，开展了“不让任何女孩掉队”（Leave No Girl Behind）的倡议，关注受援国女童的教育问题。目前，国内学者也开始关注英国对女童教育援助的动向。例如，徐辉、魏晓迪从动因、路径及特性三个方面，分析了英国《保障每个女童入学、安全和学习：五年全球行动计划（2021—2026年）》（Every Girl Goes to School, Stays Safe and Learns: Five Years of Global Action 2021-2026）的内容，对英国政府汇聚国际援助平台提升女童教育援助的全

---

[1] 吴欢欢．国际社会对独立后印度基础教育援助的实践研究［D］．金华：浙江师范大学，2013：33.

[2] UK Aid. Girls' education challenge［EB/OL］.［2022-07-31］. https://girlseducationchallenge.org/#/.

球合力、激活对外援助内生动力推动女童教育提质增效、开创循证研究新格局催化全球女童教育深度改革等方面进行了解读。[1]

此外，在落实对外教育援助政策的过程中，英国政府及其研究者也非常重视援助的成效和影响。肯尼思·金（Kenneth King）等从信息管理与知识共享的角度，分析了DFID对外援助政策的改革与发展，以及对英国和受援国产生的影响。[2]蒂莫西·P.威廉斯（Timothy P. Williams）则从政策制定和实施两个方面，研究了其对受援国教育素质与质量的提高。[3]"甘肃基础教育项目"（Gansu Basic Education Project，GBEP）的回访工作，也关注其援助政策对中国甘肃地区女童教育、校舍建设、政策贯彻等方面的实施成效和影响。[4]

值得注意的是，英国在开展对外教育政策实施的过程中，其项目本身也具有研究的性质。从2005年起，DFID开展了三项"教育研究项目联盟"（Education Research Programme Consortia），包括关注教育成果与贫困的"教育成果与贫困研究联盟"（Research Consortium on Educational Outcomes and Poverty）项目；关注学生入学、升学与教育公平的"教育机会、过渡和公平研究联盟"（Consortium for Research on Educational Access,

---

1. 徐辉，魏晓迪.后疫情时代英国女童教育国际援助的动因、路径及特性［J］.西南大学学报（社会科学版），2022，48（4）：139-147.
2. KING K，MCGRATH S. Knowledge for education［M］. Cape Town：HSRC Press，2004：99.
3. WILLIAMS T P. The political economy of primary education：lessons from Rwanda［J］. World Development，2017，96：550-561.
4. Cambridge Education. The ripple effect：a review of the sustainability of the Gansu basic education project［R］. Cambridge：Cambridge Education，2017：21.

Transitions and Equity）项目；关注低收入国家教育质量的“在低收入国家实施教育质量的研究计划联盟”（A Research Programme Consortium on Implementing Education Quality in Low Income Countries）项目。三项援助项目覆盖面广，持续时间长。其中，学校效能与教学改进是项目研究的重点之一。在这些项目中，乔治·K.T. 奥杜罗（George K.T. Oduro）与迈克·费蒂格（Mike Fertig）对加纳和坦桑尼亚的贫困地区的学校进行分析，发现政策扶持、环境和专业培训，是改善初级教育质量，提供有效的领导和管理变革的关键。[1] 安吉莉·M. 巴雷特（Angeline M. Barrett）通过多层次的建模方法，对非洲南部和东部地区国家的小学生进行调查，发现政策保证、教师培训、午餐供应等对学生的阅读水平有所影响。[2]

通过对国际援助、对外援助、对外教育援助、英国对外教育援助的文献综述梳理后发现，从研究对象来看，研究者关注实施教育援助的组织，如 DFID、ODA、双边和多边合作等。从研究内容来看，主要研究了儿童入学率、财政分配、女童及女性教育、教师教育、特殊教育及教学设施等方面的援助。从研究方法来看，主要有量化研究和质性研究，量化研究主要指对援助的效能进行研究，而质性研究多用于个案调查。从研究的国别来

[1] ODURO G K T，FERTIG M. Primary school leadership for education quality [EB/OL].(2010-11-15)[2017-03-12]. https://www.edqual.org/publications/presentations/primaryleadership.pdf/at_download/file.pdf.

[2] BARRETT A M. Measuring learning outcomes and education for stustainable development: the new education development goal [J]. Oxford Studies in Comparatire Education，2016，25(1)：101-104.

看，对非洲发展中国家的研究较多，也是研究的重点，而亚洲较少，这也与英国设定的援助国家有关（非洲居多）。从研究的类型来看，描述性的研究多于实证类的研究。

但从研究的数量上看，首先，英国对外教育援助的专项研究较少。研究者更多地从宏观视角关注英国的国际援助，如双边和多边合作援助，而有关教育援助的专项研究较少。其次，缺乏对英国对外教育援助政策的研究。目前的研究更多地关注英国对外教育援助实施中的经费与物资分配等数据的描述，缺乏对其政策制定、规划、实施与评估的研究。此外，研究者多开展有关英国对外教育援助的现象与事实的描述，并了解其援助政策的实施成效，但相较于内容分析，对其成效及影响的实证研究、量化研究较少。

第二节　资料与方法

开展英国对外教育援助政策研究的难点在于一手资料的获得，特别是对政策文本、新闻报道、影像图片等载体的内容把握也是需要反复考量的重点。因此，本书通过文献分析、访谈调查以及案例研究三种方法，详细分析英国对外教育援助政策的规划、实施和评估过程，并在实证调查的基础上，发现其成效和存在的问题。

一、文献分析

在教育研究中，文献分析研究法既是一种主要的文献资料分析方法，又是一种独立、完整的科学研究方法，主要针对已有的比较明显的教育信息和问题，做客观而系统的定量或者定性分析和研究的一种间接的教育研究方法。[1]文献分析法通过对各种文献资料进行理论解释和比较分析，能够使研究者发现事物发展的内在联系，发现某种社会现象产生的规律性。[2]同时，对相关文献进行检索，可以更为迅速地了解国内外的相关研究在某一时期内的发展历史、研究状况、研究视角以及研究的发展趋势，[3]比较不同地区或国家的教育问题，探讨教育现象和教育发展变化的规律。

本研究所查找的文献分为两类：文字类文献和非文字类文献。文字类文献来源于期刊、书籍、报纸、政策文本、档案资料、个人文献（书信、自传、回忆录、日记、讲稿等）以及网络媒介提供的电子文献等；非文字类文献通常是指影音资料与图片资料，其中包括录像、纪录片、录音、照片等，是物质、精神生活艺术的反映。

在找寻这些文献时，笔者除了在北京师范大学图书馆、国家图书馆搜索纸质文献资料外，也通过读秀网、超星发现、中

---

[1] 郭文斌．教育研究方法［M］．北京：科学出版社，2012：184.

[2] 李方．现代教育研究方法［M］．广州：广东高等教育出版社，2004：172.

[3] 孟庆茂．教育科学研究方法［M］．北京：中央广播电视大学出版社，2001：82.

国知网、万方数据库、教育资源信息中心（Education Resources Information Center，ERIC）和爱思唯尔（Elsevier）“科学直通”（Science Direct）等平台搜索相关的电子文献。2017—2018 年，笔者前往英国布里斯托大学访学，在该校图书馆借阅了大量的资料，重点检索专著及学术论文，查看英国对外教育援助的最新研究成果和动向。同时，围绕本研究的主题“英国对外教育援助”，采用“顺查法”“逆查法”“跟踪查找法”“引文查找法”等方式，全面检索有关“国际援助”“对外援助”“教育援助”等与“英国对外教育援助”的相关文献。

在文献资料的选择上，一方面，本研究重点关注 DFID、英国直接援助（UK Aid Direct）和官方发展援助（Official Development Assistance，ODA）发布的政策文本、报告、新闻、案例、统计数据等。另一方面，英国是全球重要的国际组织会员国，也是多边援助工作的重要参与者。因此，本研究也关注到了联合国、UNESCO、OECD、WB 等国际组织发布的有关国际教育援助的报告和文本，并对收集到的官方文件进行内容分析与比较，以便提炼研究信息。

影像资料的内容选择较为宽泛，包括访谈、演讲、讲座等，涉及的人员包括学者、官员、教授、机构负责人等。大部分影像资料由政府机构、援助组织、媒体机构制作完成，统一上传至外媒网络平台（YouTube），并链接到援助项目网页上。在收集影像资料时，一是关注英国对外教育援助的内容，二是追踪重要专家、学者、官员的媒体采访、会议讲座、项目宣传等信息。所有的影像资料查找后，按照年份进行整理，并进行文字转录和翻译。

对以上资料进行收集后，通过评判记录的方式对相关内容进行分类。评判记录是指按照预先制定的类目表格，按分类单元顺序，系统地判断并记录各类目出现的客观事实和数量。[1]为了便于资料抽样和分析，对收集到的文献进行原始加工、归纳整理。例如，以“UK Aid Direct 来源文献”为例，除了根据“类目”“篇名”“援助项目”“援助地区”“信息摘抄”进行信息整理，在“信息摘抄”部分重点记录英国对外教育援助的有效内容，便于进行内容分析，提炼有效因素。

二、访谈调查

2017 年 3 月至 2018 年 3 月，笔者作为联合培养博士生，前往英国布里斯托大学学习，并在英国境内进行调研活动。本研究主要采用了访谈调查法。访谈调查法是指研究者通过与研究对象进行口头交谈的方式来收集对方有关心理特征、观点看法和行为数据资料的一种研究方法。[2]访谈法是一种广泛使用的调查方法，具有灵活性大、适用范围广、控制性强等特点。[3]

本研究使用半结构型访谈法（也称为“半开放型访谈”），旨在了解访谈者对教育援助机制、体系构建、实施情况的看法，了解英国对外教育援助参与者的个人观点、意见和态度，

---

[1] 李方 . 现代教育研究方法［M］. 广州：广东高等教育出版社，2010：191.

[2] 毕润成 . 科学研究方法与论文写作［M］. 北京：科学出版社，2008：128.

[3] 钟海青 . 教育研究方法概论［M］. 桂林：广西师范大学出版社，2011：132.

并对我国现行教育援助组织运行、制度建设、体系构建、评估问责提出建议。之所以选择半结构型访谈法，很重要的原因是希望发现本书资料之外的收获，了解到援助政策执行者的所思所感。同时，该方法能够补充研究中的“盲点”，或是研究者遗漏的部分，丰富访谈和研究的内容。

在选择有关英国对外教育援助的访谈对象时，需要考虑访谈对象的背景以及研究问题。值得注意的是，英国对外教育援助政策在制定、实施、评估的过程中，存在不同的利益主体以及执行者，如英国的政府官员、英国援助承包方、受援地区教师及援助研究专家。因此，在与他们交流的过程中，访谈者必须针对研究问题以及访谈对象与研究内容的匹配性开展访谈，不能因为“漫谈”英国对外教育援助而失去访谈的重心，也要避免访谈者谈论不合适的内容。

值得注意的是，在访谈提纲的编制过程中，本研究开展的预访谈工作，选择两位援助研究专家对访谈提纲进行前测工作。访谈提纲前测工作基于两个目的，第一，让访谈者熟悉访谈的内容和流程，在实际操练中熟练运用访谈的沟通技巧；第二，研究专家能够在访谈后给予访谈者指导建议，补充访谈提纲的不足之处，修改访谈提纲的不恰当内容，调整结构和体例。同时，两位援助研究专家也能给予访谈者一些建议，提高访谈技巧，改进访谈过程中的语言措辞。预访谈结束后，根据专家的意见对原访谈提纲进行了补充和修改，并重新划分了维度和题项核心内容。最后，访谈提纲分为三个维度，即教育援助内容、教育援助机制、教育援助环境，其中包含 19

个核心内容（见表 1–1）。

表 1–1 访谈提纲维度与核心内容

维　度	核心内容
教育援助内容	· 教育需求 · 基础教育 · 女童教育 · 教师培养 · 课堂教学 · 基建设置
教育援助机制	· 战略方针 · 利益诉求 · 教育制度 · 合作方式 · 项目管理 · 评估制度 · 监督与问责
教育援助环境	· 传统观念 · 健康卫生 · 社会公平 · 经济基础 · 地区条件 · 生活环境

实际上，英国对外教育援助政策的开展与实施，并不是由DFID或是英国某个部门单独完成的，而是将同一个项目划分为不同的单元，以竞标的形式承包给第三方机构。第三方机构又根据承包的援助任务，组建团队，去受援国开展教育援助。因此，在选取访谈对象时，首先考虑到访谈对象需要了解英国

对外教育援助的政策制定与实施，且从事过相关援助政策的实施与研究工作；其次，访谈对象不应拘泥于政策层面的制定者，也要照顾到不同规模的政策项目的实施者，多角度思考英国对外教育援助政策实施的规律；最后，由于英国对外教育援助政策实施的多样性，访谈对象可以来自援助国，也可以来自受援国，以期了解不同背景下的访谈者对英国对外教育援助政策实施的理解和看法。根据以上标准，本研究访谈了 12 位受访者（见表 1–2）。

表 1–2 访谈对象基本信息

序号	访谈对象	国籍	服务国家	工作范围	工作角色
1	IA	英国	非洲多个国家	政策制定与实施	政府官员
2	MW	英国	乌干达	职业教育，也涉及小学教育	技术志愿者
3	TG	埃塞俄比亚	埃塞俄比亚	农村地区小学教育	研究志愿者
4	ZN	尼日利亚	尼日利亚	中小学教育	项目受益者
5	SN	尼日利亚	尼日利亚	中学教育	项目受益者
6	LC	美国	卢旺达	大学教育	专家志愿者
7	TW	英国	乌干达	职业教育，也涉及小学教育	项目志愿者
8	LT	英国	非洲多个国家	中小学教育	援助研究专家
9	AM	英国	非洲多个国家	中小学教育	援助研究专家

续表

序号	访谈对象	国籍	服务国家	工作范围	工作角色
10	KK	英国	非洲多个国家	中小学教育	援助研究专家
11	AB	英国	亚非多个国家	中小学、职业、高等教育	承包方管理者
12	HY	中国	中国	职业教育	承包方管理者

根据12位受访者的背景，将其分为5大类。其中，政府官员1人；承包方管理者2人；援助研究专家3人；援助志愿者4人（包括技术志愿者、研究志愿者、项目志愿者、专家志愿者）；项目受益者（受援地区教师）2人（见表1–3）。对五类不同身份背景的人进行访谈，其目的是希望从不同的视角审视英国对外教育援助政策实施的机制、影响、问题、目的等。多背景人物的访谈，补充了因人员分工单一而缺乏对援助政策实施等其他方面的了解。

表1–3　教育援助访谈对象情况说明

身份	情况说明	人数(人)
政府官员	熟悉教育援助，参与过英国教育援助的项目或者活动，熟知教育援助的政策制定与实施、实施情况、实施细则、实施效果，对教育援助的影响和成效有一定的见解	1

续表

身份	情况说明	人数(人)
承包方管理者	属于英国教育援助项目的承包方，通过竞标的方式，获得援助项目，协助英国政府在受援国开展援助活动。第三方机构是教育援助的直接执行者，有较强的专家团队、丰富的援助项目经验，熟知援助项目开展的流程	2
援助研究专家	援助研究专家对教育援助有系统的了解和认知，能够从学理上分层、分级地解读英国教育援助政策的制定、执行、实施、效果。同时，对本研究能够给予建设性的意见	3
援助志愿者	援助志愿者是参与项目的一线人员，实地进入受援国，开展援助项目，是项目的执行者和实施者。他们对所参与的项目较为了解，在援助活动的开展中，有切身的体会。他们能够给本研究提供经验资料	4
项目受益者	受援地区的教师对教育援助项目的实施和执行有切身的体会，能够基于教师的立场，直观分析教育援助对教育质量、教育成效、人才培养等方面的影响，并给本研究提供经验资料	2

此外，根据研究规范，在访谈前，必须出示《研究信息表》(Information Sheet for Participants)，让访谈对象大概了解本研究的目的、意义以及相关信息。在征求访谈对象的同意下，签订《同意书》(Participant Consent Form)。

在访谈誊录的过程中，为了确保翻译的准确性，一方面要翻译出访谈中的所有内容，并将受访者的思想和观念记录下来；更为重要的是，为了保证访谈誊录的准确性，所有的访谈记录进行二次校对。共有四位成员参与了校对工作，其中两位是布里斯托大学教育学院的博士研究生（一位是中国籍博士二年级学生，一位是尼日利亚籍博士四年级学生），另一位是布里斯托大学的英国籍毕业生，笔者的导师也对访谈资料和文献资料的中英翻译进行把关，指正并修改。

校对内容主要包括三个重要方面。第一，语速过快或发音含混，无法听清楚内容；第二，语言的口音较重，如对埃塞俄比亚受访者进行访谈时，由于受访者本土口音很重，许多单词语音并不清晰和准确，容易造成语句的理解偏差；第三，对词汇使用和翻译的校对。由于文化背景和地域差异的问题，英汉互译中，存在对词汇具体情境含义理解的偏差。如 Access，根据不同的情境，在译成中文时会翻译成“接近”“入学”“机会”等。因此，对这些词汇进行纠正和校对，以准确表达受访者要表达的思想。

在校对的过程中，需要加注非语言信息，包括情绪和声调，补充受访者在访谈过程中的举止神态，并去除受访者多余的口头禅、重复的语句或拟声词，理顺语句。誊录工作完成后做匿名处理，将受访者的个人基本信息隐去，留下关键的信息点，保护受访者的个人隐私。

三、案例研究

为了更为细致地观察和分析英国对外教育援助的政策实施与评估，并了解政策实施的成效，本书也使用了案例研究法，旨在详细分析政策落地的过程。案例研究（Case Study）也称个案调查，是指对某一特定个体、单位、现象或主题的研究。这类研究针对某一特定问题，广泛收集相关资料，详细了解、整理和分析研究对象产生与发展的过程、内在与外在因素及其相互关系，以形成对有关问题深入全面的认识和结论。[1]

需要强调的是，本书在进行案例研究时，重点关注案例对英国对外教育援助政策实施与评估的解释，为其进行举证，并探讨政策在实施过程中的共性与一般规律。在此也必须承认，案例研究本身带有一定的局限性，特别是在国际教育援助这样一个复杂的环境下，案例研究中出现的模式与方法，仅适用于英国对外教育援助政策实施的某些案例，若用在其他项目或环境下，可能并不会有此成效。

在案例的选择上，笔者一方面要考虑其代表性、合适性、解释性。例如，在解释英国在乌干达开展的“知识促进者俱乐部”（Knowledge Facilitators' Club，KNOFACIC）援助项目时，其对外教育援助的方式方法能够回应英国对外教育援助政策是如何实施与落地的。在选择“卢旺达教育部门项目”（Rwanda Education Sector Programme，RESP）时，笔者考虑到了该项目所使用的嵌入式政策评估方式，符合英国开展对外教育援助政策评估的理念，也能够较好地反映出英国针对不同的受援国环境，对传统的对外教育援助政策评估模式做出的改良。

另一方面，也要考虑资料的完整性、可获得性。例如，RESP 在政策制定、实施和评估的过程中，本身具有完整且全套的资料，包括项目计划书、项目中期报告、项目终期报

[1] 刘建明．宣传舆论学大辞典［Z］．北京：经济日报出版社，1993.

告等，且能够在官方网站下载。在选择“甘肃基础教育项目”时，不仅注意到有相关的计划书和报告，而且注意到有学者特别是中国学者的参与，并发表了相关的学术成果。更为重要的是，尽管该项目的周期已经完成，但该项目团队十年后做了回访，以检验援助的成效和不足，并根据回访的调研结果撰写了报告。这些资料也能够在官方网站下载。

在开展研究的过程中，笔者关注到了政策项目的执行者（访谈对象）对其项目的正向或负向的认可。例如，在选择GBEP时，项目负责人AB讲道：“该项目已经成为国际教育援助的成功的经典案例……”参加卢旺达教师培训项目的LC，曾遗憾地表示：“……这个项目有什么意义？我不知道。”这些案例资料能够补充英国对外教育援助政策实施成效方面的内容。

在进行案例的选择时，笔者也考虑到了所选择案例要能够回应研究问题，或是与分析的文献内容有所回应，或是与访谈调查对象有直接的关系，这些对象参与或执行过所选择案例的政策项目等，因此能够较好地例证援助政策制定、实施与评估的过程，也能观照到对外教育援助政策的实施成效。此外，在案例资料的使用方面，笔者也根据研究问题和内容对相关的案例资料进程拆解，用以解释研究过程中需要例证的事实。

第三节 英国对外教育援助发展历程

作为国际发展援助的重要援助国之一，“二战”后，英国政府的援助重点发生了转向，通过经费拨款、物资发放、设施建设等形式帮扶贫困的发展中国家，改善受援国人民的生活环境与质量，激活受援国经济发展的内驱力。在这一过程中，英国的对外援助体系日趋完善，时至今日，援助成效显著。

一、英国对外教育援助的萌芽期

殖民时期至“二战”结束是英国对外教育援助的萌芽期。英国对外援助可以追溯到殖民时期。“二战”以前，英国的“援助”实际上是维护其对殖民国家的统治权力和地位。1929年的《殖民发展基金法》(Colonial Development Fund Act) 设立了一个为期十年的基金，每年最高100万英镑，用以促进殖民地的经济发展。但此时的殖民地教育问题并不包含其中。[1]

为了维护“日不落”帝国的国际版图，更好地与殖民地开展外交活动，英国将“对外教育”提上了援助的日

[1] IRETON B. Britain's international development policies-a history of DFID and overseas aid [Z]. London: Palgrave Macmillan, 2013: 7.

程，在殖民地国家开展英语语言教育。1934年，英国外交部（Foreign Office）成立了“英国与其他国家关系委员会”（British Committee for Relations with other Countries），1936年更名为“英国文化协会”（British Council），其宗旨是鼓励殖民地人民学习和使用英语，促进对英国文化和文明的广泛了解。具体而言，第一，进一步扩大殖民地人民对英国文学的了解，以及英国在音乐、美术、科学、哲学和政治学等方面所作出的贡献；第二，鼓励英国与其他国家之间的文化和教育交流；第三，强化英国的文化传统在整个管辖区（殖民地区）的纽带作用；第四，在殖民地，确保英国教育的连续性。[1]

在长期的殖民过程中，英国财政部（Treasury）担心殖民地国家对英国的财政产生永久性依赖。因此，1940年，英国政府发布了《1940年殖民发展与福利法案》（The 1940 Colonial Development and Welfare），标志着英国殖民发展进入了新阶段。同年，英国政府又发布了白皮书，并提出“殖民地应该有能力和资源，维持本地的服务”。[2]英国政府也必须在开展援助的过程中，为某些经常性支出提供资金，其中包括教育。与此同时，英国文化协会在殖民地开展工作的费用，应该由殖民地办公室投票决定，同时希望该协会专注于科学，促进良好的种族关系。该协会的工作大多是在发展中国家开展，特别是英联邦国家，主要是开展英语类的教学工作。

---

[1] IRETON B. Britain's international development policies-a history of DFID and overseas aid [Z]. London: Palgrave Macmillan, 2013: 151.

[2] IRETON B. Britain's international development policies-a history of DFID and overseas aid [Z]. London: Palgrave Macmillan, 2013: 8.

二、英国对外教育援助的探索期

“二战”后至20世纪70年代末是英国对外教育援助的探索期。实际上，殖民时期的对外教育援助主要是英语语言类教育，具有强烈的政治和殖民属性。但在“二战”后，英国政府对外援助的重点发生了转向，通过经费拨款、物资发放、设施建设等形式帮扶贫困的发展中国家，改善受援国人民的生活环境与质量，激活受援国经济发展的内驱力。“二战”以后，英国真正意义上的对外援助才拉开序幕。

这一时期，英国加大了经费的投入，但援助的大部分对象国依旧是曾经的殖民国家。1946—1970年，英国政府用于对外援助的总支出为3.62亿英镑，其中包括基础设施（1.19亿英镑）、教育（0.73亿英镑）、可再生自然资源（0.66亿英镑）、健康（0.3亿英镑）以及水和卫生设施（0.23亿英镑）等。[1]

在组织建设上，1961年，随着国际非殖民化的步伐加快，英国政府用于开展对外援助的职能部门也有所拓展，成立了技术合作部（Department for Technical Cooperation）。该部门的主要职责是执行海外部门在海外援助方面的政策，开展对外发展项目和工作。1964—1970年，工党政府执政，设立了海外发展部（Overseas Development Ministry），该部门是第一个正式具有援助意义的独立部门，负责制定并实施对外援助的政策、战略

[1] IRETON B. Britain's international development policies-a history of DFID and overseas aid［Z］. London：Palgrave Macmillan，2013：9.

等事宜。也正是在这一时期，各对外援助部门与英国文化协会一起，对受援国的课堂英语教学、师资培训、学生培养、书籍供应、公共图书馆建设等作出了贡献。[1]

在对外教育援助过程中，1957年，查尔斯·希尔（Charles Hill）被任命为兰开斯特公国（Duchy of Lancaster）大臣，撰写并发表了《希尔报告》(Hill Report)。该报告指出扩建英国文化协会海外办事处的迫切性，同时也指出要增加英语教学的数量，增加教师双语培训，提供更多的教科书，并提供海外教育咨询。[2]20世纪60年代，英国政府加大了对外教育援助的重视程度。作为教育服务的提供者，英国文化协会改变了援助的行动方式，使其“更符合政府的政治需求、战略需求和商业需求”。英国的对外援助重点从文化活动转向教育活动，这在英语教学中尤为明显，其目的是使英语作为第一语言或第二语言影响一代人，并成为一种世界性语言。

三、英国对外教育援助的变革期

20世纪80年代初至90年代末是英国对外教育援助的变革期。这一时期最明显的特征之一就是组织的变动，反映出执政党对英国教育援助的绝对影响力。1970—1974年，英国保守党上台，外交部将“海外发展部”降格为“海外发展处”

---

[1] KING K, MCGRATH S. Knowledge for development? Comparing British, Japanese, Swedish and World Bank aid [M]. Cape Town: HSRC Press, 2004: 99.

[2] IRETON B. Britain's international development policies–a history of DFID and overseas aid [Z]. London: Palgrave Macmillan, 2013: 152.

（Overseas Development Administration）。同时，爱德华·希斯（Edward Heath）政府否定了工党政府曾提出的“英国对外援助是一项道德行为”的说法，明确表示英国的对外援助政策是由英国的国家利益决定的。[1]1974—1979 年，工党重新执政，将“海外发展处”重新独立出来，再次更名为海外发展部，确定海外发展部部长具有内阁席位。1975 年海外发展部公布白皮书《海外发展：英国外援政策重心的改变，给予最贫困国家更多帮助》（Overseas Development：The Changing Emphasis in British Aid Policies, More Help for the Poorest），明确了英国对外援助原则，即是为了帮助最贫困国家的人民，并表示将开始对最不发达国家以无偿赠予的形式提供援助。[2]但在 1979 年，保守党重新掌权后，撒切尔政府上台再次将“海外发展部”推翻，海外发展部降级为海外发展处，且有接近三分之一的雇员被裁，650 个海外发展处的工作岗位被调离伦敦。[3]

同时，英国对外教育援助发展迎来了一个新契机。1973 年石油价格上涨，许多石油资源丰富的发展中国家有大量资金可用于海内外投资，这使得英国对外教育援助中的付费教育服务概念越发清晰。这是一种新的援助合作形式，也是对外教育援助发展中的一个“商机”。为此，英国获得了大量中东国家的

---

[1] HODGKINSON E. Developments in British aid [R]. London：ODI Review，1976：25-33.

[2] LANCASTER C. Aid to africa：so much to do，so little done [M]. Chicago：Chicago Press，1999：18.

[3] SUTTON M，HEWIT A. Taking stock：three years of conservative aid policy [R]. ODI Review，1982：133-143.

教育合同，并成功赢得了由世界银行资助的教育项目合同。[1]所有这些额外收入使英国文化协会的工作得以维持。也正是这一年，英国的对外教育援助目标发生改变，其援助重点逐渐转向发展中国家最落后的农村地区的人民。时任世界银行行长的罗伯特·麦克纳马拉（Robert McNamara）发表了演讲，并提到“提高穷人的生活水平和生活质量的重要性，以及农村在贫困的发展中国家的重要性，并承诺世界银行将更多的资源用于应对这一挑战，不仅解决生计问题，还解决其他基本服务，其中包括教育、卫生和经济基础设施”。[2]1975 年英国发布的白皮书中提出，“英国将确保更高比例援助，直接惠及最贫穷的国家，而且惠及那些国家的最贫穷的人民。因为，这些人大多数生活在农村地区……我们的新援助战略是特别重视农村发展”。[3]

值得注意的是，随着对外教育援助工作的开展，英国政府开始重视援助的成效问题，并进行了有关援助经费的研究工作。1983 年，英国政府颁布《1983 年法案》，其中明确规定，英国国家审计署（National Audit Office）有权对相关政府部门的经费支出进行研究。[4]之后，国家审计署进行了许多活动的研究，主要关注援助的过程和产出。而早期研究的重点是单一

---

[1] IRETON B. Britain's international development policies-a history of DFID and overseas aid [Z]. London: Palgrave Macmillan, 2013: 155.

[2] IRETON B. Britain's international development policies-a history of DFID and overseas aid [Z]. London: Palgrave Macmillan, 2013: 212.

[3] IRETON B. Britain's international development policies-a history of DFID and overseas aid [Z]. London: Palgrave Macmillan, 2013: 41.

[4] IRETON B. Britain's international development policies-a history of DFID and overseas aid [Z]. London: Palgrave Macmillan, 2013: 163.

项目、双边国家援助项目（印度和印度尼西亚）或专门的研究项目（如水与环境、健康与人口等）。

四、英国对外教育援助的成长期

20 世纪 90 年代末至 21 世纪 20 年代是英国对外教育援助的成长期。20 世纪 90 年代以后，英国对外教育援助发展相对稳定，1997 年，布莱尔政府上台之后，又将海外发展处更名为国际发展部，并扩大了国际发展部的职能范围，将英国与受援国之间的贸易投资、英国与国际机构在对外援助领域的协调工作等，都划归到了国际发展部的工作范围。[1]值得注意的是，这一时期的英国工党在制定现代政策时，受到“以证据为基础”的影响，并将其用在对外教育援助的实施过程中。事实也证明，证据在解决社会问题和实现预期结果方面非常有效。[2]

同时，英国政府发布的“1997 年白皮书”中，批评了发展中国家政府，要么是过于国家主义，要么是错误地相信“极简主义”状态的角色模型。同时，白皮书也指出，国家不仅要提供行之有效的经济框架，也要提供健康、教育等服务，并尊重人权，确保社会正义。[3]这也影响到了英国对外教育援助的目

---

❶ 王耀萱 . 英国对外援助变化趋势及原因分析［D］. 北京：外交学院，2011：17.

❷ BARDER O. Reforming development assistance：lessons from the UK experience［Z］. London：Center for Global Devvelopment，2005：11.

❸ BARDER O. Reforming development assistance：lessons from the UK experience［Z］. London：Center for Global Devvelopment，2005：16.

标，其援助重点下移，放在了基础教育上，支持受援国学校的基础设施建设，加强师资培训，关注基础教育阶段的儿童就学情况，重视援助的教育质量和效能。

2000 年之后，面对新的国际援助环境，英国政府进一步加强对外援助的制度建设。作为国际发展战略规划与实施的领导主体，英国国会发布了两项法案，这两项法案成为 DFID 开展国际援助活动的主要工作准则，即《2002 年国际发展法案》(The International Development Act 2002) 明确了对外援助支出是减贫的目标，《2006 年国际发展（报告和透明）法案》[International Development (Reporting and Transparency) Act 2006] 确定 DFID 每年将年度报告提交给国会。[1] 这些法案进一步规范了英国对外教育援助的实施行为准则。

此外，为了实现联合国"千年发展目标"的规定，兑现英国所作出的承诺，自 2013 年起，英国援助经费额度在国民总收入中所占的比例由 0.56%（2012 年）上升至 0.70%（2013 年）。[2] 英国政府加强了国际教育援助的双边与多边合作。英国是国际教育发展中最大的双边捐助国之一，2016 年双边教育支出为 9.64 亿英镑。[3] 英国将三分之一以上的教育经费投入多边合作项目，其中一部分经费流向了 WB、UNCIEF、

---

[1] DFID. About us [EB/OL]. [2017-08-23]. https: //www. gov. uk/government/organisations/department-for-international-development/about.

[2] OECD. Official development assistance 2016 [EB/OL]. (2017-04-05)[2017-05-06]. http: //www2. compareyourcountry. org/oda?cr=12&cr1=oecd&lg=en&page=1.

[3] DFID. Statistics on international development 2017 [R/OL]. (2017-03-28) [2017-11-13]. https: //www. gov. uk/government/statistics/statisticson-international-development-2017.

UNESCO、亚洲开发银行、非洲发展银行、欧洲委员会等国际组织，另一部分用于支持其他多边机构，与其开展投资合作。“全球教育合作伙伴”（Global Partnership for Education，GPE）和“教育不能等待”（Education Cannot Waiting）就是英国多边援助合作中的优质项目。截至2015年，英国已经超额完成国际教育援助的承诺，在援助人数、基建设置、合作方式等方面表现卓越。自此之后，英国又迎来了新的援助五年计划，采取了新举措，旨在巩固已有成果，调整援助方向，提高援助效能。

五、英国对外教育援助新转折期

21世纪20年代至今是英国对外教育援助的新转折期。21世纪20年代之前，英国政府通过增加对发展中国家的投资提高了国际声誉，并将对外援助作为国际优先事项纳入“软实力”议程。然而，官方发展援助预算承受的压力越来越大。由于经济压力和政治权利的意识形态分歧，在秋季支出审查（Autumn Spending Review）之后，援助经费已降至国民总收入的0.5%。鲍里斯·约翰逊（Boris Johnson）于2020年6月宣布，DFID将并入FCO，并更名为FCDO。这一举措本身也受到FCO和保守党内阁的欢迎。

对于支持者来说，DFID和FCO两个部门的合并是合乎逻辑的。如果FCO能够监督英国的“海外”政策，那么英国与发展中国家的关系应该是其监督的一部分。正如鲍里斯·约翰逊在宣布合并的演讲中强调的那样，“我们容忍着左右手独立工作的风险”。实际上，两个独立的政府部门都在以不同的优先事项行事，因此，英国政府对经费使用价值担忧。这也使得此次合并尤为必要。两个部门的合并，不仅能够理顺彼此的信息，也意味着能够避免相互冲突的活动或计划。鲍里斯·约翰逊认为，这种冲突加上过于慷慨的官方发展援助预算，意味着英国对外援助是“空中的巨大提款机”。[1]

随着FCO和DFID的合并，新成立的FCDO的预算将比原FCO大得多，但援助投入的经费预算将降低至国民总收入的0.5%，从而使英国能够战略性地使用援助资金。值得注意的是，这一举措强调，该项经费不一定要花在最贫穷的国家或地区项目中，而是要放在促进英国海外利益的项目上，解决最紧迫的全球需求。英国《卫报》(*Guardian*)援引英国乐施会(Oxfam)首席执行官丹尼·斯里斯坎达拉贾(Danny Sriskandarajah)的话，“实际上，他所说的是，我们将利用我们的援助预算来追求安全和外交目标。这些都是崇高的目标，但这不是援助的目的”。[2]对于约翰逊政府来说，援助是其推动

---

[1] JONES A，HARRY Y. Boris Johnson scraps overseas aid department，heralding end to “giant cashpoint in the sky”[EB/OL].(2020-06-16)[2022-04-07]. https://www. telegraph. co. uk/politics/2020/06/16/lockdown-uk-news-update-boris-johnson/.

[2] STEWART H，WINTOUR P. Three ex-PMs attack plan to merge DFID with foreign office [EB/OL].(2020-06-16)[2022-04-07]. https://www. theguardian. com/politics/2020/jun/16/foreign-office-and-department-for-international-development-to-merge.

英国全球议程和利益的另一种工具。[1]

实际上，2020 年英国的政治体制改革，造成了英国援助界人士的不安，特别是用于对外教育援助的经费方面。2017 年，教育在英国官方发展援助总额中的份额下降到 8%；2018 年保持在这一水平；2019 年，进一步下降到 5.19%。作为一个合并的机构，FCDO 的经费分配和使用依旧是英国对外教育援助参与者及相关者最为关注的话题。为此，英国教育发展论坛（The Education and Development Forum，UKFIET）提出了保持对低收入国家的援助重点，将对外教育援助投入水平至少保持在 ODA 总额的 10%，对教育研究的投资不低于教育部门支出的 5%，并重新承诺援助有效性原则。此外，2020 年 11 月，英国政府宣布其援助将集中在“七个全球挑战”上，女童教育是其中之一。但其他六大挑战（气候变化；新冠和全球健康安全；科学、研究和技术；开放社会和冲突解决；人道主义准备和响应；贸易和经济发展）也都对教育和培训有重大影响。从新时期英国的外交政策来看，英国的对外教育援助将向印度－太平洋地区倾斜。

[1] HONEYMAN V. From DFID to the FCDO：what does this mean for UK aid?［EB/OL］.（2020-12-18）［2022-05-26］. https：//css. leeds. ac. uk/from-dfid-to-the-fcdo-what-does-this-mean-for-uk-aid/.

第二章　英国对外教育援助政策的制定

全球正面临教育的危机与挑战。受援国许多儿童在接受援助后也学不到知识，也有很多儿童辍学在家，受援国教育发展受阻。近些年，虽然受援国儿童持续就学的情况得到改善，国际投资的成效也得以实现，但在对外教育援助发展道路上，英国政府强调，需要做的还很多，不仅要让儿童入学，也要让他们在学校学到知识，掌握技能。因此，英国在国际援助发展的趋势中，坚决贯彻联合国不同时期发布的战略目标，如全民教育（Education For All，EFA）、MDGs、SDGs，并将其写入英国对外教育援助的政策文本中。

第一节　英国对外教育援助政策发展的动因

查尔斯·琼斯（Charles Jones）认为，政策规划（或制定）的明显特征就在于，要提出对于人们感知的社会现实问题的解决办法。[1]英国政府在制定对外教育援助政策时，也遵循了这一规律，重视教育对社会变革的影响力和可持续发展，致力于解决金融危机、全球变暖、疫病危害、文明冲突带来的全球性挑战，并将其作为政策制定与项目实施的主要内容。

一、解决受援国面临的挑战

英国政府重视对外教育援助对全球的影响，在政策制定的过程中，特别强调对现实问题的回应与解决。

（一）全球金融危机爆发

全球金融危机的爆发，不仅影响了国家、地区乃至全球的经济稳定，也影响了各国教育的经费开支。根据 UNESCO 的研究显示，美国次贷危机引发的全球金融危机，导致巴基斯坦政府削减了用于基础教育、识字教育、早期教育的经费，而加纳也停止雇用教师。同一时期，苏丹和也门两国由于石油价格的暴跌，使得教育经费大幅度削减。[2]但影响不仅于此，金融危机造成了英国的投资与汇款额度降低，商品的价格下降，也影响了英国 ODA 的经费流动。这种情况严重阻碍了英国对外教育援助项目的实施与质量提升。为了应对金融危机的影响，世

[1] JONES C. An introduction to the studying of public policy［M］. Monterey，CA：Brooks/Cole，1984：77–78.

[2] UNESCO. The impact of the crisis on public expenditure on education：findings from the UNESCO quick survey［R/OL］.（2009–07–30）［2017–11–02］. http：//unesdoc. unesco. org/images/0018/001836/183667e. pdf.

界银行提醒各国应该重视国家的教育发展，并指出“教育的进步与发展是复苏国家经济最有效的方法之一，并能够帮助发展中国家参与到全球经济中”。[1] 因此，教育成为治理国家，特别是受援国经济发展的有效政治手段。

（二）国际冲突与争端

国家间的冲突与争端造成大量的难民迁徙问题。[2] 特别是21世纪初，塞拉利昂内战造成了国家的教育沦陷，童子军全部沦为战争的祭品，[3] 再次引发了关于教育与战争的思考。相关研究表明，截至2010年，约4000万名辍学儿童生活在贫困和受冲突影响的国家中，20万至30万名童子军参与战争，且未来也不会接受教育。而缺乏教育机会是这些童子军参战的理由之一。[4]

实际上，教育能够改变社会冲突，是解决地区和国家贫困的重要应对措施，特别是在修复或重建稳定的社会环境时，教

---

[1] World Bank. Averting a human crisis during the global downturn: policy options from the World Bank' s human development network [R/OL]. (2009-04-05)[2017-11-23]. http://siteresources. worldbank. org/NEWS/Resources/AvertingTheHumanCrisis. pdf.

[2] DFID & HM Treasury. UK aid: tackling global challenges in the national interest [Z]. London: DFID, 2015: 9.

[3] RICHARDS P. New political violence in Africa [J]. Geo Journal, 1999, 47 (3): 433-442.

[4] HUMPHREYS M, WEINSTEIN J M. What the fighters say: a survey of excombatants in Sierra Leone [R/OL]. (2003-07-04)[2017-10-13]. http://www. columbia. edu/~mh2245/Report1_BW. pdf.

育促进了国家的公民参与和民主发展。[1]有研究表明，教育成效的标准和配置，与社会民主、稳定和安全的指标相关。[2]自1960年以来，世界银行在160个国家开展了关于文明战争的研究。从研究结果上看，教育经费的有效配给，不仅提高了学生的注册率（特别是男性学生的注册率）以及成人的识字率，也极大地减缓了区域的文明冲突与战争。[3]从统计上看，一个国家在校青年人数每升高10个百分点，社会冲突比例将会下降40%。[4]也就是说，教育对缓解社会冲突，提高教育机会公平，促进世界和平与稳定具有重要意义。

（三）全球大气与环境变化

全球大气与环境变化不仅是某一个国家的问题，也是人类共同面对的挑战，这已成为全球的共识。在这样的挑战下，落后地区的教育生态遭到了破坏，学生也无法获得教育。因此，在开展对外教育援助的过程中，英国政府意识到，科学的发展水平与全球的环境问题意识关系密切，二者共同对可持续发展

---

❶ MOSSELSON J，WHEATON W，FRISOLI P S J. Education and fragility：a synthesis of the literature［J］. Journal of Education for International Development，2009（1）：1-17.

❷ GREEN A，PRESTON J. Education and social cohesion：recentering the debate［J］. Peabody Journal of Education，2001，76（3-4）：247-284.

❸ THYNE C. ABC's，123's，and the golden rule：the pacifying effect of education on civil war，1980-1999［J］. International Studies Quarterly，2006（4）：13.

❹ COLLIE P. Economic causes of civil conflict and their implications for policy［Z］. Washington：World Bank，2000：47.

的环境治理负责。[1]

2000 年，在对科特迪瓦（Côte d'lvoire）的研究中发现，恶劣的生存环境和气候条件，严重影响了学校师生的出勤率，学生在校的注册率也大幅下降。[2]2005 年，在津巴布韦，由于气候干旱与文明冲突，使得该国所有学校停课至少一年，而学校重新开门的时间又耽搁了至少半年。[3]2007 年，“气旋锡德”（Cyclone Sidr）毁坏了孟加拉国的学生课堂，14.7 万名以上的儿童也无法正常就学。为了解决学生上学的问题，英国拨付校舍重建费用高达 8100 万美元。[4] 但要注意的是，援助基建工程与学生学习质量的提升非正相关，而且需要耗费大量的时间，导致儿童再次入学接受教育的时间严重滞后，也降低了援助教育经费的使用效能。为了解决这一问题，英国政府加大了教育改进与环境治理的研究力度，了解受援国学校的地理位置，调整学生受教育的季节，并使用短期与长期的气候防护措施，处理气候、环境对教育的影响。[5]

---

[1] UNESCO. Overcoming inequality：why governance matters. [R/OL]. (2009-02-09)[2017-11-13]. http://unesdoc. unesco. org/images/0017/001776/177609e. pdf.

[2] ROBERET J. Agricultural volatility and investments in children [J]. American Economic Review，2000，90（2）：399-404.

[3] ALDERMAN H，HODDINOTT J，KINSEY B. Long-term consequences of early childhood malnutrition [N]. Oxford Economic Papers，2006-08-28（6）.

[4] DAS P K. Responding to the past，preparing for the future：post Sidr interventions in education Bangladesh [R]. London：DFID，2008：15.

[5] UNESCO. Overcoming inequality：why governance matters [R/OL]. (2009-02-09)[2017-11-13]. http://unesdoc. unesco. org/images/0017/001776/177609e. pdf.

（四）疾病传染与资源短缺

环境灾害引发的疾病传染与经济落后带来的资源短缺，影响了受援国日常开展教育工作，也造成了贫困国家的儿童就学困境。根据 1993 年的调查统计显示，疟疾就让肯尼亚小学的学生数量下降了 11%，中学的学生数量下降了 4.3%，[1] 而教师的数量也因疟疾的传播大幅减少。同时，由于性别的不平等和传统观念的影响，非洲的女童生活负担重。特别是在疫病的影响下，女童要花费更多的时间寻找饮用水、生活燃料，并在家中照顾兄弟姐妹，这不仅引起了女童就学和辍学问题，也影响了她们的学习成绩。[2]

在对外教育援助的过程中，女童、残疾儿童、受危机影响儿童，一直被视为最边缘化群体。解决最边缘化人群的教育问题，才能体现出平等、公正、关爱的人道主义精神。因此，解决疾病传染与医疗资源短缺成为保障边缘化群体受教育权的援助手段。

二、贯彻国际援助的发展目标

在对外教育援助政策的规划中，英国一直与国际援助的战略方向，与联合国提出的发展目标保持一致，如 EFA、MDGs、

[1] LEIGHTON C, FOSTER R. Economic impacts of malaria in Kenya and Nigeria［R］. Bethesda：Health Financing and Sustainability, 1993：50.

[2] AIKMAN S，UNTERHALTER E. Beyond access：transforming policy and practice for gender equality in education［R］. Oxford：Oxford GB，2005：106-127.

SDGs 等，重点关注女童女性安全、边缘化群体、经费物资、教育质量与技能学习等教育问题，并呈现出纵向的一体化过程。

2000 年 4 月，联合国教科文组织举办的“世界教育论坛”（The World Education Forum）在塞内加尔首都达喀尔召开，通过了“达喀尔行动框架”——《全民教育：履行我们的集体承诺》（Education For All：Meeting our Collective Commitments）。参与者重申了 1990 年通过的《世界全民教育宣言》（World Declaration on Education For All）的愿景。与会者集体承诺实现与 EFA 相关的六个目标（见表 2-1），[1] 旨在满足全民的基本教育要求，向民众提供知识、技术、价值观和人生观，使他们能自尊、自立地生活，并通过不断学习来改善自己的生活并为国家和人类发展作出贡献。

根据 EFA 目标，英国对教育援助的战略愿景也进行了规划。英国在 EFA 目标的基础上，提出了“优质的全民基础教育”（Quality Basic Education for All）。“优质”（quality）是指学习的质量及情况；“基础”（basic）意味着基础教育是所有学习的根本，而且是由发展合作伙伴资助的；“全民”（for all）是因为教育的权利具有普遍性。

---

[1] UNESCO. Six education for all goals [EB/OL].（2000-04-18）[2021-08-31]. http://en.unesco.kz/six-education-for-all-goals.

表 2-1　EFA 目标

目　标	具体说明
1. 扩大幼儿保育和教育	扩大和改善全面的幼儿保育和教育，特别是针对最弱势和处境不利的儿童
2. 为所有人提供免费义务初等教育	到2015年，确保所有儿童特别是女童、困难儿童和少数民族儿童都能接受和完成高质量的免费义务初等教育
3. 促进年轻人和成年人的学习和生活技能	确保通过公平获得适当的学习和生活技能，计划满足所有年轻人和成年人的学习需求
4. 将成人识字率提高50%	到2015年将成人识字水平提高 50%，特别是对妇女而言，并为所有成年人提供平等接受基础教育和继续教育的机会
5. 到2005年消除两性差异，到2015年实现性别平等	到2005年消除中小学教育的性别差距，到2015年实现教育中的性别平等，重点是确保女童充分、平等地接受和完成高质量的基础教育
6. 提高教育质量	提高教育质量的各个方面并确保所有人都达到卓越水平，以便所有人都能获得公认和可衡量的学习成果，尤其是在识字、算术和基本生活技能方面

2000 年 9 月，在联合国首脑会议上，189 个国家联合签署了《联合国千年宣言》（United Nations Millennium Declaration），通过了 MDGs。EFA 目标中的三项（扫盲、普及初等教育、男女教育机会平等）融入了 MDGs 中。MDGs 共分为 8 项目标，其中，目标 2“普及初等教育”和目标 3“两性平等和女性赋权”的提出，旨在“确保到 2015 年，世界各地的儿童，无论男孩还是女孩，都能完成完整的小学教育课程”。2015 年，MDGs

被 SDGs 取代。

SDGs 是“2030 年可持续发展议程”的组成部分，其中 17 项目标由联合国所有会员国一致通过，[1] 呼吁全世界共同采取行动，消除贫困、保护地球、改善所有人的生活和未来。其中，SDG 4 内容为“确保包容和公平的优质教育，让全民终身享有学习机会”，该目标为未来 15 年内国际教育援助的发展指明了方向。

基于 SDG 4 的总目标，2015 年 5 月，联合国教科文组织携手儿童基金会、世界银行、人口基金、开发计划署、妇女署、难民署在韩国仁川市举办了世界教育论坛，来自 160 个国家的 1600 余名与会者，包括 120 多名部长、政府代表团团长和成员、各机构首长、多边和双边组织官员以及民间社会、教师职业、青年和私营部门的代表通过了《2030 年教育仁川宣言》（Education 2030 Incheon Declaration），并开始讨论并商定“教育 2030 行动框架”（Education 2030 Framework for Action）的基本要素。同年 11 月，在联合国教科文组织的第 38 届大会（38th UNESCO General Conference）高层会议上，代表们采纳并发布了“教育 2030 行动框架”，为各国政府和合作伙伴如何将承诺付诸行动提供指导。[2] 该框架包含 10 个分目标，分别对应教育的不同方面。其中 7 个分目标是希望达成的预期成果，3 个分目标是实现这些目标的手段（见表 2–2）。

---

[1] 联合国 . 可持续发展议程［EB/OL］.（2021–08–31）［2021–10–31］. https：//www. un. org/sustainabledevelopment/zh/development–agenda/.

[2] 联合国教科文组织 . 引领 2030 年教育［EB/OL］.（2021–08–31）［2021–10–31］. https：//zh. unesco. org/education2030–sdg4.

表 2-2　教育 2030 行动框架

目　标		具体说明
成果目标	4.1 普及中小学教育	到2030年，确保所有男女童完成免费、公平和优质的中小学教育，并取得相关和有效的学习成果
	4.2 幼儿发展和普及学前教育	到2030年，确保所有男女童获得优质幼儿发展、看护和学前教育，为他们接受初级教育做好准备
	4.3 公平的职业技术教育和高等教育	到2030年，确保所有男女平等获得负担得起的优质技术、职业和高等教育，包括大学教育
	4.4 获得体面工作的相关技能	到2030年，大幅增加掌握就业、体面工作和创业所需相关技能，包括技术性和职业性技能的青年和成年人数
	4.5 性别平等和教育包容	到2030年，消除教育中的性别差距，确保残疾人、土著居民和处境脆弱儿童等弱势群体平等获得各级教育和职业培训
	4.6 青少年扫盲	到 2030 年，确保所有青年和大部分成年男女具有识字和计算能力
	4.7 教育推动可持续发展和全球公民意识	到2030年，确保所有进行学习的人都掌握可持续发展所需的知识和技能，具体做法包括开展可持续发展、可持续生活方式、人权和性别平等方面的教育、弘扬和平和非暴力文化、提升全球公民意识，以及肯定文化多样性和文化对可持续发展的贡献
实现手段	4.a 有效的学习环境	建立和改善兼顾儿童、残疾和性别平等的教育设施，为所有人提供安全、非暴力、包容和有效的学习环境

续表

目标		具体说明
实现手段	4.b 奖学金	到2020年，在全球范围内大幅增加发达国家和部分发展中国家为发展中国家，特别是最不发达国家、小岛屿发展中国家和非洲国家提供的高等教育奖学金数量，包括职业培训和信息通信技术、技术、工程、科学项目的奖学金
	4.c 教师和教育工作者	到2030年，大幅增加合格教师人数，具体做法包括在发展中国家，特别是最不发达国家和小岛屿发展中国家开展师资培训方面的国际合作

资料来源：联合国教科文组织．可持续发展目标4及其分目标［EB/OL］．（2021-08-30）［2021-10-30］．https：//zh.unesco.org/education2030-sdg4/targets.

“教育2030行动框架”超越了过去确保获得基础教育的努力，扩大了新的范围。其中包括：从幼儿学习到青年和成人教育和培训；强调掌握工作技能；强调公民教育在多元和相互依存的世界中的重要性；重点关注包容性、平等和性别平等；旨在确保人人终身享有高质量的学习成果。落实议程的主要责任在于各国政府，教科文组织和合作伙伴通过协调一致的政策咨询、技术援助、能力建设以及全球、区域和国家层面的进展监测来提供支持。[1]

作为联合国的常任理事国，英国在制定对外教育援助政策的过程中，贯彻联合国及联合国教科文组织提出的SDG4及其行动要求，努力开展双边教育援助项目，积极参与多边教育援

[1] 联合国教科文组织．引领2030年教育［EB/OL］．（2021-08-31）［2021-10-31］．https：//zh. unesco. org/education2030-sdg4.

助项目，并在此基础上有效提升英国参与全球教育治理的能力和水平。

从 EFA 到 SDGs 的演变过程来看，国际教育援助的发展方向及战略发展目标始终专注三个方面。第一，学生入学，即让学生获得小学及初中的基础教育机会，特别是在贫困及受冲突影响的脆弱国家。第二，教育质量，特别是基本的阅读和算术能力。第三，学生技能，帮助年轻人获得工作和就业机会的技能，促进成长。这也是英国政府在制定对外教育援助政策时优先关注的三个战略领域。

三、实现英国政府的利益诉求

英国对外教育援助政策的落实在全球国际援助的发展中影响力较大，但随着中国、美国、日本、加拿大等国家在国际教育援助事务中的努力，特别是在多边组织中话语权的掌握，使得英国在国际地缘政治中不得不思考自身的利益诉求。值得注意的是，随着全球化时代的到来，一个国家的问题有时候会成为整个世界的问题，一个国家的争端与冲突也会危害到整个世界的利益。因此，英国政府在制定对外教育援助的政策中，也会考虑到消除世界贫困，维持国际援助发展的领导地位，将国际发展作为维护国家安全和巩固外交政策的核心因素。

（一）维护英国的社会稳定

英国政府用于国际援助的经费投入一直饱受英国公民的争

议，因为英国公民更想知道，援助的实施与经费的使用是否符合英国的国家利益。近些年，移民、恐怖主义和全球气候变化威胁着英国的国家利益。英国政府认识到，人类命运拥有共同、共通的逻辑网络，解决他国（受援国）的问题也是解决英国外患的良药。因此采取行动，实施了以预算投入为基础的援助战略，重新划分援助预算，对受援国提供支持与帮助。英国政府这一系列举措，直接引导了国际社会共同应对欧洲边境的难民危机，[1]也维护了英国社会的稳定与安宁。英国政府也曾明确提到，“对外教育援助能够解决未来的移民问题和恐怖主义问题”。[2]

2000 年以前，英国政府对外教育援助的主要目的是减少贫困。但从国家利益的角度考虑，我们的国家利益也可以看成我们的国际利益。在卡梅隆执政期间，援助政治目标非常明确，他们说，“援助有一部分是有利于英国的”。也许我们可以通过教育，减少移民，减少恐怖主义。（M-AB）

从现实情况来看，受援国政局的动荡与恐怖主义，不仅引起了区域的战乱与纷争，也导致了大规模难民的迁徙。而对外教育援助是解决这一问题的软战略。实际上，通过对外教育援助维护英国的社会稳定与国家利益是一个漫长的历程，却又是

[1] DFID，HM Treasury. UK aid：tackling global challenges in the national interest［Z］. London：DFID，2015：9.

[2] DFID，HM Treasury. UK aid：tackling global challenges in the national interest［Z］. London：DFID，2015：9.

一个可持续的过程。在访谈的过程中，AB 谈道："对加纳的教育援助工作保证了加纳几乎没有移民现象，恐怖主义现象也较少。这就是我们（英国）努力后的结果。"（M-AB）2016 年前后，英国政府对中东地区的教育援助非常感兴趣。为了维护中东和平，DFID 为黎巴嫩、约旦、土耳其等国家提供教育援助，并在每一个国家都设立了办事处。

因为叙利亚战争、伊拉克问题等，（英国）很多的对外援助项目都设在这两个国家，包括对外教育援助项目，其目的是帮助阻止叙利亚难民跨越边境，试着去解决反恐问题。实际上，英国政府的国际利益也蕴含着其国家利益。而英国政府也通过对外教育援助工作，改变了受援国的领导力和自信……这是我们试图要去做的事情。（M-AB）

英国对外教育援助工作是一项可持续的工作。在调查过程中，当被问及"英国从中能够获得什么"时，受访者认为，英国政府考虑更多的是"给予""赠予"，而不是"得到""回报"。

更多的事实告诉我们，在国际援助中，不是说英国从中能够获得些什么，而是英国能够帮助减少了些什么……依旧有很多的英国援助项目，并不涉及自身的利益这一块儿。但是也会有一部分援助项目与英国的实际利益相关。但是这种（获得利益的）比例总是会改变的，也会影响我们项目计划和项目实施。（P-LT）

目前，国际上的对外教育援助项目已经成为培养受援国学生和平意识、传播世界和平理念的有效载体，也成为解决国际争端最“和谐”的方式。根据2015年的报告数据显示，英国的援助举措控制住了埃博拉疫情，缓解了欧洲边境的难民危机，[1]这使得英国及欧洲地区的社会稳定与安宁得到了保障。同时，英国政府也希望通过对外教育援助，培养受援国学生的和平意识，旨在推动未来可持续性的世界和平与稳定。

（二）扩大英国的国际影响力

国际教育援助既是一种人道主义行为，也是一种政治行为，有助于扩大援助国的国际影响力。作为一项带有政治倾向的活动，教育本身就兼具文化传输和价值渗透的双重属性，而知识就是传输政治思想和文化意识的载体。在对外教育援助过程中，英国开展对外援助教师和志愿者带去了先进的知识和丰富的物资，也带去了英国政治理念中的人道主义思想和情感。接受教育援助的儿童和学生，在其成长中也会受此影响，改变对英国的态度和影响。特别是在价值观与文化传输方面，英国的对外教育援助行为，使其在国际人道主义发展的道路上更具影响力。LC根据自己参与的项目说道：

教英语是我来这儿的任务，我想让别人变得跟我一样（在思想上、文化上、行为上等），变成英国人或者美国人一样，

[1] DFID，HM Treasury. UK aid：tackling global challenges in the national interest［Z］. London：DFID，2015：9.

可能这就是我工作的目的。像我一样在卢旺达进行支教的人有很多。输送教师去受援国开展援助，能够让当地人了解我，懂得我，喜欢我，让人们对英国或美国有一个好的印象。我用我们的教育方式培训那些国家的老师，可能（这种方式）带给他们的，比我想象中的更多，因为，我努力的对象是当地的老师，他们会教更多的学生……也许哪天偶尔遇见了卢旺达的人，他们会因为英国的对外援助对英国人民有好感。这可能就是英国对外教育援助政策实施的价值吧。（V-LC）

值得注意的是，英国的慈善机构承担了一部分对外教育援助的工作。他们与受援国有着相同的宗教背景，这种建立在宗教上的“理解”，本身拉近了英国与受援国之间的关系。在开展对外教育援助的过程中，派遣的教师会跟当地的居民一起做礼拜，阅读《圣经》，融入当地的生活。例如，参与KNOFACIC 项目的志愿者 TW 说道：

当我们进入学校班级时，我会告诉学生英国是什么样的，如食物、住宿、房屋等，我很高兴与他们分享这些。同时，还会去当地教堂教学生读《圣经》，并在周末的时候与大家一同祷告。（C-TW）

在调研的过程中，英国受访者 AB 和 LT 都认为，英国对外教育援助政策制定的出发点，是“纯粹”的人道主义行为，对英国的国家利益贡献并不明显。从援助政策执行情况来看，英国政府对受援国的教育体系规划、基础设施建设、学生入学、物资供应等方面确实作出了贡献。同时，英国政府还帮助受援国编写教材、设置课程、制定考试大纲、建设该国的教育体系等。其援助活动本身所传达的善意，也加深了受援国政府和人民对英国的喜爱。值得注意的是，基于共同理念建构下的思想体系，更容易在交流中达成共识。因此，作为大国外交的政治手段，对外教育援助不仅拉近了受援国人民与英国政府的感情，更培养了一批未来的“亲英”派。在国际事务中，争取到更多的追随者和支持者；在扩大影响力的同时，稳固了英国的国际话语权。

（三）强化国际援助的领导地位

英国在国际援助中具有较强的影响力、执行力和领导力，特别是在国际政治舞台上掌握着绝对的话语权，这与英国对其承诺的对象是分不开的。作为国际对外教育援助最大的投资方之一，英国实现了1970年联合国大会所作的决议，即“各发达国家拿出相当于其国民生产总值0.7%的资金作为援助经费，促进发展中国家的经济社会和福利事业发展”。[1] 这一点也在英国对外援助政策中反复强调。

在双边关系中，英国是国际教育发展中最大的捐助国之

---

[1] OECD. The 0. 7% ODA/GNI target – a history [EB/OL] . [2019-12-26] . http: // www. oecd. org/dac/stats/the07odagnitarget-ahistory. htm.

一。2016年用于双边教育支出为9.64亿英镑。[1]同时，英国政府将其中三分之一以上的教育经费投入多边合作项目中，如世界银行、欧盟委员会（European Commission）、UNICEF、UNESCO、亚洲发展银行（Asian Development Bank）、非洲发展银行（African Development Bank）等开展的援助项目，[2]增加用于援助的教育基金，并通过这些组织的活动，将经费分配到最需要的领域，提高经费的使用效能和价值。

目前，英国政府在多边组织中的经费投资与合作行为，提高了英国在整个援助利益链条中的影响力，在加强国际投资合作的同时，DFID也积极参与多边组织开展的国际事务。值得注意的是，无论是在国际会议中，还是在政策文本中，英国政府会反复提及，要对英国人民的钱负责，提高援助的效率和效能。例如，脱欧的英国参加欧盟会议，以政治领导的方式有效地分配和使用援助经费，给受援国提供更多的帮助。英国也向欧委会提供长期、可预期的财政支持，掌握英国在国际援助中的领导地位和影响力。[3]在多边合作的过程中，英国也是国际组织开展教育援助的支持者，积极寻找支持优质公共服务可持续发展的有效政策。例如，英国与世界银行集团（World Bank

[1] DFID. Statistics on international development 2017［R/OL］.（2017-03-28）［2017-11-13］. https：//www. gov. uk/government/statistics/statisticson-international-development-2017.

[2] DFID. Statistics on international development 2017［R/OL］.（2017-03-28）［2017-11-13］. https：//www. gov. uk/government/statistics/statisticson-international-development-2017.

[3] DFID. Learning for all：DFID's education strategy 2010-2015［R］. London：DFID，2010：16.

Group）以及国际货币基金组织（International Monetary Fund）合作，增加了这些国际组织对低收入国家的借款力度。同时，将援助工作人员进一步派遣到受援国，与当地政府和其他发展机构开展合作，以期领导受援国教育部门的建设并引导地方宏观政策制定。

作为英联邦国家的领导者，英国也大力向英联邦旗下的组织提供经费支持，用于开展教育援助。2008—2009年度，DFID向英联邦秘书处（Commonwealth Secretariat）的“英联邦技术合作经费”（Commonwealth Fund for Technical Co-operation）组织提供810万英镑，向“英联邦学习”（Commonwealth of Learning）组织提供100万英镑，并从FCO再向英联邦秘书处提供410万英镑的核心资金。2008—2011年，DFID向“英联邦奖学金和奖学金计划”（Commonwealth Scholarship and Fellowship Plan）项目提供了5100万英镑的经费，支持全球2700名学生接受教育。[1]此外，DFID与民间机构组织合作，提高DFID的发言权和处理问题的力度，主张援助教育改革，向脆弱和受冲突影响的地区提供直接的服务。

无论是在双边合作还是多边合作中，英国对外教育援助的政治主张是，向基础教育提供更多的资源，更有效地分配和使用经费，并实现他们对教育援助的国际承诺，稳固英国对外援助的国际影响力。

在开展对外教育援助的过程中，首先，DFID考虑的是在

❶ DFID. Learning for all：DFID's education strategy 2010-2015［R］. London：DFID，2010：47.

国际组织间，各教育援助的行动计划要具有一致性。DFID 在双边和多边组织中支持受援国的教育体系发展，将教育视为人道主义的重要组成部分，与人道主义的发展相衔接。其次，DFID 将直面危机情况，巩固援助项目的实施，全力支持教育质量的提升，以及高质量学习目标的实现。同时，DFID 也会审视受援国对教育援助政策和计划的落实情况，重点关注教学质量的提高，贫困和边缘化儿童的学习问题，以及减少学校的暴力行为。此外，DFID 呼吁各国政府加大经费的投入，也鼓励受援国政府进行教育改革，在教育中更好地利用公共资源。DFID 将与国际合作伙伴一道，为受援国的教育质量和有效学习提供经费保障，推进受援国的国家教育计划与经费使用的融合以提高教育援助支出的效率和效益。最后，DFID 鼓励捐赠机构和发展融资机构增加用于教育援助的经费（相对于其他方面的援助投资，这一经费投资比例仍然较低）。

值得注意的是，DFID 以帮助中等收入国家采用借款（适度的利率）的方式获得援助经费，并帮助他们引进私人的教育投资。DFID 鼓励并支持多边合作伙伴开展教育援助工作，让他们为教育援助的实施结果和经费使用价值负责，并建立捐助者联盟，提高捐赠者对受援国学生学习质量的关注。

第二节 英国对外教育援助政策的制定者与制定依据

在对外教育援助政策制定的过程中，DFID 对援助政策的制定和实施具有较高的决策权，不仅制定援助政策、通过竞标选拔政策实施的团队，还对政策的实施情况进行评估。但在制定对外援助政策时，DFID 也必须遵守英国法律的规定，以及国际援助发展战略目标，保证政策制定与实施的合法性。

一、对外教育援助政策制定的机构

DFID 是英国开展国际援助项目的主要部门，负责管理对外援助政策的制定，[1]旨在终结世界的极度贫困现象，为发展中国家和英国人民建设一个更安全、更健康、更繁荣的世界。DFID 主要职责是应对当下的全球性挑战，包括贫困和疾病、大规模移民、不安全和冲突等。在帮扶受援国的过程中，DFID 不仅提供了物资和经费，培养了师资，且重点关注基础教育、女童和女性教育，支持 SDG 4 的目标实现。同时，DFID 与许多国际组织（如 UNESCO、OECD、WB 等）合作，为这些国际

---

[1] Global Partnership for Education. Aid to education［Z/OL］.［2017-11-20］. https://www. globalpartnership. org/about-us/donor/united-kingdom.

组织提供了大量的援助资金，在多边合作中，共同解决全球性贫困问题。[1]

（一）国际发展部的历史演进

英国政治模式的发展与变革具有和缓、平稳、渐进的特色[2]，影响着对外援助决策机构的职能转变，也决定了英国对外教育援助的力度和影响。英国对外援助部门的发展历程长达 50 余年之久，从最初“海外发展部”的诞生，到“国际发展部”的改组，每一次重组都体现出英国政府对开展国际援助事务的政治态度、意图和诉求。最为明显的是，英国执政党对对外援助机构属性的认定，其是否为独立的机构，能够反映出英国是否想要快速扩展政治势力范围的主张。

英国的对外援助可以追溯到殖民时期。1961 年，随着国际非殖民化的步伐加快，英国政府成立了技术合作部，用于开展对外发展项目和工作。从那时起，英国对外援助机构的地位就直接取决于执政党。1964—1970 年，工党政府执政，设立了海外发展部，[3] 该部门是第一个正式具有援助意义的独立部门，负责制定并实施对外援助的政策、战略等事宜，仅有一小部分的对外援助事务由出口信贷保险部和联邦发展公司负责。但是，

---

[1] DFID. About us［EB/OL］.［2017-11-23］. https：//www. gov. uk/government/organisations/department-for-international-development/about.

[2] 艾希 . 世界体系理论视角下英国政治发展模式及其对中国的启示研究［D］. 北京：北京师范大学，2016：18.

[3] KING K，MCGRATH S. Knowledge for education［M］. Cape Town：HSRC Press，2004：99.

海外发展部并不能在历届政府的对外援助事务中占据绝对的领导地位。而且海外发展部的成分并不单一，第一届海外发展部部长芭芭拉·卡斯尔（Barbara Castle）具备内阁的席位，但为了解决海外援助部的资源分配问题，该部门还聘请了一些经济学家和统计学家作为终身制职员，为海外援助中提供技术支持。[1]

1970—1974年，英国保守党上台，外交部将“海外发展部”降格为英国FCO下属的海外发展处。与此同时，爱德华·希斯政府否定了工党政府曾提出的“英国对外援助是一项道德行为”的说法，明确表示英国的对外援助政策是由英国的国家利益决定的。[2]

1974—1979年，英国工党又重新执政，将海外发展处重新独立出来，再次更名为“海外发展部”，确定了海外发展部的部长具有内阁席位。1975年海外发展部公布白皮书《英国外援政策重心的改变：给予最贫困国家更多帮助》（The Changing Emphasis in British Aid Policies：More Help to the Poorest），明确了英国对外援助原则，即为了帮助最贫困国家的人民，并表示将开始对最不发达国家以无偿赠予的形式提供援助。[3]

但在1979年，保守党重新掌权后，撒切尔政府上台将这一部门重新降级为海外发展处，该处有接近三分之一的雇员被

---

❶ 王耀萱．英国对外援助变化趋势及原因分析［D］．北京：外交学院，2011：17.

❷ HODGKINSON E. Developments in British aid［R］. London：ODI Review，1976：25-33.

❸ LANCASTER C. Aid to africa：so much to do，so little done［M］. Chicago：Chicago Press，1999：18.

裁，650个海外发展处的工作岗位被调离伦敦。[1]1997年，布莱尔政府上台之后，又将海外发展处更名为国际发展部，并扩大了国际发展部的职能范围，将英国与受援国之间的贸易投资、英国与国际机构在对外援助领域的协调工作等，都划归到了国际发展部的工作范围。[2]

从DFID的演变历程中明显看出，英国的国家权力掌握在谁（政党）的手中，谁就能够根据自己的意愿决定援助机构的职能和作用。但不可否认的是，英国援助机构的每一次变革和转型，都是根据国际政治环境和英国发展实力而作出的渐进式调整，是在旧有的传统上发展新的理念，是对旧制度的延续与改良。

（二）国际发展部的工作范围与职责

国际发展部是英国政府的部门之一，由一名内阁部长领导，截至2018年初，直接对非洲、亚洲、中东的27个国家[3]支援，雇用人数约2700人，其中一半在海外工作。工作人员的职责是，向贫困国家或地区提供各种资助，缩减并消除世界

---

[1] SUTTON M，HEWIT A. Taking stock：three years of conservative aid policy［R］. London：ODI Review，1982：133-143.

[2] 王耀萱．英国对外援助变化趋势及原因分析［D］. 北京：外交学院，2011：17.

[3] 27个国家包括阿富汗、孟加拉国、缅甸、刚果民主共和国、埃塞俄比亚、加纳、肯尼亚、吉尔吉斯斯坦、利比里亚、马拉维、莫桑比克、尼泊尔、尼日利亚、巴勒斯坦、巴基斯坦、卢旺达、塞拉利昂、索马里、南非、苏丹、南苏丹、塔吉克斯坦、坦桑尼亚、乌干达、也门、赞比亚、津巴布韦。

极端贫困的国家和地区。[1]DFID 的援助工作范围覆盖非洲、亚洲和中东地区。这些地区的贫困国家较多，他们要面临战争的冲突、恶劣的环境以及邻国的威胁。同时，DFID 也在非洲、亚洲和加勒比地区开展了地区项目，并在三个海外领土（圣赫勒拿岛、皮特凯恩岛和蒙特塞拉特岛）开展了援助工作。除了直接在各国开展援助工作，DFID 还通过“英国援助”（UK Aid）组织，参与国际援助的全球计划，积极落实双边和多边项目。

作为国际发展战略规划与实施的领导主体，英国国会发布了两项法案，这两项法案成为 DFID 开展国际援助活动的主要工作准则。一是《2002 年国际发展法案》，该法案明确了对外援助支出是减贫的目标；二是《2006 年国际发展（报告和透明）法案》，该法案确定了 DFID 每年将年度报告提交给国会。[2]

同时，DFID 也一直承担着维护世界和平、促进全球发展的使命，其责任包括七个方面，即尊重英国的国际承诺并采取行动，实现联合国“全球目标”（UN Global Goals）；提高教育援助的透明度和开放性，改善经费使用价值，使英国的援助更加有效；在促进经济增长和财富创造方面，以英国的国际发展政策为目标；在脆弱和受冲突影响国家中，改进英国国际发展政策的一致性和绩效；提供更好的教育，改善女童和妇女的生

---

[1] DFID. About us [EB/OL]. [2017-08-23]. https://www.gov.uk/government/organisations/department-for-international-development/about.

[2] DFID. About us [EB/OL]. [2017-08-23]. https://www.gov.uk/government/organisations/department-for-international-development/about.

活，并在计划生育方面作出更大的贡献；防止发展中国家的女童和妇女遭受暴力；防止气候变化，帮助发展中国家低碳化增长。[1]

二、对外教育援助政策制定的参与者

（一）参与者的指导标准

为了满足英国对外教育援助政策制定的需求，2016 年 2 月，英国内阁办公室（Cabinet Office）发布了“开放政策制定”指南（Open Policy Making Toolkit），[2] 在政策文件制定的过程中，该指南对其进行了规范和指导。2017 年 3 月，英国内阁再次对该指南进行更新，完善了其中的条例，对未来英国政策的制定和修改，订立了详细的规范。该指南也是英国政策制定者的行为指南，指导着政策制定者的工作开展。此外，DFID 在制定政策文件时，也必须遵守该指南的准则。

为了指导英国对外教育援助政策的实施与发展，“开放政策制定”指南中规定了参与者在制定对外援助政策时必须满足三个条件。首先，在政策制定过程中，要使用协作的方法，开展多主体间合作，加强不同利益主体之间的交流。能获得对外

❶ DFID. About us［EB/OL］.［2017-08-23］. https：//www. gov. uk/government/organisations/department-for-international-development/about.

❷ Cabinet Office. Open policy making toolkit［Z/OL］.［2017-01-03］. https：//www. gov. uk/guidance/open-policy-making-toolkit/getting-started-with-open-policy-making.

援助广泛的信息与专业知识，满足政策使用者或制定者的需求。其次，在政策制定的过程中，参与者需要使用新的分析技术及数字化工具，并听取多方见解和观点，保证政策的制定是以数据、证据为基础的。最后，对制定的政策要不断地测试和改进，以满足政策使用者复杂多样的、不断变化的使用需求，确保政策的实施成效。

对于援助政策制定的参与者来说，“开放政策制定”指南是英国政府管理对外教育援助政策制定的新理念、新方法，在政策制定和使用的过程中，强调政策要具有开放性和灵活性。该指南规定，在制定政策的过程中，政策制定者要倾听其他参与者的观点和想法，关注那些独到的见解，帮助政策制定者从不同的视角看待援助中需要解决的问题。制定新政策时，也需要使用新的方式。该指南强调，“设计的思考”（Design Thinking）方式以及“灵活的工作”（Agile Working）方式就是比较突出的新方式，这些新方式能够落地实施，能够从政策使用者的角度来看待政策制定中存在的问题。[1]

（二）参与者的类型

在政策制定的过程中，政策制定的参与者至关重要。他们既是决策者，也是倾听者，具有较强的辨别能力和大局意识，能从不同的言论和建议中吸纳好的、有价值的观点。政策制定

---

[1] Cabinet Office. Open policy making toolkit［Z/OL］.［2017-01-03］. https：//www.gov. uk/guidance/open-policy-making-toolkit/getting-started-with-open-policy-making.

参与者的背景，通常会根据对外教育援助的目标、国家背景、具体事务等而有所不同。一般来讲，参与者包括国际教育援助领域的研究专家和学者、技术支持人员、承包方（第三方机构）的领导或工作人员、英国雇用的受援国工作人员、项目参与的受援国政府人员、受众群体以及其他的利益相关者。通常将政策制定的参与者划分为三类，即公众群体、专家群体、受众群体。

公众的参与有助于政策制定者了解并衡量公众对政策实施的情绪和反应。在DFID教育援助的过程中，最了解实际情况的人，就是那些参与援助的实施者和受益者，他们有亲身的经历和体验，了解教育援助的过程与成效。因此，公众的声音作为一种有价值的参考，广泛地应用于政策制定的讨论中。

研究者或专家是政策制定的推手，可以帮助政策制定者更快地发现政策中存在的问题，并提供可用的研究假设、理论视角和解决方案。在制定对外教育援助政策的过程中，DFID会聘请或雇用专业性强的研究者和专家，从不同的专业视角发声，完善政策制定的内容和体例。专家的身份一般分为四种。第一，政策研究人员与民族志研究者。他们能够考虑到政策使用者的身份和背景，理解政策使用者的个人经验和存在的问题。第二，政策设计者（Designer）与服务商（Facilitator）。在整个制定周期内，政策设计者能够给予政策制定者创新的政治理念，而服务商需要在公开安全的环境中，帮助政策制定者与公众沟通和交流。第三，学术专家和学科专家，他们将新的专业的知识和适合的理论，注入援助项目的设计过程中。第四，统计专家。这些专家能够通过量化的方式，开展普查、检测等工作，帮助政策制定参与者扩大了解的范围，并通过大量的证据（或数据），快速地分析出统计的结果。

实际上，了解政策使用者的需求，能够帮助政策制定者制定出适用于受众群体的有效政策，并对这些人产生影响。这些也是对外教育援助政策有效性的前提。在制定政策前，政策决策者还需要了解政策使用者当下的状况和个人经验，并对政策使用者提出一系列的问题。比如，政策开始实施时，使用者要如何使用这个政策，他们的政策需求是什么，体验情况如何，积极的还是消极的等。这些反馈能够帮助政策制定者了解政策的受众对象是谁，又将如何开展工作。

此外，该指南还规定，政策制定者的态度要谦虚、严谨，要参考其他人的观点和想法，要敏锐地洞察出有利于政策制定的好想法和好观点，并将其用于政策的制定中。值得注意的是，为了客观地面对政策制定过程中存在的问题，政策制定者还要不断地接受新建议，参考新数据、新证据，不断地改进并更新政策内容。

（三）参与者在政策制定过程中的作用

政策制定参与者与政策使用者一起制定政策的过程称为协同设计（co-design），这也是英国对外教育援助政策制定过程的特点。“开放政策制定”指南中规定，在制定援助政策时，要了解政策使用者的现实需求和问题，并与他们一起协作，广纳信息，共同制定出符合政策使用者实际利益和现实情况的政策。

协同设计是一种政策制定的合作方式。值得注意的是，在这种协同合作中，政策的使用者（也是参与者）是政策制定的核心，他们的自身经验和个人观点能够反映出受众的实际需求，为政策的制定和实施方向提供新视角。同时，在其协作中，政策制定者能够集思广益，与其他参与者一同决定援助政策的内容，保证援助政策出台的时效性以及政策实施的有效性。在访谈中，DFID 的官员 IA 提到：

我们有很多的公开咨询，也有关于教育政策制定的邀请会议。议会委员会的 IDC 从公众那里获得了关于 DFID 对外教育援助工作的大量书面证据和口头证据，这也为公众提供了一些有价值的观点。通常这些书面证据或口头证据都会在议会委员会的网站上公示。（O–IA）

此外，在政策设计和制定的过程中，协同设计方式具有较强的普适性，可用于政策制定的任何阶段和各个环节。例如，英国在对外教育援助政策制定伊始，需要通过协同设计的方法，制定国际和受援国的国家战略发展目标。因此，在 DFID 设计对外教育援助政策时，重点关注国际援助的发展目标，如 SDGs、MDGs、EFA，重视英国对国际组织的承诺，并将这些编制成援助政策的要点。

在政策的完善与改进过程中，政策制定者还需要考虑一些问题，如政策实施后，实现了什么？政策的完善需要什么样的证据支持？是否有机会增加现有的证据？谁能影响这个政策，以何种方式影响？如何与主要的利益相关者和分析专家合作？在政策制定的发展中，是否有现成的证据？谁来一同工作，学者还是智囊团？

三、对外教育援助政策制定的依据

在制定对外教育援助政策时，英国政府不仅需要参照英国现行的法律法规，也要遵循国际援助的发展目标和援助理念。二者双管齐下，共同影响教育援助的政策制定。

（一）以英国国内的法律法规为依据

英国对外教育援助在政策制定与实施方面，遵守《2002 年国际发展法案》[1]《2006 年国际发展（报告与透明）法案》《2010 年公平法案》（Equality Act 2010）以及《2000 年恐怖主义法案》（Terrorism Act 2000）的相关要求和规定，并将其内容作为政策制定与实施的准绳。

从法律文件的内容上看，《2002 年国际发展法案》[2]为英国发展援助奠定了基础。该法案注重援助发展的可持续性，明确了援助的目的，即减少贫困，并强调要不断改善援助地区的人民福祉。该法案对援助提出了两点要求，即减少贫困、提高福

[1] 该法案经《2014 年国际发展（性别公平）法》[International Development (Gender Equality) Act 2014] 修改。

[2] UK Gov. International development act 2002 [Z/OL]. (2012-02-26)[2017-11-23]. http: //www. legislation. gov. uk/ukpga/2002/1/contents.

祉。这也是英国对外教育援助政策实施以来一直追随的目标。英国帮助受援国设计、改进教育体制，提供教育物资和经费，加强基础设施建设，帮助边缘化儿童，特别是女童入校就学。同时，也帮助受援国培养国家建设的后备力量。

《2006 年国际发展（报告和透明度）法案》[1]则明确了英国的承诺，即帮助世界最贫困国家和人民，努力兑现国际承诺，并规定了 DFID 每年向国会提交关于发展政策和规划的报告。该法的颁布对 DFID 的职责、责任和义务进行了规范。一方面，英国政府作出的国际承诺，旨在加强国际援助建设，提升国际形象，发挥英国在国际援助中的领导地位；另一方面，该法案也对 DFID 工作进行了设定，要求 DFID 每年要向英国国会提交报告，旨在敦促并指导 DFID 的工作开展。

在对外援助政策制定的过程中，英国重视《2010 年公平法案》，[2]强调消除歧视，促进机会平等，在开展活动时，以促进不同人民之间的良好关系为依据，特别是在实施对外教育援助政策的过程中，英国政府更加重视性别与权力的平等。这里所说的平等是指社会、经济、政治利益的合理与平均分配。英国政府重视人权，以人道主义精神向受援国开展教育援助，努力让每个人都公平享有教育机会，特别是那些弱势、边缘化群体，如女童、残疾儿童等。同时，开展对外教育援助活动本

[1] UK Gov. International development (reporting and transparency) act 2006 [Z/OL] . (2016-07-25)[2017-11-23] . http: //www. legislation. gov. uk/ukpga/2006/31/contents.

[2] UK Gov. Equality act 2010 [Z/OL] . (2010-04-08)[2017-11-23] . http: //www. legislation. gov. uk/ukpga/2010/15/contents.

身就是一种合作，帮助英国政府传递出国家外交意识和文化意识，加强国与国之间合作交流，并在国际合作的事务中，争取到更多的盟友。

《2000年恐怖主义法案》则更多地强调保护学生的人身安全。面对国际冲突，英国政府将对外援助发展作为维护世界和平的外交政策，为世界人民的安全提供保障。在全球经济一体化发展的背景下，英国政府愈来愈意识到，世界秩序的稳定能够影响英国政局的稳定，而解决受援国的现实危机，对英国的国际合作与发展也会有促进作用。因此，英国开展的对外教育援助，能够提高受援国儿童的整体素质，培养受援国儿童维护世界和平的意识。[1]

（二）以英国的国际承诺和国际援助目标为依据

在对外教育援助的政策规划中，英国紧跟国际援助的战略步伐，与国际援助的发展目标保持一致，如SDGs、MDGs、EFA等。从EFA过渡到SDGs的历程中，英国是联合国教育目标贯彻的拥护者和执行者，将其目标写入英国对外援助政策中，重点关注女童女性、边缘化群体、经费物资、教育质量与技能学习等问题。在落实政策的过程中，努力帮助受援国儿童完成小学教育，在教育各阶段实现性别平等，扩大教育的受用面。

从对外教育援助的政策内容来看，英国优先关注三个方

[1] UK Gov. Terrorism act 2000 [Z/OL]. (2000-07-20)[2017-11-23]. http://www.legislation.gov.uk/ukpga/2000/11/contents.

面。第一，学生入学，即让学生获得小学及初中的基础教育机会，特别是在贫困及受冲突影响的脆弱国家。第二，教育质量，特别是基本的阅读和算术能力。第三，学生技能，帮助年轻人获得工作和就业机会的技能，促进成长。

1. 学生入学

2007 年数据显示，全球约 7200 万名小学儿童未能在学校注册，[1] 其中 4000 万名儿童生活在贫困和受冲突影响的国家。[2] 据估计，1.5 亿名儿童不能完成中学教育，他们也未能接受学前教育。在校注册的儿童，他们不能保证日常的学习与出勤。这些情况表明，小学教育的完成率正吃紧。在撒哈拉以南的非洲，仅 60% 的学生（其中 55% 是女童）能够完成小学学业。[3] 国际劳工办公室（International Labour Office，ILO）报告说，全球有 1 亿名女童正在做童工，大部分没有受过教育，或者接受教育不多。[4] 残疾儿童中仅有 5% 或者更少的学生完成了学业。[5]1500 万名艾滋病孤儿在学校学习处境不利。[6]

---

❶ UNESCO. Global monitoring report 2007 [R/OL] .(2006-12-22)[2017-10-12] . http：//www. unesco. org/education/GMR/2007/Full_report. pdf.

❷ Save the Children. Last in line；last in school – how donors are failing children in conflict-afflicted fragile states [R] . London：Save the Children，2007：33.

❸ World Bank. World development indicators [Z] . Washington：World Bank，2008：88-90.

❹ ILO. Give girls a chance – tackling child labour：a key to the future [R] . Geneva：ILO，2009：17.

❺ PETERS S J. Inclusive education for all by including those with disabilities and special needs – a paper prepare for the disability group in the World Bank [R] . Washington：World Bank，2003：42.

❻ Save the Children. Last in line；last in school – how donors are failing children in conflict-afflicted fragile states [R] . London：Save the Children，2007：33.

因此，让每一个孩子在当地都能进入学校接受教育是DFID的教育援助优先发展目标。实际上，学生入学与学校好坏至关重要。所谓的好学校应该包括，从小学升入中学的阶段，学生不会因为距离和学费而终止接受教育；学生复读概率应该降低为最小；班级有基本的设施条件，环境安全，没有骚扰和歧视现象；女童要与男童享有公平的学习权利，而那些身患残疾以及艾滋病患者，也要享有公平的（学习和教育的）权利；每个班级都有基本的学习物资，并要有训练有素的专职教师。同时，学校能够有效地被领导、管理与治理，并得到教育系统的支持，为教育各方面的优质发展而努力。DFID坚信，所有的儿童都应该得到支持，成功入校就学，让潜能得到充分的发展。

2. 教育质量

改进学习质量是英国对外教育援助的战略重心。教育对经济效益和社会效益的影响与认知技能的习得紧密相关。1960—2000年，DFID曾对50个国家和地区进行的调查显示，学生每增加一年的学校教育，GDP会上升0.37%；若提高认知技能，GDP增长幅度更大，上升指数为1%。[1]学习成绩的好坏影响收入的水平，对经济发展水平也有所影响。[2]因此，提高学生

[1] UNESCO. 2009 Education for all global monitoring report [R/OL]. [2008-12-11]. http://siteresources.worldbank.org/INTGLOMONREP2009/Resources/5924349-1239742507025/GMR09_book.pdf.

[2] McKinsey & Company，Social Sector Office. The economic impact of the achievement gap in America's schools [R/OL]. [2017-11-02]. https://www.mckinsey.com/industries/social-sector/our-insights/the-economic-cost-of-the-us-education-gap.

的学习成绩有助于减少收入差距。[1]

在农村以及贫困地区，小学一年级的学习差距就已经存在。如果早教学习成绩差，这有可能预示着学生成年后在社会和经济中也处于不利的境况。[2] 早在 2007 年，针对冈比亚 40 所学校的研究发现，1—3 年级学生中，有近三分之二的学生无法从一个简单的段落中读出一个单词。只有 5% 的 3 年级学生每分钟阅读能够达到约 50 个单词。[3] 但该项研究也发现，对女童教育的干预，能够让女童提高阅读技能，在拼写方面高于男童。[4] 同时，存在一个代际影响，如果女性童年的时候没有读过书，那么她们将孩子送入学校接受教育的可能性很小。

实际上，教育质量改进是十分复杂的，一直存在争议。[5] 而解决教育质量的方法和补救措施也没有捷径可走。[6] 英国政府考虑的是，儿童是否能通过教育，学习到优质的知识和技能；学生能否将知识和技能运用到今后的学习、健康、财富积

---

[1] World Bank. Girls' education in the 21st century: gender equality, empowerment and economic growth [R]. Washington: World Bank, 2008: 123.

[2] UNESCO. 2005 education for all global monitoring report: the quality imperative [R]. Paris: UNESCO, 2004: 146.

[3] GOVA A, CVELICH P. Early reading: igniting education for all: a report by the early grade learning community of practice [R]. NC: Research Triangle Institute, 2011: 8.

[4] GOVA A, CVELICH P. Early reading: igniting education for all: a report by the early grade learning community of practice [R]. NC: Research Triangle Institute, 2011: 30.

[5] ALEXANDER R. Essays on pedagogy [M]. Abingdon: Routledge, 2008: 165.

[6] MINGAT A. Options for a cost-effective allocation of resources [Z]. Abidjan: Association for the Development of Education in Africa, 2005: 32.

累、经济发展中，并使他们获益。[1]

3. 学生技能

在收入最低的国家中，学生接受职业技能培训的机会少，就业的机会短缺，[2]年轻人缺乏获得技能的途径，女性更是如此。通常在最为贫困的发展中国家，小学毕业后，继续学习和培训对于贫困的青年女性来说十分困难。[3]尽管受援国公共部门出资开展培训项目的经费合理，但监管力度不强，不能确保学生获得需要的综合技能。而私营企业对再就业员工的技能培养方面有所顾虑，他们害怕员工接受培训后就被其他公司挖走，因此也不愿意花时间和资金来培养员工的技能。[4]此外，受援国还缺乏知识与技能训练的基础场地，也缺乏专业的培训教师，因此学生不能得到好的职业教育与培训。

为了实现联合国提出的发展目标，受援国需要雇用更多有技术的教师、护士、医生、农民、工人。同时，针对大气问题，抗击大气变化，也需要培养更多科学与技术专业的毕业生。但值得重视的是，很多受援国没有培养学生技能的专业教师，教学资源也十分缺乏，这使得学生的技能培训工作始终无

---

[1] HANUSHEK E. Schooling，gender equity，and economic outcomes［R］. World Bank，2007：56.

[2] World Bank. World development report 2007：development and the next generation［R/OL］.（2006-09-07）［2017-09-23］. http：//documents. worldbank. org/curated/en/556251468128407787/pdf/359990WDR0complete. pdf.

[3] Plan International. Girls in the global economy：adding it all up［R］. London：Plan International，2009：44.

[4] DFID. Jobs，labour market and shared growth：the role of skills［R］. London：DFID，2008：2.

法有效开展。[1]

新技术的出现与高技能的需求相关，而中等教育和高等教育的高回报率也在日益显现出来。但是，对发展中国家来说，职业技能的培训还不能满足就业岗位员工培养的需求。实际上，全世界15—25岁的年轻人有13亿，不到全球总人口的20%，但全球发展中国家每年需要创造约5000万个岗位，才能满足就业人口的增长速度。

因此，英国与受援国政府的共同挑战的目的是培养有技能的人力资本。人力资本是提高生产效率和成本效益的重要因素，通常来说，技能短缺并不会限制经济的增长，但教育和培训能提高人们应付变化的能力，同时促进人力资本的积累。为了支持年轻人获得相应的职业技能，DFID与受援国政府、私立机构和民间团体共同合作，提高整个教育与培训部门的效能。

此外，DFID在受援国发展创新型的培训方式，支持以需求为中心的技能培训。通过高等教育发展合作（Development Partnerships in Higher Education）项目，DFID在非洲和亚洲地区，强化了高等教育机构的实力，其规模达到了200所以上。同时，DFID向非洲大学联盟（Association of African Universities）提供350万英镑，用于支持非洲高等教育合作。2008—2013年，DFID投资10亿英镑，强化低收入国家高等教

[1] Secretariat of the Convention on Biological Diversity. Global monitoring report 2010: innovative financing for biodiversity [R]. Montreal: Secretariat of the Convention on Biological Diversity, 2010: 31.

育与研究的能力。通过联邦奖学金和奖学金计划，DFID 每年向 500 名以上的学生提供奖学金。

总的来说，为了实现以上三个优先发展战略目标，英国在政策制定的过程中，明确了经费的使用结果及其价值，通过直接援助，DFID 希望实现的具体目标包括：每年至少支持 550 万名在校生，花费大概是英国学龄人口的 1/40；每年至少新建 1.5 万间教室，让 50 万名学生受益；每年至少培训 13 万名教师；在非洲和亚洲，支持超过 200 所高等教育机构；每年提供 500 个奖学金名额。此外，英国也在全球建立新的“全球教育合作关系”，并与他国政府及多边机构、私立机构、宗教群体以及民间团体合作，推动基础教育的进步，特别关注改进教与学，并获得比较好的学习成绩。

第三节　英国对外教育援助政策的内容

在过去这些年的国际双边与多边合作中，英国政府努力提升受援国儿童入学与教师教育的数量和规模，提高教师的教育效能与质量。但从援助质量和成效来看，依旧不太乐观。许多儿童在学校学不到知识和技能，由于受援国地区的传统观念，很多儿童，特别是女童无法持续就学。面对这一情况，英国对外教育援助政策中的受众群体，不仅转向了辍学群体，而且更加关注儿童的教育机会、质量与公平。

近几十年来，发展中国家以惊人的速度扩大了教育规模。据统计，2010 年全球普通成年人接受学校教育的平均时长达 7 年，而在 1950 年，这一平均时长只有 2 年。也就是说，现在大多数孩子都能接受基础教育。❶然而，在贫困的发展中国家和受冲突影响的国家中，教育情况并不乐观。在这些国家中，不完善的教育体系不能持续提供高质量的教育服务，并逐渐埋伏下一场有关学习危机的隐患，这不仅阻碍了人类个体潜能的发展，导致教育资源的浪费，也给社会稳定带来风险和危害。

面对这些危机和挑战，英国政府出台了一系列政策文件（见表 2-3），不仅强化了英国国际援助的承诺，贯彻了国际援助的战略目标，同时，完善了对外援助的实施体系和评估体系。

表 2-3 2009—2018 年英国政府发布对外教育援助政策文本

颁布时间	颁布机构	政策名称
2009.07	DFID	《消除世界贫困：建立我们共同的未来》(Eliminating World Poverty：Building Our Common Future)
2010.03	DFID	《全民学习：2010—2015年DFID教育战略规划》(Learning for All：DFID's Education Strategy 2010–2015)
2011.03	DFID	《英国援助：改变生活，实施结果》(UK Aid：Changing lives，Delivering Results)

❶ World Bank. Learning to realize education's promise [R/OL]. (2018-01-14) [2018-01-26]. http://www.worldbank.org/en/publication/wdr2018.

续表

颁布时间	颁布机构	政策名称
2013.07	DFID	《教育的立场：改进学习，扩大机会》(Education Position Paper: Improving Learning, Expanding Opportunities)
2013.05	DFID	《DFID评估政策》(DFID Evaluation Policy)
2014.07	DFID	《智慧规则：更好的项目实施》(Smart Rules: Better Programme Delivery，于2018年4月更新)
2015.06	DFID	《DFID以结果为依据的支付框架》(DFID's Evaluation Framework for Payment by Results)
2015.11	DFID与英国财政部	《英国援助：在国家利益中，处理全球挑战》(UK Aid: Tackling Global Challenges in the National Interest)
2015.11	DFID	《不让任何人掉队：我们的承诺》(Leaving no one behind: Our promise，于2017年1月更新)
2018.02	DFID	《DFID教育政策：让孩子们学习》(DFID Education Policy: Get Children Learning)

对2009—2018年英国有关对外教育援助政策文本梳理可以发现，英国对外教育援助政策的内容包括援助对象选择、儿童教育、教师教育、受援国教育体系改革四个方面。

一、援助对象选择

在对外教育援助的过程中，英国的援助对象主要是那些经济发展困难的发展中国家（如埃塞俄比亚、乌干达、卢旺达等国家）以及少数国家中的贫困地区（如巴基斯坦开伯尔－普赫图赫瓦省）。随着英国对外援助的发展，越来越多的受援国从中获益，很多国家或地区逐步摆脱了贫困、落后的局面，并能在英国对外援助的基础上“自食其力”，不断深化本国教育体系的转型与改革，这已成为国际教育援助发展中的成功典范。

随着受援国整体经济实力的提升，许多国家已经不在英国援助的名单中，如中国、印度、越南等。截至2018年底，英国只对非洲、亚洲、中东的27个国家提供援助支援。在访谈中，DFID工作人员IA说道：

随着受援国经济实力的发展，英国没有必要给逐渐强盛的受援国继续提供财政援助支持，如中国和越南。在多边合作中，我们（英国）的财政经费有限，不能服务所有国家，所以，我们需要用更适合的方式设计我们的预算……（O–IA）

在开展对外教育援助的过程中，对所选定的援助对象（受援国）的帮扶是有限且有针对性的。因为，“DFID不能关注到受援国的方方面面，只能关注到一个受援国教育的20%—25%”。（O–IA）但是在参与多边合作中，其援助的范围将会更广泛，受益的国家也会更多。值得注意的是，英国政府在选择援助对象时非常谨慎，在选择合作的国际组织（特别是非政府组织、社会机构等）时也更加谨慎。若从英国对外援助政策文本中找寻原因的话，其给出的答案是，要对英国人民的钱负责。

因此，在选择国际合作机构时，英国政府通常会以竞标的形式，选择专业的、高质量的机构进行合作，发挥援助经费的最大价值。

在多边合作项目中，DFID 通常会进行数据统计，评估国际组织或机构（如发展银行、美国一些机构的项目任务等）的经费使用效果以及工作情况等，以这个基础去确定我们将要继续合作的国际组织或机构。（O–IA）

二、儿童教育

在国际教育援助中，英国政府不仅明确了自身的使命，即解决世界极度的贫困现象，而且规定 DFID 在对外教育援助中的主要目标，即确保儿童学会识字和学会计算，掌握相关的基础知识，获得可转换技能（Transferable Skills），[1] 从根本上解决受援国儿童的学习危机。

[1] 可转换技能是指不同情境中技能的适应与转化，包括团队合作、沟通技巧、计划制定、问题解决以及时间管理等。参见 UNESCO. Youth and skills：putting education to work［R］. Paris：UNESCO，2012：47.

尽管国际援助中奉行强调，教育是每个人的基本权利，但儿童的就学环境、营养健康、人身安全等问题困扰着英国对外援助政策的实施。为此，英国政府在支持儿童获得良好教育的同时，不断加强与教育相关领域的建设。其具体行动，一是提高用于全球健康发展的医疗和技术研究经费；二是 DFID 实施了全球营养战略“拯救”（Saving）项目，帮助受援国儿童解决清洁用水的问题，提供基本的卫生设施服务。这些努力，保证了英国对外教育援助政策实施的可持续性。

此外，对于那些生活在受援国的儿童来说，他们没有机会学到基础知识，也不可能获得可转换技能。针对这种现象，DFID 采取了紧急行动，其理由很充分。首先，教育是个人进步的必要条件。没有扎实的基础知识，孩子们将很难在学习上取得进步，不会进入高等教育学习，也很难获得与生产力有关的工作。[1] 其次，教育有利于经济增长。一般来说，优质的中小学教育对低收入和中等收入国家的经济增长具有重要意义。[2] 这种增长取决于许多因素，其中包括一个国家政府的实力。[3] 最后，教育改变贫困儿童和边缘化儿童的命运。在学习上，贫困儿童、边缘化儿童与生活富裕的儿童存在差距，这种差距会随着时间的推移而迅速扩大，若通过对外教育援助的形式，对

---

❶ UNESCO. Youth and skills：putting education to work ［R］. Paris：UNESCO，2012：47.

❷ World Bank. Learning to realize education's promise ［R/OL］.（2018-01-14）［2018-01-26］. http：//www. worldbank. org/en/publication/wdr2018.

❸ PRITCHETT L. Where has all the education gone? ［J］. The World Bank Economic Review，2001，15（3）：367-391.

贫困儿童、边缘化儿童实施早期干预，开展早期教育（类似于幼教），则有利于缩小贫富儿童之间的学习差距（见图 2–1）。

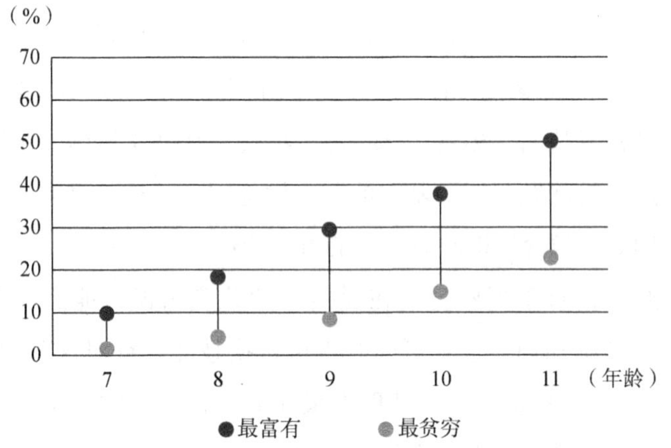

图 2–1　小学阶段贫富儿童的接受基础教育比例

来源：ROES P，ALCOTT B. How can education systems become equitable by 2030?［Z］. Oxford：High–Quality Technical Assistance for Results，2015：14.

（一）重视中小学教育

DFID 重视教育的水平及其支持的力度，努力实现提高教育质量的决定，确保儿童能有机会入校就学，学习必要的知识。因此，在制定对外教育援助政策时，一方面，DFID 关注中小学教育的质量改进、国家财政差距，以及政治改革机遇等问题；另一方面，DFID 要考虑投资对教育发展目标的贡献，如改善贫困儿童、边缘化儿童与青年的前途，解放经济增长的制约，加强公共服务与治理，满足人道主义需求，减少社会冲突。为了支持受援国儿童教育的发展，DFID 会在政策中明确写出学前和小学教育的投资数额。2014—2017 年，DFID 用于学前与小学教育的投资份额最大，占总额的 33%（见图 2-2）。

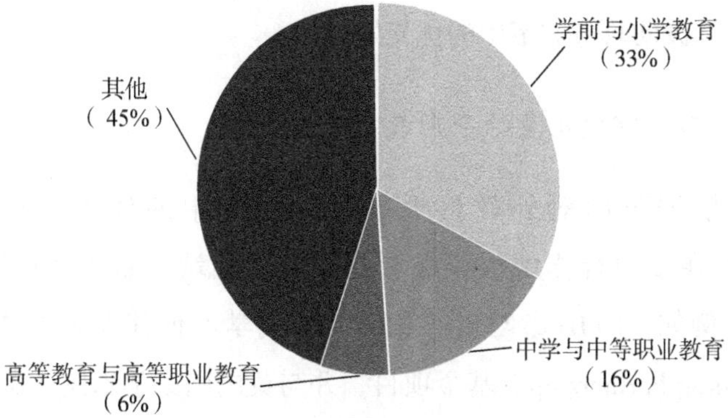

图 2-2　2014—2017 年 DFID 教育经费支出份额

来源：DFID.DFID education policy get children learning［R］.DFID，2018：11.

但受援国环境的多样化导致了援助工作种类的多样化，DFID 保持着一种更有弹性的工作方式，灵活处理不断变化的发展目标和援助需求。在这些需求中，中低收入国家的学习危机最为严重，中等收入国家存在社会不平等问题，因此，DFID 在政策制定的过程中，优先考虑解决地方冲突与挑战的方法，寻求有利于受援国经济增长的教育方式。

此外，DFID 用于中学与中等职业教育的援助投资占比（16%）也较为可观。在中学及中等职业教育的过程中，英国政府更重视孩子们能够学会识字、学会计算，掌握相关的基础知识，获得可转换技能。同时，DFID 建立研究型援助，帮助各受援国确定援助的成本效益，设计援助成效的测量方式，并分享英国教育援助的经验和教训。此外，DFID 也会干预受援国的高中教育、高等教育及其他方面。但必须澄清的是，英国对外教育援助的侧重点，依旧是从学前教育到中学教育，这也是对外援助政策制定中的优先发展项。

（二）重视儿童的早期教育

根据英国对外教育援助政策制定中的优先发展项，DFID 在多边合作中也积极参与相关的领域，如儿童早期教育。例如，DFID 参与世界银行“早期学习伙伴关系”（Early Learning Partnership）基金项目，并与英国国家学术院（British Academy）进行合作，投资并研究如何提供高质量的早期教育。研究发现，学前教育对儿童未来进入小学课堂、学习基础知识、掌握职业技能发挥了重要的作用。这也是 DFID 在制定援助政策时，将其作为优先发展项的重要原因。

实际上，DFID 已经致力于儿童学前教育的帮扶和研究，关注学生从学前向小学阶段的过渡和转变。在此基础上，DFID 扩大了研究的范围，进一步关注地方政府与家长的实际需求。实际上，对儿童学前阶段进行教育投资，并提供良好的教育服务，能够改进受援国整个教育系统的工作效率。当儿童接受完优质的学前教育后再进入小学，儿童辍学率与复读率将极大地减少。

在开展援助的过程中，首先，DFID 帮助地方政府确定教育成本的效益，保证早期教育干预措施具有可测量性，并优先考虑那些高度边缘化的群体（如女童或残疾儿童）。其次，援助工作要确保学前教育的优质性，强调发展儿童早期的语言技能。同时，DFID 也要分享其相关的专业知识，帮助受援国的学前教育教师改进其专业性和积极性。

英国政府向受援国的儿童提供早期教育，将会对其身心发展产生重大的影响，特别是在儿童大脑发育最关键的阶段，即从儿童出生之前到刚出生的头几年。从根源上来看，贫困、缺乏营养、缺乏早期教育是限制儿童成长的三重限制。[1] 全球超过 2 亿名 5 岁以下儿童，他们的认知发展潜能受到影响。[2] 因此，DFID 加强营养投资，在儿童出生后的 1000 天中，帮助地方政府提供给新出生的儿童所必需的营养。研究显示，提供营养后，孩子们在校平均成绩提高了 4.6 分，成年后，他们的收入也增加了 21%。[3] 如今，DFID 已将营养补充投资、女性经济发展、社会保障，以及孕产妇和新生儿健康等方面，纳入了早期教育干预措施的考量范围。

---

❶ WALKER S，WACHS T，GRANTHAM-MCGREGOR S，et al. Inequality in early childhood：risk and protective factors for early child development［J］. The Lancet，2011，378（9799）：1325-1338.

❷ GRANTHAM-MCGREGOR S，BUN C Y，CUETO S，et al. Developmental potential in the first 5 years for children in developing countries［J］. The Lancet，2007，369（9555）：60-70.

❸ HODDINOTT J，BEHRMAN J R，MALUCCIO J A，et al.. Adult consequences of growth failure in early childhood［J］. American Journal of Clinical Nutrition，2013，98（11）：1170-1178.

（三）支持最边缘化人群

全球约一半人口生活在破落、受冲突影响的国家中，而大部分辍学在家的学生被边缘化，很难再接受教育。实际上，从早期教育到高等教育的过程中，边缘化问题影响了学生受教育的权利。但受援国国家的教育政策并不能解决其固有的问题，如性别、地理、残疾、宗教、人种、语言。特别是社会等级的存在，反而加剧了这种不公平性的发生，削弱了国家的建设与社会的和平。

DFID 为边缘化儿童以及存在的教育问题提供了专项资助，并设计了全面的干预措施，帮助他们在正规或非正规的教育环境中学习。实际上，学生辍学的原因以及解决方式是多样的。例如，一些国家的学生辍学率高，DFID 就关注如何让学生获得更多的教育机会，其核心是让所有学生都能进入学校学习。

针对受援国家的教育问题，DFID 也会将全纳性教育改革列入制定政策的内容中。这对改善贫困儿童和边缘化儿童的可持续性学习至关重要。但在许多国家，实现这一目标需要时间，更需要增加投资力度。同时，有针对性的支持教育，也有助于保障世界上最边缘化的儿童能够获得教育。目前，DFID 把重点放在三个高度边缘化的群体上（见表 2–4）。

表 2-4　残疾儿童、受危机影响儿童、边缘化女童的情况说明

边缘化群体	就学情况	影响因素
残疾儿童	残疾儿童是最后进入学校的学生，更有可能在完成小学或中学教育之前退学[1]	· 忽视残疾人群体以及难以实现的具体需求； · 技术和服务无法使用（如辅助设备、学习材料、专业教师和服务）； · 基础设施不足，包括厕所； · 残疾儿童及其家庭面临侮辱和歧视
受危机影响儿童	超过三分之一的受冲突影响的儿童没有完成初等教育，近三分之二的儿童没有完成中学教育[2]	· 正式的教育体系瓦解，替代性服务也没有提供； · 孩子们流离失所； · 儿童遭受创伤； · 儿童易受武装组织或童婚的影响； · 学校是暴力团体的目标
边缘化女童	与男生相比，不能上学的女生是男生的两倍。[3]贫穷和被边缘化的女童比男童更容易辍学，也不会上中学[4]	· 性别歧视影响了父母的教育选择； · 在国内劳动力中，女童所占比例大； · 教学材料存在性别偏见，教师在男孩身上投入更多精力； · 由于怀孕或婚姻，女孩被迫辍学； · 缺乏用于女性生理周期的卫生设施

来源：DFID.DFID Education policy get children learning［R］.DFID，2018：25.

❶ UNESCO Institute for Statistics.Education and disability［EB/OL］.(2017-09-12)［2018-01-26］. http://unesdoc.unesco.org/images/0024/002475/247516e.pdf.

❷ UNESCO.Education for all global education monitoring report［R/OL］.(2015-11-12)［2018-01-14］. http://unesdoc.unesco.org/images/0023/002335/233557E.pdf.

❸ UNESCO Institute for Statistics.Atlas of gender inequalities in education［R/OL］.［2018-01-26］. https://www.tellmaps.com/uis/gender/#!/tellmap/-1195952519.

❹ ROSE P，SABATES R，ALCOTT B，et al. Overcoming inequalities within countries to achieve global convergence in learning［R］.New York：The Education Commission，2017：2.

在女童和妇女的权利方面，DFID将性别平等的工作置于援助发展的核心，这一核心在女童教育中发挥了领导力作用，加快了受援国女童教育的进步。同时，DFID在全球持续领导着生殖健康、性与人权关爱，并为所有有需求的人提供计划生育的支持。此外，DFID也会对边缘化女童、残疾儿童和受危机影响的儿童情况进行研究分析，并在此基础上建立教育援助目标和相关政策，确保其制定的援助措施能够保证儿童安全，特别是那些生活在有社会暴力或者是校园暴力环境中的边缘化群体，让他们重返校园。

在残疾儿童的教育上，DFID对国际残疾儿童的教育发展有着较强的领导力。DFID在开展新的援助活动中，能够全面、高效地开展援助干预，包括筛查人口、提供辅助设备、支持教师教育、提供教科书等，并让家长和社区也参与其中。在大多数发展中国家和受冲突影响的国家中，残疾儿童的帮扶政策和落实情况差距甚大，对那些残疾儿童教育援助的成功案例也无证据可寻。因此，DFID为受援国残疾儿童落实全纳性改革制定了必要的措施，包括收集更好的数据、培养更多的教师、完善技能工作人员的配置，确保残疾儿童也能接受正常的教育。

（四）关注女童入校就学

自2000年之后，国际教育援助解决的问题就是女童就学，时至今日这也是全球面临的挑战。到2012年，全球约3100万名适龄女童未能进入小学。[1] 在这些女童中，70% 的女童来自贫困国家或地区。这些地区生活环境恶劣，基础生活设施差，极度缺乏教学资源。[2] 在低收入国家，目前仍有一半以上的女童无法接受中学教育。特别是农村地区贫苦家庭的女童，由于宗教信仰与传统习俗问题，她们常常被拒之门外。在阿富汗、尼日利亚、索马里的大多数地区，贫困农村地区的女童和大多数学生的出勤率，仅能够达到 60%。[3]

这些统计数据揭示了女童接受教育以及生活中的危机。DFID 通过研究发现，投资女童和女性是明智之举。有证据表明，女童多接受一年的学校教育，她们的工资就能够增加 20%。[4] 女童在学校待的时间长，结婚就晚，所生的孩子就少，收入就会增多。研究也发现，若母亲接受过良好的教育，那么幼儿的死亡率就会降低，他们入校上学的机会就更大。

值得注意的是，DFID 通过投资对受援国最边缘化的女童进行援助，并支持她们接受 12 年的优质教育，帮助女童完成中学教育或职业培训。同时，DFID 还帮助那些无法接受中学

---

❶ UNESCO. Youth and skills：putting education to work［R］. Paris：UNESCO，2012：47.

❷ LEWIS M，LOCKHEAD M. Inexcusable absence：why 60 million girls aren't in school and what to do about it［R］. Washington：Center for Global Development，2016：33.

❸ UNESCO. Education for all，global monitoring report：reaching the marginalised［R］. Paris：UNESCO，2010：11.

❹ PSACHAROPOULOS G，PATRINOS H A. Returns to investment in education：a further update［J］. Education Economics，2004，12（2）：111-134.

教育的人，改善他们的生存机会。[1]实际上，女童基础教育阶段的援助成效显著。据统计，1970—2009年，5岁以下的儿童死亡率减少了一半。[2]在印度，更多的女性参与社会工作促进了经济的增长，极大地减少了当地的贫困。同时，许多受援国的家庭或社区，也可能会对女童进行再次投资，送她们入校就学。[3]

（五）重视终身教育的过程

儿童生存、成长与发展的关键时期是从出生前到进入小学这个阶段。[4]儿童早年的教育支持，可以大大改善就业机会的平等。[5]但是，早期的幼儿投资能够发挥更大的效能，特别是当这些孩子继续接受小学、中学和高等教育之后，成效更为显著。[6]

在儿童早期阶段，素质基础教育的目标是要培养学生识字

---

[1] UNESCO Institute of Statistics. Education database [EB/OL]. [2018-01-01]. http://data. uis. unesco. org/#.

[2] GAKIDOU E, COWLING K, LOZANO R, et al. Increased educational attainment and its effect on child mortality in 175 countries between 1970 and 2009: a systematic analysis [J]. The Lancet, 2010, 376 (9745): 959-974.

[3] PSACHAROPOULOS G, PATRINOS H A. Returns to investment in education: a further update [J]. Education Economics, 2004 (8): 111-134.

[4] HODDINOTT J, MALUCCIO J, BEHRMAN J, et al. Effect of a nutrition intervention during early childhood on economic productivity in Guatemalan adults [J]. The Lancet, 2008 (2): 411-416.

[5] WALKER S, WACHS T, GRANTHAM-MCGREGOR S, et al. Inequality in early childhood: risk and protective factors for early child development [J]. The Lancet, 2011, 378 (9799): 1325-1338.

[6] CUNHA F, HECKMAN J J, LOCHNER L, et al. Interpreting the evidence on life cycle skill formation: handbook of the economics of education [Z]. Cambridge: National Bureau of Economic Research, 2005: 697-812.

和算术的基本技能，改善学生的健康，帮助学生完成学业，提高未来的职业发展机遇。但是，在世界快速改变的今天，基础技能并不能确保年轻人发挥出他们的潜能。在许多情况下，中学教育、技术培训和高等教育的培养更为必要。这里存在一个投资与回报的问题。

全球的经济发展趋势显示，高水平的教育投资需求与回报正在增加。[1]研究指出，教育援助的目标需求导向，反映了援助国的角色改变，而教育的发展与人力资本的投资呈正相关。[2]因此，根据 SDG 4 的要求，DFID 有责任向受援国提供全纳和公平的高质量教育，并为所有受援助的人提供终身教育的机会。

三、教师教育

教师的教学质量是影响学生学习质量最重要的因素，[3]而高质量的教师以及有效的课堂实践是提高教育质量的方式和手段。这也是英国制定对外教育援助政策时重点考虑的内容。事实上，儿童每年在学校学到的知识有限，许多人完成学业后，仍然不会阅读、写作和算术。特别是在受冲突影响的国家中，

---

❶ World Bank. World development report 2013：the jobs challenge［R］. Washington：World Bank，2012：56.

❷ World Bank. World development report 2013：the jobs challenge［R］. Washington：World Bank，2012：56.

❸ UNESCO. Youth and skills：putting education to work［R］. Paris：UNESCO，2012：47.

要确保每个孩子在课堂上都能遇见一位有（教学）技术、有知识、有积极性的老师，这是一个巨大的挑战。[1]

（一）教师教学中存在的问题

第一，教师缺乏工作必备的基本知识。在一项调查中发现，非洲六个受援国家中，有三分之一的小学教师没有能力上好学生的读写课，因为他们自己也没有掌握好基本的教学知识。这些教师中，仅有不到 10% 的人达到了授课的标准，也就是达到了最低讲授知识的水平。[2]

第二，教师缺乏良好的教学技能。在非洲的受援国家中，教师教学水平表现不佳。这体现在教师实施课程计划、检查学生对知识的理解、评估学生的学习成绩等方面（见图 2–3）。[3]在受冲突影响的国家和那些处于危机中的国家，教师往往采用死记硬背的教学方法，而不会采用参与式、互动式教学方式。[4]

第三，在帮助学生学习基础知识时，教师也缺乏积极性。在许多非洲国家，考试内容与教育体系中的课程设置和教学内容呈正相关，但仅有少数学生能够通过考试。因此，DFID 注

---

❶ COMINGS J P. Evidence-based reading projects，version 1［R］. Washington：USAID，2012：62.

❷ BOLD T，FILMER D，MARTIN G，et al. What do teachers know and do? does it matter? evidence from primary schools in Africa［R］. Washington：World Bank Group，2017：10.

❸ DFID. DFID education policy get children learning［R］. London：DFID，2018：15.

❹ ESSUMAN A，AKYEAMPONG K. Decentralisation policy and practice in Ghana：the promise and reality of community participation in education in rural communities［J］. Journal of Education Policy，2011，26（4）：513–527.

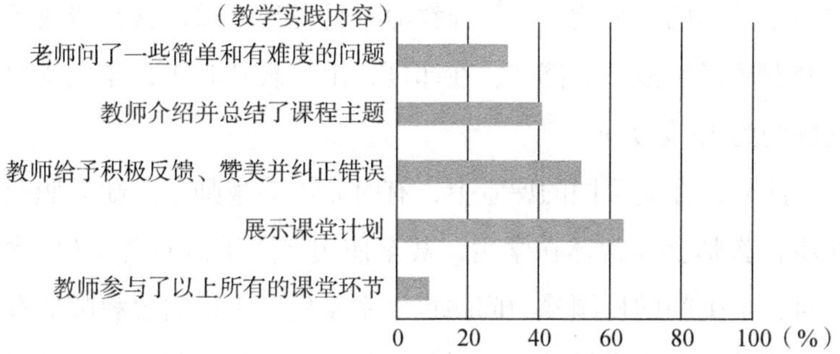

图 2-3　非洲六国教师教学实践情况

来源：DFID.DFID education policy get children learning［R］.DFID，2018：15.

意到，要让教师的注意力转向那些考试不及格的学生，而不是成绩优异的学生。

第四，受援国的教师数量紧缺。据估计，非洲各受援国到 2030 年必须聘用 6900 万名教师（中小学教师）才能让所有儿童都能获得教育。这些教师中，还包括了用来填补新教学岗位的教师；因减少班级人数，而增加班级数量的教师；因人口增长而需要增加的教师数量（约 2000 万名）。[1]

第五，教师没有被派遣到最需要教育的地方。很少有教师被派遣到偏远地区，或者分配到小学低年级中，[2] 这也造成受援地区始终没有教师开展教学，学生得不到应有教育。在教师缺乏的情况下，教师的缺勤现象又较为严重。这是一种高资金成本的浪费。实际上，在小学教育援助的过程中，教师工资能够

[1] UNESCO Institute for Statistics. The world needs almost 69 million new teachers to reach the 2030 UNESCO education goals［R］. Paris：UNESCO，2016：3.

[2] UNESCO. Teaching and learning：achieving quality for all［R］. Paris：UNESCO，2014：22.

占到总预算的四分之三。[1]若教师缺勤现象严重，这将造成援助经费的极度浪费。例如，在印度，由于教师旷工，年成本损失额约为15亿美元。[2]

此外，在受援国的课堂上，有时候因为教师个人缺乏职业素质，教师会经常体罚学生，甚至使用暴力手段对待学生。[3]同时，学生间的校园暴力问题也经常发生，更加需要教师的有效管理并对学生进行教育。尽管教师在减少校园暴力（如性暴力和欺凌）中发挥了重大的作用，但若教师缺乏基本的职业素质和个人涵养，缺乏基本的是非观，校园暴力的发生对学生，特别是那些边缘化的儿童来说无疑是一种灾难。

值得注意的是，缺乏职业道德、专业素养、知识储备、教学方法的教师，对受援国教育体系的运转并不会产生正效应。相反，许多国家处于这种负效应的恶性循环中。在这种恶性循环中，教育程度低的学生又会成为新一届教师，他们缺乏必要的专业知识和教学技能，也无法保证教育质量。[4]

此外，教师还要面对多种挑战，教师经常面临超大规模的班级，班级的基础设施不完善或质量不佳，且由于师资的缺

---

[1] World Bank. Learning to realize education's promise［R/OL］.（2018-01-14）［2018-01-26］. http://www.worldbank.org/en/publication/wdr2018.

[2] MURALIDHARAN K，DAS J，HOLLA A，et al. The fiscal cost of weak governance：evidence from teacher absence in India［J］. Journal of Public Economics，2017，145：116-135.

[3] Global Initiative to End All Corporal Punishment of Children. Towards non-violent schools：prohibiting all corporal punishment：global report 2015［R］. London：Global Initiative to End All Corporal Punishment of Children，2015：6.

[4] UNESCO. Teaching and learning：achieving quality for all［R］. Paris：UNESCO，2014：211.

乏，教师要承担多门课的教学任务，工作时间过长。课堂之外，他们还要承担行政工作和家庭责任。在许多受援国，教师工资也在逐渐下降，偏远和农村地区的教师离发工资的机构较远，每次要长途跋涉才能领到工资。因此，许多教师必须从事校外工作来挣更多的钱，以支持他们的家庭。简单来说，教师专业化的职业道路发展越困难，其专业技能的提升以及教学能力的增长也就更加困难。

（二）对受援国教师教育的规划

在贫困的发展中国家和受冲突影响国家中，英国政府支持那些已经准备好应对教师质量和绩效挑战的决策者，重新审视受援国未来教师的需求标准，找到一种有关教师培训、教职员招募和教师激励的新方法。DFID 将与教师改革的所有利益相关者进行合作，包括教师工会、非国有部门、国家利益相关者、国际合作伙伴和英国本土专家。

在政治环境上，教师教育改革对于受援国的决策者来说具有挑战性。决策者通常需要与有影响力的教师工会进行长期的谈判。教师工会有能力在全国范围内动员教师推行改革，也能反对教育改革。让决策者难以权衡的是，一方面，他们需要依靠教师获得在其政治方面的支持；另一方面，开展教师教育改革也会提高教育成本并要对教师进行问责。一旦处理不好二者间的关系，教师群体的政治支持也会大受影响。[1]

此外，教师培训对于保证教师的课堂教学质量至关重要。许多应聘的教师自身基础知识与教学技能就很薄弱，在教育体系薄弱的国家尤其如此。然而，在贫困的发展中国家和受冲突影响国家中，教师教育培训成效并不显著。研究后发现，教师培训过于理论化，教师培训中缺乏课堂教学的实操环节，培训时间也不够。基于此，DFID 在教师教育方面调整了援助策略。不仅支持受援国采用基于循证的高质量教师培训方法，也强调在不同的环境采用不同教学方式。首先，注重教学的实践性，通过课堂实践和持续的校本培训代替一次性的理论学习；其次，进一步强化干预措施，帮助那些没有达到最低标准的师资提升水平，注重对教师知识和绩效的评估，而不仅仅看教师是否拿到了文凭。DFID 支持决策者探索教育技术的潜力，在一定规模上成为教育援助的补充途径。此外，通过有效的教学策略对贫困和边缘化儿童实施教育活动，例如，通过互动的方式开展课堂教学，定期评估学生成绩；开展小组教学实践，而不是把关注点都放在最优秀的学生身上，或者生搬硬套所谓“先进”的课程。[2]

DFID 还将支持受援国建立可持续性的教育体系，确保越

---

[1] KINGDON G，LITTLE A W，ASLAM M，et al. A rigorous review of the political economy of education systems in developing countries［R］. London：Institute of Education，2014：55.

[2] EVANS D，POPOVA A. What really works to improve learning in developing countries? an analysis of divergent findings in systematic reviews［J］. The World Bank Research Observer，2016，31（2）：250-261.

来越多的教师有能力和资源来帮助贫困和边缘化儿童，特别是极度边缘化的女童、残疾儿童和受危机影响的儿童。这其中，需要发展教师队伍，保证该队伍中既有不同民族文化背景的老师，也有不同语言的教师，使孩子们接受到母语（或最熟悉语言）课程。[1]同时，确保这些教师愿意并挑战社会歧视和性别歧视的问题。此外，提供优质教材，为不同环境定制教材，并开放数字教学资源，例如，通过手机视频教材，开展课程学习。

（三）专业支持与激励机制的引入

对于学生的教育来说，仅提高教师的教学技能是不够的。国家决策者还需要重新考虑如何通过更好的招聘、专业支持和激励机制来提高教师的积极性，减少旷工现象。因此，DFID支持受援国改变师资招聘的方式。

提高教学质量的一个有力途径是通过招聘新的、有能力的、有上进心的教师进入贫困的中小学课堂，开展教学工作。但是，具备相关技能的教师人选和人数并不多，最好的办法是招募那些愿意并且能够在落后偏远地区扎根的教师。他们也必须是具有学习潜力和发展潜力的教师人选。[2]引进专业的教师可以帮助最边缘化学生接受良好的教育，对残疾儿童的教育也

---

[1] NAG S，CHIAT S，TORGERSON C，et al. Education rigorous literature review: literacy，foundation learning and assessment in developing countries［R］. London: DFID，2014：11.

[2] UNESCO. Education for all global education monitoring report［R］. Paris: UNESCO，2015：1.

发挥了重要作用。[1]

此外，重新设置专业支持和奖励。教师的工作机制存在问题，比如，教师的工作绩效不佳，但没有相应的制度惩罚，而工作表现好的教师也没有奖励措施。实际上，给教师加薪的成本很高，低效能的工作机制也不会对学生学习有任何的帮助，但是基于绩效的经费激励措施可以在某些情况下提高教师的教学水平。[2]长期来看，决策者可以通过建立职业文化、规划职业路径和改善工作环境来获得相应的决策收益。[3]

在学校，有效的学校领导力，包括对学生成绩的评估，收集相关绩效数据，能够促进教育教学质量的提升。校长为边缘化儿童设定学习目标，为教师工作绩效提出期望，通过有效的学校领导力对教师工作的积极性产生影响。有研究表明，问责制的改革与成功实施，能够帮助教师解决专业化问题，也反映出学校领导力的有效性。[4]

（四）减少学校暴力事件的发生

研究显示，当孩子们摆脱对暴力的恐惧时，他们的学习成

---

[1] WAPLING L. Inclusive education and children with disabilities: quality education for all in low and middle income countries [R]. Cambridge: CMB, 2016: 3-5.

[2] BRANCH G, HANUSHEK E, RIVKIN S. School leaders matter: measuring the impact of effective principals [J]. Education Next, 2013, 13(1): 62-69.

[3] World Bank Group. Learning to realize education's promise [R]. New York: World Bank Group, 2018: 187.

[4] World Bank Group. Learning to realize education's promise [R]. New York: World Bank Group, 2018: 109-110.

绩会有所提升。[1]教师在学校暴力事件中，承担着一定的责任。实际上，教师在课堂体罚中，包括对儿童精神、情感、身体的伤害，也会有性暴力发生。[2]与此相对的是，教师也是校园环境建设的重要合作伙伴，他们需要保护孩子们的个人安全。

因此，DFID将与受援国决策者合作，完善当地的法律、政策和措施，以保障儿童的安全。在合作的过程中，DFID也通过教师教育课程培训，培养教师的纪律意识，用纪律规范代替对学生的课堂惩罚，并通过教育投资项目，解决校园暴力的发生。实际上，英国此前已实施了“女童教育的挑战”（Girls’ Education Challenge）项目[3]，在阿富汗、乌干达、巴基斯坦和肯尼亚开展了“如何防止校园暴力”（What Works to Prevent Violence）的研究与创新计划。[4]这种方法不仅关注教师对学生的体罚现象，而且关注学校暴力事件的发生，如欺凌和性虐待。

四、受援国教育体系改革

在制定对外教育援助政策的过程中，英国政府会考虑与受

---

❶ PLAN. Learn without fear：the global campaign to end violence in schools［R］. New York：PLAN，2008：68–73.

❷ UNESCO and UN Women. Global guidance on addressing school-related gender-based violence［R］. Paris：UNESCO，2016：21–25.

❸ DERIES K，KNIGHT L. The good school toolkit for reducing physical violence from school staff to primary school students：a cluster-randomised controlled trial in Uganda［J］. Lancet Global Health，2015，3（7）：378–386.

❹ DFID. Prevention of violence against women and girls：research and innovation fund［R/OL］.［2018-01-05］. https：//devtracker. dfid. gov. uk/projects/GB-1-203709/.

援国的合作，除了在物资与经费方面的合作，英国政府有时候也需要直接参与到受援国教育体系改革过程中，并对受援国教育政策的发展方向提供新策略。例如，在对外教育援助制定的过程中，DFID 认为，不能仅凭教师自己的力量去改进学生的学习质量。如果教育体系运转不畅，教学环境不佳，也无法调动那些资深教师的积极性。这就需要考虑如何与受援国合作，干预受援国教育的改革建设。

（一）受援国教育体系存在的问题

在国际教育援助过程中发现，教育援助政策制定的关注方向，仍然是教育规模扩大，强调让更多的儿童入校就学，但忽略了学生学习能力的提高和教育本身的质量提高。[1] 因此，英国政府认为，受援国要把教育改革的重心转移到学生基础知识的学习与教育质量的提升上来。

在受援国，用于保证贫困和边缘化儿童接受良好教育的激励措施非常薄弱，教育经费的投入与分配也并不科学。实际上，低收入国家 46% 的公共教育资源被分配给了 10% 的成绩好的学生，[2] 而课程的设计也只适用于成绩较好的学生，大多数学生觉得教科书阅读起来比较困难。同时，学生的考试结果只

---

[1] MWABU G，ACKERMAN X. Focusing on quality education in Sub-Saharan Africa [EB/OL].(2013-05-28)[2018-02-11]. https：//www. brookings. edu/blog/education-plus-development/2013/05/28/focusing-on-quality-education-in-sub-saharan-africa/.

[2] UNICEF. The investment case for education and equity [R]. New York：UNICEF，2015：54-60.

反映出了成绩好的学生的学习状况，那些成绩不好的学生依旧不能发现问题原因。在开展对外援助政策实施成效的评估时也能够发现，学校和教师的评估或审查标准是，有多少学生参加了学校考试，而并不关注那些能够反映学生读写能力和计算能力的实际成绩。[1]了解到这种情况，英国政府将这种落后的激励措施列为对外教育援助政策改革的重点。

此外，受援国教育目标缺乏一致性和连贯性。通过研究发现，长期的援助工作，包括教育投入、教师分配和援助程序等，让受援国的教育改革目标变得比较分散，[2]目标间缺乏必要的逻辑关系。因此，有必要与受援国政府开展合作，改革落后的教育体系，保证国家的教育目标和学生的学习目标具有一致性、可持续性。

（二）对受援国的政策支持

在对受援国开展教育援助的过程中，英国是教育资源、经费投入的提供者，支持着受援国的教育发展与改革，但长期的援助与帮扶也造成受援国对英国政府援助的依赖。

1. 加强教育援助的领导与合作

教育政策较大地影响教育发展的结果。大多数国家中，不管是公立学校还是私立学校，地方政府都要领导当地的教育发

---

[1] DANERJEE A V，DUFLO E. Poor economics：rethinking poverty and the ways to end it［M］. New Delhi：Random House，2011：56.

[2] PRICHETT L. Creating education systems coherent for learning outcomes：making the transition from schooling to learning［R］. Oxford：Research on Improving System of Education，2015：18-22.

展，制定教育框架。在其过程中，所作的决策与优质教育、教学语言、教学课程有关。DFID 将与受援国教育改革的决策者密切合作，帮助受援国的决策者建立政策计划。同时，在受援国的教育体系中使用有效的教育诊断（Diagnosis）方式。此外，DFID 提供项目支持，加强教育问责，采纳并实施更具全纳性的政策，提高学生的学习能力和教育质量。

同时，在受援国，如果没有国家的领导来扭转教育落后的局面，DFID 将承担起责任，加强对受援国的教育管理，提高工作的透明度、完善问责制。在开展政府合作之前，DFID 优先关注受援国落后的公共部门，以寻求更好的教育和投资服务，寻找可替代的方法，帮助贫困和边缘化的儿童获得教育。

DFID 增加受援国教育投资的力度，包括加强税收，增加公共资金，更好地管理这些基金，使其在教育援助的过程中发挥更大的作用。DFID 还将减少资金浪费，确保投资集中，改善学生学习条件，并确保经费能够更好地使用。

2. 提高援助质量保障

DFID 对受援国的教育援助政策实施成效进行有效评估。值得强调的是，DFID 要求援助工作者必须了解受援国教育改革的政治经济基础，理解地方的制度动态以及该制度对学习机会的影响，并在特定环境中给予适合的援助支持，增加学生学习的机会。DFID 也会考虑冲突和危机带来的挑战，理解冲突的原因，使用教育干预措施，维护世界和平。此外，DFID 将密切跟踪受援国的环境变化，支持国家决策者的决定，促进教育事业的发展。[1]

因此，DFID 将支持援助决策者加强学习的透明度与问责制。教育体系的改革必须面对实际的教育问题。在其过程中，DFID 审查系统评估的数据将会对教育质量与发展产生最大的影响。在这一点上，决策者可以很好地利用数据，而媒体、社会机构和公众也会对其进行监督，作出有效的解释。这对儿童的父母和社区教育发展有重要的意义。此外，DFID 将支持受援国决策者，找出阻碍教育进步的障碍，对他们的教育系统进行有效的诊断，使受援国的教育系统关注儿童学习的基本技能。

为了更好地收集数据，并广泛地使用数据，在国际层面，DFID 与联合国教科文组织的统计研究所合作，制定了一项关于教育关键阶段学生学习最低水平的新协议。该协议对全球达到这些标准的儿童数量进行比较，并倡导使用新的全球旗舰“儿童学习”指标，提高教育援助成效。在国家方面，DFID 将与受援国决策者一起努力提高教育数据的质量和使用效率，并优先考虑三点内容。首先，国家的学习措施和国家间的学习措施；其次，教师知识与绩效数据；最后，关于最边缘化女童、受危机影响的儿童、残疾儿童的高质量数据。

DFID 也努力提高对外教育援助质量的透明度和问责机制，将数据作为教育变革的杠杆。DFID 鼓励各国政府公开教育数据，支持媒体和民间机构对数据进行解读，并为儿童监护人和

---

[1] World Bank Group. World development report 2015：mind，society and behavior［R］. New York：World Bank Group，2015：162-163.

社区提供有意义的信息。

3. 实现投资经费的价值与效果

在实现投资经费的价值方面，DFID 信守承诺，将英国国民总收入的 0.7% 用于发展中国家和国际紧急情况的援助工作中。DFID 每年向 OECD 报告所有 ODA 的支出情况，根据 0.7%（占国民总收入）援助经费目标向英国国会报告政府绩效。同时，根据 OECD 的 ODA 中的规则，DFID 评估其他部门经费的使用情况，分享援助经验和案例。此外，英国与其他国家合作，逐步完善 ODA 的规则，提高 DFID 援助计划的效率和效能。

DFID 被国际援助透明度指数（International Aid Transparency Index，IATI）评为世界援助透明工作的领导者。DFID 坚持所资助的每个政府和组织，都要参照全球透明度标准开展援助工作。同时，继续寻求并改进多边机构的发展，尤其是资金分配的方式，以便最大限度地保护和帮助世界最脆弱人群。与此同时，根据《2015 年国际发展（官方发展援助目标）法案》[Development（Official Development Assistance Target）Act 2015]，对英国援助经费的使用价值开展独立评估。

简言之，强大而负责的教育体系具有较强的反馈性且公开、透明，能够不断提高教育质量，提升教育水平。值得注意的是，好的教育系统对腐败问题较为警觉，能够有效地解决腐败问题，并抑制腐败现象的发生。在教育的系统标准中，政策的制定、标准的设立、人力资源的管理、财政的投入都十分重要。好的治理情况与较强的公共财政管理以及有效的教师管理系统相关，包括雇用、培训、教师部署，这些都是有效教育系统的特色。[1]同时，好的教育系统要按照教育标准进行投资，促进教育改革，建立良好的实践基础，确保学习过程中的正向收益。

[1] FULLAN M. Leadership & sustainability：system thinkers in action［M］. Monterey，CA：Corwin Press，2005：45.

第三章　英国对外教育援助政策的实施

在对外教育援助政策实施的过程中，英国政府用“看不见的手”管理援助项目的竞标，用“看得见的手”规范援助实施的规则。[1]在落实对外教育援助政策的过程中，除了有《智慧规则：更好的项目实施》(Smart Rules：Better Programme Delivery，以下简称《智慧规则》)[2]的行动依据之外，英国已经形成了一整套有序、灵活的市场化机制，不仅设计一套对外援助合作标准，还通过竞标的方式盘活了对外援助的外部市场。此外，随着市场机制的引入，英国政府不仅简化了政府实施对外教育援助政策的程序，也减少了援助政策实施的成本。值得注意的是，经费的投入与分配，是英国落实对外教育援助政策、激活市场竞争机制的有效手段，不仅提高了经费使用的价值，也灵活处理受援国突发的应急事件。

---

❶ DFID. Smart rules：better programme delivery [Z/OL].(2014-07-17)[2017-09-21]. https：//assets. publishing. service. gov. uk/government/uploads/system/uploads/attachment_data/file/699425/Smart-Rules-External-April18. pdf.

❷ DFID. Smart rules：better programme delivery [Z/OL].(2014-07-17)[2017-09-21]. https：//assets. publishing. service. gov. uk/government/uploads/system/uploads/attachment_data/file/699425/Smart-Rules-External-April18. pdf.

第一节　英国对外教育援助政策实施的规范

英国政府运用“看得见的手”，制定政策，建立标准，管理对外教育援助的供需平衡。与此同时，国际援助发展目标（如SDGs、MDGs、EFA等）、英国的国际援助承诺以及英国自身的利益，是英国对外教育援助政策制定的前提条件和依据。在对外教育援助政策的制定过程中，一方面需要参照国际援助发展的目标和理念，把握国际教育援助的趋势；另一方面，也必须依据英国政府发布的援助政策指南，规划对外教育援助项目的结构和框架。

对于教育援助来说，通常国际援助的目标会成为英国的教育援助发展目标，比如SDGs、MGD目标等。我们选择（国际上）重要的（教育援助）发展目标，帮助驱动英国对外教育援助发展。（O-IA）

在长期对外教育援助的活动中，英国政府清楚地认识到，要想解决世界的冲突与贫困，必须制订有效的援助方案。因此，英国政府及其DFID改变了项目的管理方式，于2014年7月发布了文件《智慧规则》，该文件规范了英国对外援助项目的实施程序，包括对外教育援助项目，旨在为 DFID 的援助行为提供切实可行的操作框架与标准。

《智慧规则》适用于英国对外援助项目实施的所有对象，包括项目管理者、建议者、高级负责人（Senior Responsible Owner，SRO）、企业团队、部门主管和高层管理，以及参与英国对外援助项目的合作者与其利益相关者。通过《智慧规则》的规范，英国政府在受援国复杂的环境中实施援助项目，保持了较高的质量标准。

《智慧规则》强调，英国政府在制定决策时要以调研的证据为基础，并根据专业的研究判断采取适合的行动。在实施完援助后，英国政府也会开展相关会议或活动，分享援助实施的经验，并对所有的决策进行追踪调查。在规划并管理援助项目时，《智慧规则》将指导援助机构和人员实施援助行动，其中包括适合的援助时间、不同情况下使用的援助方法，有效管理援助实施的风险。同时也强调，要关注项目实施中行为，并要知晓援助项目是如何实施的。

同时，《智慧规则》也强调了项目负责人和授权机构在援助项目中的重要性。一是加强授权，提高援助理念、方法创新，制定有效的政策并提高项目实施的成效。同时指出，要以灵活的方式治理援助项目中可能存在的风险，但这种治理必须适应援助的现实环境。二是项目负责人及其相关工作人员在援助的项目中要根据自身的职责和角色作出正确的决策，并通过收集高质量的治理信息，有效地实施援助项目。

此外，《智慧规则》指导着英国对外援助项目全周期的发展。从援助项目的投资方案提出之时,《智慧规则》便开始指导着援助规则、实施原则、注意事项，以及项目的框架制定等。值得注意的是，DFID 下属的项目周期委员会（Programme Cycle Committee）将根据《智慧规则》对援助项目的实施进行监督管理，若有必要，也会根据项目实施的具体情况对该规则进行适当调整；若无绝对必要，不会添加额外规则。

一、援助项目的实施原则

《智慧规则》适用的范围较为广泛，从大规模的多边合作到小规模的试点项目；从非经费项目到非营利组织的责任津贴事务；从大范围的商务合同到合作政府的财政援助。同时，该规则重点关注援助经费的使用，并为所有 DFID 援助项目的经费支出与使用，制定具体的结构框架。

在设计项目的过程中，DFID 的工作人员要遵守英国《公务员守则》(Civil Service Code)，经费的使用要遵守英国财政部（HM Treasury）制定的《公共经费管理》(Managing Public Money）指南。在开展援助的过程中，英国政府鼓励援助机构（第三方机构）通过不同的方法与视角开展新颖的援助活动，特别鼓励新方法的创新与使用，以期为政府的政治决策服务。同时，在具有风险的环境中，DFID 与有关部长（ministers）和同事（colleagues）共同衡量风险程度，共同协商并制定具有变革性的方案。

在实施对外教育援助政策时，英国政府重视政策实施过程的透明度，重视援助机构、实施结果与成效的公信度。在开展对外教育援助的过程中，英国政府强调，要对英国纳税人的每一分钱负责，确保英国纳税人和受益者知道，DFID 在援助的过程中做了什么，为什么这样做，如何去做，用了多少经费，取得了怎样的结果。同时，英国政府要了解受援国本地政策、经济情况及援助实施的具体环境，知晓当地人民及援助受益者的观点和经验，确保英国对外援助项目和援助工具的有效性，并通过援助政策的实施，影响受援国的经济和政治环境。

DFID 重视证据、责任、问责的重要性。在援助政策实施的过程中，DFID 以研究证据为基础，留意援助中存在的风险。在援助的过程中，要学习并分享援助的经验和教训。若援助环境出现变化，DFID 也要及时调整援助政策的实施策略。DFID 对国际承诺负责，与全球合作政府建立有效的合作关系，努力实现受援国政府减贫的政策目标，并治理项目开展时的风险、绩效等问题。

此外，《智慧规则》也强调要关注援助政策实施的结果，要求对外援助项目的设计和实施要更具开放性、灵活性，其操作过程也要更加务实、落地，以期保证援助项目设计、实施、问责的高效性。同时，在设计英国对外援助项目时，DFID 还必须贯彻项目制定的十项原则，即专业、透明、创新、愿景、环境、证据、责任与问责、比例与平衡、协作、诚实。

二、援助项目的实施规则

为了有效管理对外援助项目，英国政府制定了37项具有强制性的规则。这些规则规范了援助经费的发放，以及援助项目的设计、变动、服务和终止。从援助项目的整个周期来看，这些规则涉及7个方面，即操作框架规则、项目设计规则、运作规则、采购与竞争性投标、交付规则、财务管理规则、扩展和结束规则。

（一）操作框架的规则

英国对外援助项目的实施规划与政策制定的基本依据是相同的，也是以《2002年国际发展法案》《2006年国际发展（报告与透明）法案》《2010年公平法案》《2000年恐怖主义法案》为准绳，确保其职责的合法性、合理性。管理援助项目的部门主管必须根据国务大臣（Secrefary of State）批准后的《业务计划》（Business Plan）要求，制定对外援助战略，并在其责任范围内制定投资方案。

在援助项目的筹备阶段，项目的部门主管必须确保每个项目都有指定的高级负责人[1]，他要对项目的设计、变动、终止和存档负责。而部门主管与高级负责人在做任何决定时，受到其

[1] 高级负责人是整个业务变化的所有者，对成功的交付负有责任，并在整个组织中被公认为是推动变革的关键领导人。

风险偏好（Risk Appetite，也称作“风险承受度”）[1]、委托预算以及授权部分规定的权力级别的约束。同时，对委托给他人的预算授权，也要记录在 ARIES 上。

根据《透明智能指南》（Transparency Smart Guide）中列出的 12 种文件类型，高级负责人必须保证制定的项目文件要符合该指南规定的类型，而这些项目文件要在发展跟踪（Development Tracker）文件中有所体现。同时，发表的文件内容与数据必须准确，用简洁的英语书写，并发布到指定刊物上。但是，敏感的信息要做适当处理，且不得公开发布。

（二）项目设计的规则

高级负责人必须确保所有援助项目计划都获得批准。500 万英镑以上的援助项目要提交给相关的部长审批。4000 万英镑以上的援助项目要提交给质量保证部门（Quality Assurance Unit）审批，确保其质量；如果是投资组合项目，则要提交给相关的初级部长（Junior Minister）和国务大臣审批。之后，质量保证部门将这些方案转交给英国财政部。所有新的、有争议的方案，以及价值超过 1 亿英镑的援助项目，除了提交给质量保证部门和国务大臣以外，初级部长还要与管理会计组（Management Accounts Group）以及财务和企业绩效司（Finance and Corporate Performance Division，FCPD）进行讨论。之后，

[1] 风险偏好是指个体承担风险的基本态度，是个人感知决策情景及制定风险决策的重要前导因素。

他们将项目计划书转交给英国财政部审批。[1]

高级负责人必须将风险评估植入项目计划书中。若风险等级发生改变，该计划书需要交由部门主管或者代理部门重新进行审批。同时，在所有的援助项目中，高级负责人必须考虑政府或者人道主义援助对性别公平的影响，在提交材料的战略案例部分，陈述对性别平等的影响。

英国对外援助项目的部门主管具有裁判权，需要对项目的合作原则（Partnership Principles）进行评估，验证援助项目的适切性。同时，高级负责人必须参照《海外安全与公正援助》（Overseas Security and Justice Assistance）指南，指导项目计划和项目拓展，进行年度回顾，判定风险等级，并在项目书的战略计划中记录评估结果。

对于任何需要担保或赔偿的项目，任何新颖或有争议的财务安排，以及能够为DFID带来收入的援助项目，高级负责人都要保证这些援助项目由FCPD的财务会计（Financial Accounting）审核。非ODA经费需要从FCPD的财务和业绩司（Finance and Performance Department）获得批准；如果项目支出超过了"支出审查"（Spending Review）的期限，它需要接受管理会计（Management Accounting）的审核。

在审核过程中，若有任何不清楚的法律问题，高级负责人必须从DFID的法律顾问那里得到建议。此外，高级负责人必

[1] DFID. Smart rules：better programme delivery［Z/OL］.（2014-07-17）［2017-09-21］. https：//assets. publishing. service. gov. uk/government/uploads/system/uploads/attachment_data/file/699425/Smart-Rules-External-April18. pdf.

须确保所有的援助项目遵守 DFID“英国援助”商标（UK AID）指南，并在援助项目的早期阶段，通过 DFID 的数字服务团队（Digital Service Team），审查项目过程中的文本信息、数字化经费转账、网络与数据库等数据资源。

（三）运作规则

高级负责人必须规范项目的文件、津贴和契约的样式或模板。在执行任何有关于项目费用、支出或者财产转移之前，必须要有正式协议。项目部门的主管和委托部门必须共同签订正式的援助协议。此外，对于投资资本（Investment Capital）项目所创造的财政资产（该资产归 DFID 所有），在正式签订协议或者资产转移之前，高级负责人必须从“经费使用价值主任”（Director Value for Money）那里得到批准。

任何援助项目成为一个可行性计划之前，高级负责人必须与项目的部门主管或者代理部门达成一致，其中包括可行的逻辑框架（或类似的框架）、风险登记册、监测频率。此外，部门主管或者代理部门必须确保质量保证部门向受援国政府提供财政援助之前，已完成信托风险评估；在基金拨付之前已完成尽职调查评估（Due Diligence Assessment）。对于突发的人道主义紧急情况（其他人道主义工作适用不同的流程），可以在支付第一笔资金后，完成正式的尽职调查评估，但该计划的高级负责人应该保证，任何风险与预期项目结果成比例。

（四）采购与竞争性投标规则

DFID 的项目竞标分为四种类型。若额度高于欧盟经费标准（11.8 万英镑）的直接采购项目，高级负责人必须让所有竞标商按照《欧盟公共采购指令》(EU Public Procurement Directives）参与竞争，通过“竞标与商务部”(Procurement and Commercial Department，PCD）的“早期市场参与”(Early Market Engagement，诸如“早期市场调查”）阶段，参与进行招标和授标，其结果会在《欧盟官方公报》(Official Journal of the European Union）上公示。任何无须竞标类采购（如紧急采购）必须与 PCD 达成一致。低于欧盟经费标准的采购项目必须由部门采购官（Departmental Procurement Officers）或 PCD 认可的其他人员，按照《欧盟公共采购指令》的原则开展。[1] 项目采购的过程中要保证待遇平等、没有歧视、透明公开。

高级负责人必须确保合同修订符合《2015 年公共采购条例》(Public Procurement Regulations 2015)。同时，也要为所有拟议的合同修订提供有说服力的、强调物有所值的缘由。超过 100 万英镑的“成本”修订，必须在合同到期日前至少 12 个月内提交给采购指导委员会（Procurement Steering Board，PSB)。100 万英镑及以下的“成本”修订，必须在合同到期日前至少 9 个月内提交给 PSB。“无成本”修订，必须在变更生效前至少

---

[1] DFID. Smart rules：better programme delivery［Z/OL］.(2014-07-17)[2017-09-21］. https：//assets. publishing. service. gov. uk/government/uploads/system/uploads/attachment_data/file/699425/Smart-Rules-External-April18. pdf.

3个月内提交给PCD。如果合同即将结束，则必须在合同到期日前至少6个月内向PSB提交修改。有可能增加供应商盈利能力的修订，应在生效日期前6个月内通知PSB。经批准的商业案例（Business Case）必须涵盖所有修订的全周期。

超过100万英镑的供应商合同（包括合同修订），以及与PCD达成协议后从框架协议中调用合同，高级负责人均需要找部长审批这些合同。超过1000万英镑的合同则需要得到PSB和内阁办公室的批准。同时，高级负责人必须确保所聘用的个体经营者和DFID前员工遵守有关HR/PCD的指南。此外，任何直接聘用承包商的部门，都必须在签订合同之前完成“非工资”就业状况评估。

同时，部门负责人必须确保所有员工按照DFID的《利益冲突、礼品和款待》（Conflicts of Interest and Gifts and Hospitality）政策，完成和更新“款待和礼品利益登记数据库”（Hospitality and Gift Register of Interest Database）。在发布任何招标文件之前，参与采购的所有员工还必须填写一份有关“款待和礼品利益登记数据库”项目编号的《利益冲突声明》（Conflict of Interest Declaration）。此外，在采购过程中，高级负责人也必须确保供应商投标能够充分考虑《谨慎责任》（Duty of Care）政策，并在必要时征询PCD的建议。

（五）交付规则

高级负责人必须确保对援助项目进行全年监督，更新计划的实施情况、实施框架、风险评估等。项目实施框架或风险偏好的改变，必须得到部门领导或者代表的同意。

值得注意的是，SRO 每年会对 15 个月及以上的项目进行审查。若离项目截止日期还差 3 个月，可不用再进行评估。项目批准后的 12 个月内，SRO 要进行首次年度评估。部门主管或者代表必须要对高级负责人的年度评估进行审查。高级负责人最多可将年度审查推迟 3 个月。

此外，SRO 必须将项目的改进策略整合到运营不利的援助项目实施计划中去。通常在 6 个月之后，对于是否要终止或者重建项目，还是要继续改进项目措施，高级负责人必须获得项目的部门主管或者代表的批准。

（六）财务管理规则

在需要资金支持以促进项目继续实施之前，SRO 不能提前付款。SRO 要确保所有花费均以英镑支付，若以其他货币（通常是经费的接受方）支付的，超过 5 万英镑的花销，需要得到 FCPD 财务会计和控制（Financial Accounting and Control）主管的同意。

同时，SRO 必须定期审查发票、年度审计账目和财务报表，确保资金已支付给预期的收款方，且经费用在了指定项目中。在每个财政年度开始时，部门主管则必须对预算进行说明。SRO 必须确保项目的财政预测是切实、可行的，且每月要在 ARIES 上更新，并解释其存在的变化，以及如何管理它们。

SRO 也必须确保在整个项目的预算和所有财务预算中，包含了相关税费（如增值税、关税）。如果工作人员需要有关英国增值税的建议，他们必须联系 FCPD 财务会计部门的增值税联络官。但工作人员不得向合作伙伴提供税务建议。同时，SRO 要确保 DFID 拥有的所有项目资产都有完整、准确和更新的清单，并且至少每年对资产进行一次实物审查。在核销与损失或无效付款（fruitless payments）的成本（包括资产丢失、被盗或损坏）之前，SRO 要获得 FCPD 部门和财务会计主管的批准。

此外，在对外援助的过程中，若存在有关欺诈、恐怖主义融资、洗钱、贿赂、腐败或性剥削、骚扰、虐待的怀疑和/或指控，所有 DFID 工作人员必须立即向内部审计主管（Head of Internal Audit）或内部审计部门（Internal Audit Department）报告。

（七）扩展和结束规则

SRO 必须确保项目完全结束并归档。首先，援助项目结束日期（在 ARIES 中设定）后 3 个月内，SRO 要完成项目审查工作，且审查不会被推迟。那些未付款的项目，均在项目结束（ARIES 中设定的时间）后的 18 个月内支付。

其次，所有资产的使用都强调物有所值，有明确的记录。记录中要写入资产的使用已经获得部门主管或其代表的批准。所有提交的审计账目和财务报表，要涵盖项目运行过程中的内容。如果项目资金没有使用完，要将其转入 DFID 的中央应急基金（Central Contingency Fund）中。若要发表有效文件，均要遵循《智慧规则》中的第五项规定。那些需要延期和提前完成的项目都要得到批准，且要符合获批的基本流程。

第二节　英国对外教育援助项目的竞标

为了减少开支，简化政府职能，减轻政府负担，英国政府通过“看不见的手”管理着本国市场经济发展的节奏，也管理着对外教育援助的资本运营，不仅降低了对外教育援助的运行成本，也提高了援助的效率。

英国大部分的对外教育援助政策项目的实施，是由承包商（第三方机构）竞标后开展的。根据援助项目的规模大小，同一个项目中，有时候会有多个承包商共同实施，他们接受DFID出台的援助政策指导，并由DFID管理援助项目的市场秩序。此外，在开展对外教育援助的过程中，英国政府十分强调要对纳税人的钱负责，订立并发布战略目标，为受援国提供援助所需的物资和经费，确保援助经费使用高效透明，提高经费的使用价值。

一、援助项目的竞标主体

为了解决世界贫困，改善受援国人民生活的状态，开展对外教育援助项目时，英国政府通过竞标的方式，选择专业的承包商，改进援助成效，提高经费使用价值，努力实现对外教育援助的发展目标，并为受援国人民谋福利。剑桥教育（Cambridge Education）集团就是对外教育援助项目市场中的典型承包商。在访谈中，剑桥教育集团的负责人 AB 说道：

由于 DFID 没有那么多员工，因此他们要找有能力的次级承包商开展这些援助服务，并将项目下放给承包商。事实上，他们也需要那些能够为他们工作，有能力去做这些事的人员。我们（剑桥教育集团）作为一个合同方或是承包商，根据 DFID 规划的对外教育援助项目，与他们签订合约，为其工作。（M-AB）

有时候，一个项目可能由多个承包商分担完成。例如，在开展尼日利亚教育援助项目时，除了与剑桥教育集团签订合约外，考虑到管办评分离的效用，DFID 也与其他第三方机构签订协议，用以评估剑桥教育集团所实施政策的项目成效。

（一）援助项目承包商：剑桥教育集团

剑桥教育集团是莫特·麦克唐纳集团（Mott MacDonald Group）旗下的机构之一，该集团是一家全球工程、管理和发展咨询公司，为客户提供咨询和服务。剑桥教育集团就像是莫特·麦克唐纳集团旗下的一个品牌，通常用这个品牌与英国、美国、澳大利亚政府合作，为发展中国家提供援助支持。

作为第三方援助机构，剑桥教育集团多年来一直专注于国际教育援助的发展，确保（全世界）所有儿童都有机会获得高质量的教育，改善他们的生活。其目的是为英国政府和客户（国际组织，如NGO、世界银行等）提供最专业化的服务，管理援助项目和方案，确保政府、学校和教师获得专业化的帮扶，改善学习成果，建设美好未来。[1]

作为一个承包商，一个第三方机构，剑桥教育集团不仅为英国政府服务，有时候也为NGO、世界银行、国际发展银行、欧盟工作服务，承接这些组织的服务项目，在发展中国家开展教育援助活动。（M-AB）

剑桥教育集团致力于设计并实施技术复杂的大型教育项目，服务的受众对象是受援国政府部门、大学、学院和学校，多年来的教育援助经验让该机构成为业界的翘楚。通过合作，剑桥教育集团实施对外教育援助，帮助受援国人民提高学习成效，培养职业技能，丰富受援国儿童和年轻人的生活。[2]其核心是设计、实施并有效推广发展中国家儿童学习改善的项目和方案。

在项目管理方面，剑桥教育集团有严格的标准，其方法能够适应不同国家的环境。同时，剑桥教育集团在实施教育援助、处理教育危机时具有全局观，能够因地、因时制宜，而机构的高级决策者专注教育变革，确保援助规划项目不断

---

[1] Cambridge Education. Introducing Cambridge education［EB/OL］.［2017-12-11］. https：//www. camb-ed. com/intdev/introducing-cambridge-education.

[2] Cambridge Education. Introducing Cambridge education［EB/OL］.［2017-12-11］. https：//www. camb-ed. com/intdev/introducing-cambridge-education.

拓展。[1]

剑桥教育集团工作的一个重要组成部分是代表客户管理和使用援助资金，其中包括管理教育项目的子合同和竞标活动，以及管理如挑战基金（Challenge Funds）或创新基金（Innovation Funds）等大型基金项目。对于这类大型基金项目，剑桥教育集团也需要寻求多个公司或非政府组织一同开展。[2]

同时，在援助经费花费的过程中，剑桥教育集团的态度严谨、负责，援助的结果可量化，且透明。在所有的基金管理中，剑桥教育集团确保客户的经费用在专门的解决方案上，这些解决方案的影响是可评测、可衡量的。此外，在选择组织、管理和支付资金方面，剑桥教育集团订立了健全而严格的程序。[3]

（二）竞标项目的承包与分包

DFID 在《承包商行为准则》（DFID Supply Partner Code of Conduct）中，规定了 DFID 聘用承包商的三个条件。第一，承包商的合同价值达 100 万英镑及以上的，或是与 DFID 签订的两份以上的合同，总价值为 500 万英镑及以上；第二，承包商的合同价值低于 100 万英镑的，或者是与 DFID 签订的两份或

[1] Cambridge Education. Designing and delivering programmes [EB/OL]. [2017-10-11]. https://www.camb-ed.com/intdev/programme.

[2] Cambridge Education. Managing funds and grants [EB/OL]. [2017-11-12]. https://www.camb-ed.com/intdev/fund-management.

[3] Cambridge Education. Managing funds and grants [EB/OL]. [2017-11-12]. https://www.camb-ed.com/intdev/fund-management.

更多合同，总价值低于500万英镑；第三，承包商的合同价值，或合同的组成部分，其价值低于欧盟门槛的。同时，承包商必须遵守最重要的准则，并识别、减轻和管理风险。[1]

根据援助合作项目，我们（剑桥教育集团）选择适合的合作者参与其中。同时，我们要知道DFID想去做些什么。在之前开展的教育援助项目中，我们强调课程，强调评估，强调教师培训。我们也有很强的团队实力去支持这些项目。当然，在落实援助政策过程中，教师教育与学校改进计划是我们的强项，但是考试改革评估并不是（我们的强项）。因此，我们要寻找国际合作者。一个项目的合作者不宜多。比如，大的教育援助项目中，约4000万英镑的项目，我们找两到三个合作者。如果援助项目金额只有500万英镑左右，我们能够独立完成，就不会找其他的合作单位。（M-AB）

实际上，若援助项目规模较大，且需要专业的团队加入，承包商也要招聘分包商（代理客户）。分包商也要依据《承包商行为准则》开展援助工作，并了解援助需要面临的风险。当然，这些分包商将不会受到合同中关键绩效指标（Key Performance Indicators）的监控。[2]

国际上很大的项目，除了我们（剑桥教育集团）的内部力

---

[1] DFID. DFID Supply partner code of conduct［Z］. London：DFID，2017：1.

[2] DFID. DFID Supply partner code of conduct［Z］. London：DFID，2017：1.

量，DFID 可能会找在其他领域特别专业的机构，比如，北师大、北大，这可能涉及一个项目联合开发的过程。所以，剑桥教育集团在自己的优势基础之上还要借鉴别人的优势方面。同时，如果有合作关系的话，我们需要联合投标。比如，如果这个项目有 10 个任务，剑桥教育集团将两个给了北大，北大来写那两个项目的标书。（M-HY）

（三）项目竞标人员的行为准则

在援助规划、设计、竞标、实施的过程中，无论什么样的援助项目（包括教育援助项目），所有工作人员都要遵守《DFID 员工行为准则》。[1] 工作人员必须要做到，了解援助风险并知道如何管理风险；当事情弄不清楚时，要及时咨询；确保第三方机构的所有员工都要知晓该准则，他们也会受到该准则的约束，并依此行事。同时，援助工作人员的工作行为要参照英国公务员准则和 DFID 员工准则。所有参与援助的工作人员必须充分了解其职责和义务。这将成为新员工入职培训的一部分。

在竞标的每一个阶段，实施合作方都要本着公平、公正的态度对待援助工作。这意味着要公开参与者的竞标过程，让每个人都能理解过程、时限、期望、需求和选择标准。同时，要确保实施合作方的机密安全，不对外透露商业机密（如费用费率）。由于竞标过程透明、公开，竞标失利方要尽可能多地

[1] DFID. DFID staff code of practice［Z］. London：DFID，2017：1-5.

关注投标时的不足之处，并从成功的竞标者中获得有意义的经验。

但在特殊情况下，个别承包商若得到主管部门批准，可以不用通过竞标，直接获得单项竞标（Single Tender）项目。若项目超过 10 万英镑以上，还需要得到英国 PCD 项目负责人的批准。

二、竞标过程的管理方式

英国对外教育援助的项目通常由 DFID 统一规划，所有项目以竞标的方式发布于官方机构，并详细列出有关早期市场参与和其他活动的信息。所要竞标的项目也会持续更新。DFID 会在官网上定期发布竞标项目，其中包括项目的竞标时间、类型、竞标地点和注册网址。为了得到项目，竞标者（或者说"第三方机构"）必须考量自身的实力和意愿，制订标书和计划，公平地参与竞标活动。此外，DFID 还会定期发布对外援助项目的竞标框架。该框架规定了具体的协议内容、起止时间、竞标方式以及项目所需要的承包人数。

一个项目出来以后，DFID 开始放标。它会有个招标参考（Tender of Reference），类似于任务书的东西，里面会告诉你要做什么，用多少钱，达到一个什么样的目标，根据 DFID 的标书要求，我们（剑桥教育集团）要提出具体的实施方案和预算……我们的标书会分为技术和财政两个方面，也就是技术标和财务标。DFID优先考虑技术标，因为它会看你的技术能不能达到要求，之后再考虑你的财务标。如果DFID要打分的话，技术标要占到70%，技术标过了以后再看财务标……比如1000万英镑的项目，这个钱要怎么花费，做一个财务预算。（M-HY）

此外，承包商在获得项目竞标后，会进行一个“早期市场参与”。剑桥教育集团的HY和AB都强调，在对外教育援助竞标的过程中，要征求英国民众的建议和意见。这是一个必经的过程。也就是说，把竞标的计划投放在公共市场中，让所有民众知晓，得到民众的检验。若公众的反应良好，那么该项目就可以进入实施阶段。

我们的对外教育援助项目都是通过竞争获得。英国对外援助有一个开放的透明系统，如马拉维的对外教育援助项目，首先要做一个早期市场参与。例如，通过公共信息调查，我们发现有关教育信息很少，这个时候我们可能要关注教师教育、学校改进、学生考试等多个方面。同时，我们要举行一个会议，邀请像我们这样的人聚在一起讨论。会后要做一个时间表，并不断核准和改进。改进之后，要将这个时间表投放到市场上进行宣传。如果我们有能力去开展这项工作，我想就应该申请这个项目，当然我们要提交计划书，如果我们幸运的话（DFID觉得这个计划可行的话），DFID就会跟我们合作，最后跟我们签订合约。这就是我们的竞标情况。（M-AB）

实际上，一个教育援助项目的完成，通常会有两个及以上的承包商各司其职，共同完成。在项目的开展过程中，DFID将项目的实施方和评估方分开，而第三方评估机构的竞标参与，能够客观、公正地检测出他方教育援助政策的实施效果。

在项目开展的过程中，DFID将项目和任务切分，由不同的承包商竞标获得，并根据项目开展的进度逐一完成。通常，同一个教育援助项目的实施与评估，是由两个不同的第三方机构完成。例如，我们目前负责开展DFID尼日利亚的教育援助项目，DFID与我们签订合约，当然，他们（DFID）也与其他第三方机构签订协议，选择其他中介或第三方机构评估我们已经完成的项目……我们在巴基斯坦的项目，就有一个第三方评估机构，通过正式或非正式的方式，评估我们如何开展这个项目，如何实施这个项目。同时，他们也会将评估的结果反馈给我们。这是他们工作的一部分。（M–AB）

此外，重视经费的使用价值是所有DFID委托援助工作的要求。在援助项目中，所有承包商必须提高成本效率（包括实际的预算和定价），确保实现最佳的援助成效，并要适当地反映出项目周期的实施要求和风险水平。同时，承包商还要减少浪费，提高内部运营效率，完善援助供应链。

三、竞标管理的合作方式

对于DFID来说，剑桥教育集团属于项目的承包方，代替DFID行使教育援助的权利。

我们（剑桥教育集团）承接的是DFID开展的双边教育援助项目，政府给钱，我们去做。……DFID是英国政府机构，是援助的捐赠机构，管理并发放援助经费。这部分经费主要是用于发展中国家……作为一个合同方或承包方（属于第三方机构），我们（剑桥教育集团）为DFID工作。在援助方面，DFID需要开展许多的项目，而（英国）政府没有这么多人去完成，如果DFID想做教育项目，就要找有能力的承包商，需要能够为他们工作的人，需要有能力去做这些事的人。因为，剑桥教育集团的工作都是DFID给予的，是竞标得来的。与其他合作者一样，为了赢得这些竞标，必须努力提供服务，完成项目工作。（M-AB）

剑桥教育集团在承担对外教育援助项目时，不仅行使DFID赋予的责任和权利，也要与受援方建立良好的合作关系。

当开展教育援助服务时，我们（剑桥教育集团）不仅要与DFID紧密合作，同时还要处理DFID、剑桥教育集团、受援国的三方关系。例如，在中国，我们与DFID签合同，是为了与甘肃省、四川省的基础教育部门合作。在这个过程中，DFID 为我们提供经费，甘肃和四川地方政府需要我们提供有效的帮助。在这个意义上讲，我们的角色是双方（英国和中国）的教育援助中介……我们的工作之一就是要连接这两个国家。（M-AB）

此外，根据项目性质的不同，剑桥教育集团在开展教育援助的过程中，还要进行市场公关，与地方政府、学校、社会组织等一同合作。

在做尼日利亚项目时，有一些专门的教育项目（如私立教育项目）……这时候，我们（剑桥教育集团）的工作（地方的私立教育）就是要影响当地市场。我们与地方银行合作，与私立学校合作，与教师联盟、地方政府建立一系列的合作关系。这些是非常平常的。但是，与其他的项目（管理教育和教育捐赠）相比，这种项目对不同人来说有不同的想法。因为，许多人并不是真正地关注地方教育的发展，他们仅对商业这一块儿感兴趣，而我们就在与这些人、这些事情打交道。（M-AB）

第三节 英国对外教育援助的合作方式

DFID 是英国的官方援助机构，负责与受援国建立合作，并开展双边援助项目。同时，该机构也与国际组织合作，开展多边教育援助合作项目。通常，所谓的合作者主要是指受援国与国际组织。

一、人员的选择与聘用

英国在开展对外教育援助时，工作人员的选择通常与教育援助项目的形式和类型有关。援助形式一般分为正式和非正式两种。正式的项目通常是指有计划、有目的、有针对性的国际正式合作，如双边、多边教育援助项目。在调研对象中，LC、AM、LT、AB、TG参加的项目属于这一类。非正式的项目通常来自宗教团体或慈善机构，在开展教育援助项目时比较灵活，教育援助的时间、工作灵活性较大，通常在英国官网上注册，得到批准后就可以到受援国开展援助活动。

（一）工作人员的聘用条件

无论是在国家层面，还是在承包商层面（如剑桥教育集团），为了体现教育援助团队的专业性，英国政府或机构在招聘项目工作人员时，比较喜欢雇用具有相关专业背景的员工、学生、志愿者以及当地的教育专家。因此，在对外教育援助活动开始之前，不用再进行相关的专业培训。例如，LC的硕士教育背景是对外英语教学（Teaching English to Speakers of Other Languages，TESOL），并有国际教育援助的相关工作经历。在去卢旺达之前，LC曾在难民营工作过。

难民营（的管理者）对我说，我硕士阶段所学的专业是TESOL，他们需要用我的专业特长和母语优势，在难民营教孩子们日常的英语。因此，当申请乌干达教师教育培训项目的时候，我有自信能够申请到，因为我硕士专业就是英语教学，而且在难民营工作过。在开展教师教育培训之前，我没有接受具体的培训，但是我花了很多的时间去阅读、学习和理解这个国家（乌干达）教育系统是如何运作的。（V-LC）

在其他的项目中，根据工作的分工要求，也需要具有专业技能的援助工作人员。MW和TW参加的“KNOFACIC”项目就属于这一类。例如，MW在开展对外教育援助的过程中，主要从事非教学类的记录工作。他说：“我的工作是拍摄视频，展示这些报告，完善网站信息。”（C-MW）事后了解，MW在英国国家统计署（Office for National Statistics）工作，所从事的工作与信息服务有关。同时，MW是“KNOFACIC”网站的管理者，在项目开展的过程中，他需要根据项目的进度，及时上传援助活动信息、视频，管理网站页面，并要定期维护网站系统。

此外，作为一个资深的第三方机构，剑桥教育集团通过多年的援助工作，在自己的机构中设立了专家库。专家库的人员身份多样，背景多样，既包括英国的专家和官员，也包括受援国的专家。剑桥教育机关工作者HY说道：

剑桥教育集团有一个特别大的专家库，它会根据相关的职位、对应的人，给我们一个专家列表。根据任务，我们从里面筛选最合适的专家组建我们的团队。比如说，我们团队需要六个专家，我们就会从库里挑选。但是对国外（西方国家）专家来说，他们的时间是要提前一两年预定的，因为要跟他们协调时间，议价谈判，看他们是否有能力做这个项目，就像是雇一个新人一样。（M-HY）

此外，专家的选择会根据援助情况的发展而有所调整。在援助项目实施的过程中发现，由于文化背景的不同，援助方（剑桥教育集团）更倾向于雇用当地专家和顾问。在访谈中，AB 强调：

在援助发展中，你不可能独自工作，必须与国际机构合作，因此我们会聘请地方的合作者（专家、教授等）参与到这个项目中来。在甘肃项目中，我们没有正式的合作机构，但是我们有中方的国家顾问。在坦桑尼亚开展教育援助时，根据不同的项目，我们聘请了 10 个地方合作者一同工作。我们在受援国所做的每一份工作，都要向他们咨询。（M-AB）

在开展教育援助的工作过程中，剑桥教育集团在工作人员（来自英国和受援国）的选择上会不断地变化。变化的因素有很多，如当地的风俗情况、教育系统的差异、传统教育观念的理解、环境的适应情况等。比如，剑桥教育集团在中国开展的教育援助项目。

我们（剑桥教育集团）雇用了受援国（中国）的当地学者和专家，让他们一同参与援助的项目……我们在甘肃雇用了很多当地（中国的）顾问。在一开始，我们雇用了许多的国际顾问，但在项目结束前，我们雇用的全都是中国顾问，我可以给你画一幅图，非常简单……（M–AB）

这个时候，受访者 AB 拿出了办公桌上的纸，一边画，一边说：

这是时间、这是顾问，这是国际顾问。一开始，像这样的，但是随着时间的推移，国家（受援国）顾问将发挥更大的贡献（见图 3–1）。（M–AB）

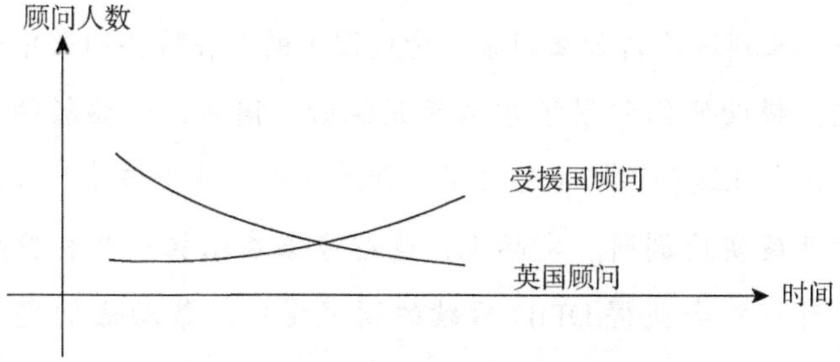

图 3–1　不同身份的顾问人数变动趋势

来源：笔者根据受访者 AB 现场手绘的图案进行的图像文本编辑。

（二）援助专家和学者的培养

英国在开展对外教育援助的过程中，从环境、政治、经济、文化、教育等方面开展了大量的研究工作，在受援国积累了大量的知识和信息资源。实际上，英国对外教育援助政策的实施是一个系统性的工作，其中包括项目的计划、研究、实施、评估、问责、研究等。每年，英国政府为了开展对外教育援助项目，都会派送一大批学者、教授、研究人员、学生、志愿者等进入受援国家，在实施项目的同时开展有关教育方面的研究工作，并培养了一大批国际援助专家和学者，极大地扩充了国际援助的专业知识、技能和研究成果。

英国对外教育援助培养了一批英国教育专家。这些专家中有许多是作为教师或讲师（其中包括许多硕士生导师、博士生导师）来到这些新独立国家（受援国）的。在这些国家中开展研究，帮助他们积累了学术研究经验。同时，这些教师（导师）也会在这些国家（受援国）开展硕士和博士培养工作，让他们开展实地调研。实际上，这些专家在承担一些相应的职务，有可能会获得DFID后续的研究资助，帮助他们完成研究。实际上，某一领域的专业知识由于专家的介入也在不断地更新。（P-KK）

目前，很多英国教育专家不仅生活在受援国，他们还依托英国政府的研究项目经费在受援国开展了长期的跟踪调查工作。同时，他们（如KK）还受聘于受援国的大学，开坛授课，帮助受援国培养学生和研究工作者。此外，这些专家的研究成果能够更为真实地反映出英国对外教育援助的成效和不足，在未来援助发展和国际合作过程中，为英国政府建言献策。

（三）工作人员的合作意图

在开展援助工作的时候，援助项目的专家和工作人员会以招聘的方式参与援助项目。在实证调研中，笔者对援助工作人员参与的目标进行了询问。在一些专项的教育援助（如教师教育培训）工作中，受雇的援助工作者（如学生、教授等）会根据自己的课题研究内容，前往受援国开展援助和研究工作。如ZN研究学生德育教育，TG研究农村小学教育的公平与质量，LC研究教师教育培训。TG在访谈中说：

我研究的是埃塞俄比亚农村小学教育质量和公平。因为自己是埃塞俄比亚的公民，有语言优势，有利于进入援助现场（农村的教学课堂），开展调研活动，因此申请参与了援埃项目。（V-TG）

慈善机构的援助活动，通常以慈善道义等为出发点前往受援国开展教育援助活动。MW告诉我们：

一开始有人去了乌干达，拍摄了一些当地的影像资料，并在教堂中播放。（慈善）组织的人看见后，想帮帮当地人民，帮助那些孩子，因此，决定做这件事。因为我的两个朋友是投资者，他们邀请我们加入，我们也非常有兴趣。当然，在我们去之前，慈善机构就组织过一些人（志愿者）去乌干达开展此项援助活动，效果不错。因此，我们也想加入。（C-MW）

对于MW和TW来说，他们更多是出于对受援国当地人民的关爱，希望通过行动帮助受援国学生。而LC和TG则以兴趣和博士研究为目的，希望借助援助这个平台，开展援助调研。LC说：

我对发展中国家比较感兴趣。在读硕士的阶段，当我还没有完成（论文的）文献综述时，就去利比亚做了几个月的志愿者，我感觉我非常喜欢这个项目。实际上，在发展中国家开展援助工作……可能，由于自己的国家背景（美国），我也获得了一些尊敬，我觉得我有义务为发展中国家做一些事情。（V-LC）

二、英国与受援国的合作交流

英国与受援国的合作由来已久，在物资供应、专家调配、经费投资等方面具有较大的支配权，但也从侧面反映出英国政府能够知晓并决定受援国家需要什么，不需要什么。特别是在部分受援国家中，英国设有办事处，并长期与受援国合作，开展一系列的援助活动。英国在国际教育援助行动中依旧有较大的影响力，但与受援国的合作方式已有所不同。在援助过程中，英方更多以政治协商与交流合作的方式开展援助活动，形成了新的国际教育援助发展趋向。

（一）稳定的合作关系

在多年的对外教育援助合作中，英国与受援国建立了长期的、密切的、可持续性的合作关系。这使得英国进入受援国开展教育援助时没有过多的限制，跨国申请流程和签证手续更为简单。

在进入受援国开展援助项目时，我们没有必要去进行沟通。你也知道，国家（英国）有很强政治外交能力，通常我们在受援国都设有英国办事处，英国派大使留在这个国家。当然，我们也开展了许多双边或多边的援助合作项目，与受援国已经有过许多的政治讨论，这种合作形式已经超过了20年。一般来说，我们通过正式的方式，与很多人（包括不同国家的援助机构、受援国政府）一起进行讨论和协商，如DFID做这个、美国做那个，我关心的是我们要在那里（受援国）做些什么。（O-IA）

在落实对外教育援助政策的过程中，DFID会根据自己制定的原则在受援国开展合作项目。这种合作不仅仅是要提升学生在读书、写字、计算等方面的技能，更多的是在政府层面达成合作共识，为项目的顺利开展提供必要的协商。

我们（DFID）有基本的合作原则。与这些受援国合作时，DFID 希望进一步设定一些原则，包括选择好的政府、作出必要的承诺、坚持发展、人道主义原则等。当然，我们也与他们（受援国）进行长期的会晤，这将会产生一种重要的（国际）影响。我们知道，在国际社会中，英国对外教育援助有巨大的影响力，且有非常好的声誉。例如，我们支持受援国，紧密与这些国家的政府合作，建立人权……（O-IA）

（二）援助的实地考察

多年来，英国对外教育援助的方式、方法，在长期援助的国家中已经形成固定且成熟的模式。但在新的环境、新的问题上，英国对受援国的前期调查依旧比较谨慎。特别是在制定对外教育援助政策、开展项目时，英国政府都会提前进行实地调查研究。英国政府深知，如果不能因地制宜，成熟的对外援助方案也不会发挥出应有的作用，援助经费的实际价值也不能发挥出来。

在双边援助关系中，例如，我们有许多员工都参与过尼日利亚的教育援助项目。在之后的尼日利亚教育援助工作中，这些员工对这个国家已经知根知底，所以无须再做更多的调研工作。但对于新的援助国家，如最近的马拉维项目……DFID 之前没有与马拉维政府合作过，对该国的教育情况和社会背景没有了解，因此，为了在马拉维开展教育援助合作项目，DFID会提前派很多的员工或研究者去马拉维做具体而深入的了解，搞清楚这个国家的教育系统，以及当地的教育现状和社会现状，试着去发现教育中（我们）能够合作的方面。同时，为了搞清楚受援国的地方教育系统，不管到哪里开展援助活动，我们（剑桥教育集团）都会试着去寻找当地的合作者，与当地的人员（学者、研究者、专家、教授等）一同工作。（M-AB）

（三）项目的多方协商

对外教育援助政策的实施与项目的开展，本身是要在多方协商的基础上达成共识。在开展援助之前，DFID需要与受援国政府进行沟通，确定需要开展援助项目和类目。但在调研的过程中发现，受援国在接受教育援助的过程中，会根据本国的现实情况，提出自己的需求。

我们提供的帮助，基本上是他们（受援国）所希望的。如果他们不想开展某项援助活动的话，他们会告诉我们，那我们就不去做……而这些受援国通常会拿出一份很长的清单，告诉我们，他们需要这个或那个……（M-AB）

实际上，DFID在受援国开展教育援助项目时，并不强求受援国必须做些什么。通常DFID会与地方政府共同讨论，搞清楚受援国的教育援助诉求，了解受援国在教育方面想要做些什么，需要获得哪些帮助，并整合与会代表的观点，写下受援国希望的政策、措施和建议。例如，受援国政府会告诉DFID，受援国的地方政府对学校管理不善，希望英国能制定出一个有利于学校发展的政策，提供一个有效的举措，提高学校和课堂的管理效能。DFID同意后，向受援国推荐最好的专业团队，并在受援国开展援助项目。

有时候，DFID认为我们（剑桥教育集团）在保护弱势群体、促进性别教育、提高女童入学率等方面出的点子非常好，于是让我们直接跟受援国沟通。但是如果他们（受援国）不需要帮助，或者不想使用我们的政策，可以直接说“不，谢谢，我们不需要”。当然，如果他们不接受你（援助机构）的支持，（受援国）就不能拿到援助经费。但这种情况非常少。（M-AB）

三、对外教育援助项目开展的新方式

在落实对外教育援助政策的过程中，为追求更高效、有价值的教育援助结果，英国政府更加重视对外教育援助项目的创新发展。需要强调的是，所谓的创新教育（Innovation Education）指的是，“在受援国中，做一些之前没有做过的事情，或者做一些新鲜的事情。这些举措要能够适应并推动这些国家的教育发展”（M-AB）。也就是说，在援助政策的实施中，援助方需要在受援国使用新颖的、未曾尝试过的方法开展对外教育援助工作。剑桥教育集团之所以成为国际公信度高的援助机构，是因为该机构一直在寻找新的援助方式，为学校提供先进的设备，帮助边缘化儿童获得受教育的机会，为贫困地区和脆弱的儿童带来高质量的教育。[1]

（一）新的教学与审查方式

1. 新教学方式的引入

在教育援助中，援助机构使用的新方法或新方式通常是指，受援国没有使用过的教育、教学、援助的方法。可能这些方式方法在英美等援助国家中已经成为教学的常态，但在受援国，很多方法还从未进入学生的课堂。

在巴基斯坦，剑桥教育集团引用了新的教育模式，开展教师教育培训与职业生涯发展援助项目。实际上，该创新项目是与 NGO 的合作，主要培训女性教师。在教师职业发展的早期阶段，这些女性要接受 3—4 年的教学课程，培训她们的职业技能。当这些女性毕业后，剑桥教育集团付给她们创业经费，让她们开始自己的工作，主要从事幼儿教育。工作时，这些毕业的女性教师要以我们（剑桥教育集团）的名义开展教育活动等。她们可以让我们给她们经费，为她们雇用员工，对于我们

[1] Cambridge Education. Innovation in education［EB/OL］.（2016-02-03）［2017-07-06］. https：//www. youtube. com/watch?v=MZ92xCt0k9w .

来说，这没有问题。但是，根据莫特·麦克唐纳集团的工作要求，这些人要付给我们授权特许经费。这就是我们在教育援助工作的创新之处。（M-AB）

该项目在英国、美国并不稀奇，也不是一种新方法。因为英美很多早教幼儿园就是以这种方式运营的。但这种新的教育模式为受援国的教育发展提供了全新的思考视角。

在不断解决巴基斯坦儿童辍学这一问题的同时，试着去改变人们对援助的思考，改变援助的方式与方法，让学生入校就学、享受教育，让孩子们和相关者在教育中获益。（M-AB）

2. 新审查方式的引入

2017 年，英国开展了一项新的援助项目，就是在时隔多年后，对曾经接受过英国对外教育援助项目的国家进行回访和观察。该项举措目前是剑桥教育集团率先开展的对教育援助政策实施的试点回顾项目，该项目关注援助项目实施后的长期效应，因此被称为“可持续性效应”（Ripple Effect，也称作“涟漪效应”）。在对英国对外教育援助成效的追溯过程中，英国教育援助负责人 AB 说：

目前，我们（剑桥教育集团）会在援助项目结束后的 5—10 年进行回访。回访的目的是看看援助后的成果……在开展项目的时候，我付给他们（受援国）经费，工作完成之后，支付就终止了。但是我们依旧留意项目所带来的后续影响。如果你看网页的话，就知道我们现在跟进了“甘肃基础教育项目”，我们给他们提供了经费，所以我们非常好奇，项目实施之后，甘肃地区的教育发展是什么样的。（M–AB）

在国际教育援助的过程中，援助国或国际组织已经从对援助规模的关注，逐步转向对其成效和质量的关注。实际上，中英甘肃项目已经成为国际援助案例中的成功典范。该项活动的开展，确实帮助 DFID 重新审视了英国对外教育援助的成效和影响，发现了援助后续成效在受援国地区的本土化效应以及存在的问题，有助于英国教育援助项目今后的规划与实施。但必须知晓的是，不是所有的项目都会取得类似的成功。这与受援国的综合国力、重视程度以及后续的建设发展是分不开的。

（二）新的对外教育援助观点

英国对外教育援助政策实施中的新观点、新举措并不来自 DFID 机构本身，也并非 DFID 内部工作人员的贡献，而是源自参与援助项目竞标或分包的竞标方或者分包商。在这一过程中，DFID 会从所有竞标方的申报书中获得新颖的观点，并在这些申报书中选择最佳的方案，让其竞标方承担对外教育援助中的某一个项目。

值得注意的是，竞标方也会通过类似的方式，在全球寻找适合的合作伙伴，获得新颖的援助观点与方法。这种灵活的市场机制能够打造一个专业的援助承包市场，避免援助程序与模式的僵化，且缺乏新意。

我们（剑桥教育集团）的任务不是提供好点子，而是发现人们的好点子，对这个点子进行评判和鉴定，并帮助他们去实现……如果一些人已经有了相关的经验，并做了好的、具体的援助准备，那我们的作用就让他们做得更好。以巴基斯坦的教育项目为例，我们给出项目主题，邀请全球第三方机构申请，并让他们提交计划书。在收到220份以上的计划书中，我们只选择了其中的4份计划书，其他的全部拒绝了。我们评判了其中一份中的两个点子，一个是有关教育援助的点子，即改进课堂教学的观点；另一个点子很有趣，说的是如果DFID不提供经费，我们（剑桥教育集团）如何存活并成长。这两个方面切中教育项目发展和机构生存的要害。从这个实例证明了，我们的角色并不是去发现一个新的观点，也不是培植一个政府，而是判断这是不是一个好点子，给他们建议，帮助他们不断完善，让这些点子变得更犀利。（M–AB）

同时，剑桥教育集团也帮助一些组织验证教育模式的使用，并将有效的教育模式运用到更多有需要的学校中。这种援助模式或方法的复制并非机械地照搬，而是有选择性、有针对性地开展。

我们希望看到，一种在20个学校都获得成功的教育模式，能够有效地运用到2000所学校中。在这个过程中，对于20个

学校的模式如何扩大到2000所学校，我们将给予合理的建议，并选择对的人、对的机构去支持这个项目。（M-AB）

（三）新的合作互动模式

从英国对外教育援助的合作过程中发现，竞标方式的引入让英国的援助市场内部形成灵活运作机制。灵活的市场机制推动着合作者贡献更有创意的援助互动模式。从表面上看，开展创新教育援助的合作互动模式，取决于合作关系的双方是谁。但若反思这一机制形成的底层逻辑会发现，资本的灵活运作能够吸引更多的机构参与其中。

一个取决于咨询者是谁。有时候，剑桥教育集团会接触到一些比较特殊的组织，这些组织通常并不会涉及援助发展的工作。但是，他们会为一些专门的案例提供经费。另一个是混合经费使用方法。DFID给我们项目经费，但是我们可以搭建其他的支持平台，邀请其他机构一同参加，并得到他们的经费帮助，将公共经费和其他经费放在一起使用，实现新的目标。（M-AB）

实际上，英国开展对外教育援助的过程是一种合作的过程。这一过程中既有机构之间的互动，也有机构与政府之间的互动。特别是这些机构开展教育援助时所获得的经验和知识，将会成为DFID制定政策时的必要依据。

我们的参与会影响DFID的决策。DFID规划了它的对外教育援助政策，希望我们能够开展项目，进一步落实这些政策。而我们所规划的项目，也是DFID想要落实的事情。同时，我们也要反馈给捐助者（DFID）他们想看到的。在这个过程中，我们并不需要刻意去证明我们所提到的观点和方法具有创新性，只需根据DFID所要解决的问题，给予建议就行。这些建议有时候会影响DFID决策者的决议。（M-AB）

大多数情况下，DFID邀请负责落实援助政策的第三方机构负责人，前往伦敦参加政府组织的相关会议。在会议上，他们会向DFID的工作人员提供意见和建议，并一起沟通新时期英国对外教育援助要制定什么样的政策，开展什么样的援助项目。

DFID在做决定时会告诉我们（剑桥教育集团）他们想做什么，当我们知道了他们想去做什么的时候，我们就会衡量自身情况。例如，如果DFID想做某件事，我们认为有这方面的成功经验，然后，针对DFID想做的项目，我们会做出回应，给出我们的观点和建议。（M-AB）

第四节　英国对外教育援助经费的使用

作为 OECD 下属的 ODA 成员国之一，英国对外援助的经费数额一直居世界主要援助国的前列。2012 年，英国对外援助经费总额居世界第二（87.66 亿英镑）。[1] 为了实现联合国 MDGs 的规定，兑现英国政府所作出的承诺，即英国对外援助支出占到其国民总收入的 0.7%，自 2013 年起，英国援助经费额度在国民总收入中所占的比例，由 0.56%（2012 年）上升至 0.7%（2013 年）。此后直至 2021 年，该援助经费份额比例始终维持在 0.7% 及以上，但由于新冠疫情影响造成财政紧张，英国政府将这一比例下调到 0.5%。但是英国财政部于 2021 年 7 月作出承诺，"若财政情况有所好转，2022—2023 年，这一比例将调整回 0.7%"。[2]

值得注意的是，英国政府在对外援助的过程中，一直强调，要"保证（英国）纳税人的钱发挥最大的价值"。英国民众也质疑"我们的钱是否跟国家的利益诉求相关"。面对这种关切和疑

---

❶ 张效民，孙同全. 英国对外援助规制体系研究［J］. 国际经济合作，2014（5）：50.

❷ HM Treasury. Government sets out conditions for returning to 0.7% aid target［EB/OL］.（2021-07-12）［2022-08-04］. https：//www. gov. uk/government/news/government-sets-out-conditions-for-returning-to-07-aid-target.

虑，英国政府在实施对外教育援助政策的过程中，采取了多种经费使用方式，特别是在商业模式的加持下，英国政府激活了对外援助的市场活力，建立起具有竞争性的商业体系。

一、经费的分配与管理

英国在对外教育援助政策的实施中，十分重视世界贫困地区的儿童和女性教育，并采取行动帮助贫困的发展中国家培训师资，改善基础设施条件等，促进世界人民的福祉，为贫困国家的未来发展储备人才。据统计，2012 年英国对外援助的 45% 流向了社会领域，只有 5% 流向了生产部门。[1] 其中，教育、卫生、人口占 24%，总体比重最大（见图 3-2）。

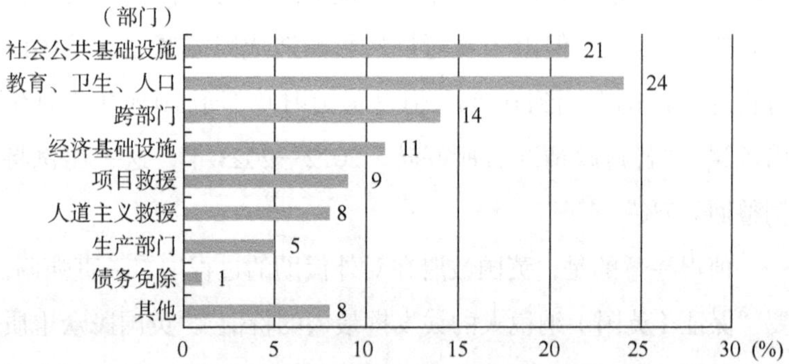

图 3-2　2012 年英国官方发展援助在不同部门的分配

来源：OECD.Profiles and policies of bilateral donors：United Kingdom［R/OL］.（2012-05-04）［2017-07-12］. http：//www.oecd.org/dac/uk_DCR2012_21jan13_part23.pdf.

---

[1] 张广荣 . 英国对非援助：概况、特点及影响［J］. 国际经济合作，2011（5）：38-42.

同时，英国未来的援助项目预算也持续增加。为了确保教育援助与SDGs的教育目标相一致，DFID参照UNESCO的《全球教育监测报告》(Global Education Monitoring Report)规定以及OECD发展援助委员会的测量结果，决定在实施双边援助项目时，将教育援助经费的70%分配给基础教育。

(一)援助经费的来源与分配

英国对外教育援助的经费主要来源于英国政府的财政拨款，并由DFID将其根据援助项目进行分配，但就在DFID改组为FCDO之前，经费的来源发生了一些改变。DFID与其他部门合作，如英国教育部(Department of Education)，这些合作的部门也会提供一部分经费，并用于对外教育援助。

过去，所有的援助经费由DFID统一划拨，但现在英国的教育部、健康部等部门也会参与其中，他们也为教育援助一同提供经费。例如，我们目前仅仅为DFID工作，但同时也会参与健康方面的业务，因此，所获得的援助经费来自DFID和健康部。(M-AB)

DFID也设置了一部分用于应对受援国突发情况的援助经费，通常会根据受援国的特殊情况灵活拨付。例如，在2015—2016年，为了缓解埃博拉病毒危机的影响，DFID为塞拉利昂提供了一笔经费，用于重新开放学校、扩大基建等项目，旨在帮助该国逐步恢复正常的教育教学秩序。[1]

援助经费由DFID部门决定如何分配。在分配金额时，DFID不仅需要规定全球不同地区的经费拨付额度，也要规划不同项目所需使用经费的数额和比例。表3-1为2015—2018年英国在世界各地的项目经费与部门分配情况。据三个年度的数据统计显示，经费的分配额度不一定会根据年份的上升而有所增加，DFID会考虑受援国援助的实际情况设定拨款额度。

表3-1　2015—2018年DFID项目经费与部门分配

（单位：英镑）

地区项目	2015—2016年	2016—2017年	2017—2018年
西非与南非	719 524	819 800	811 300
东非与中非	1 412 809	1 497 550	1 429 775
亚洲、加勒比海与海外地区	1 161 308	1 254 000	1 205 300
中东与北非部门	554 717	688 000	688 000
埃博拉危机部门	161 366		
总额	4 009 724	4 259 350	4 134 375

来源：DFID.Annual report and accounts 2015-2016［R］.London：DFID，2016：135.

在对外援助项目中，DFID与竞标方合作共同管理经费的使用，保证经费的数额与项目的规模相匹配。在经费的使用方面，DFID与竞标方更像是一种业务合作，以契约的形式对经费的使用作出合理的规划。对于竞标方来说，DFID也为其经费的使用保留了一定的灵活性。

---

[1] DFID. Annual report and accounts 2015-2016［R］. London：DFID，2016：11.

DFID给我们（剑桥教育集团）1000万英镑，我们可能会将经费用于教师教育，或是学校改进等方面。但是，为了能够最有效地使用经费，DFID也会做一些限制，根据这种情况，我们将做出合理的安排。有时，DFID会在经费的使用方面规定更具体的要求。他们会详细地告诉我们什么方面用多少经费。之后，我方会告知DFID花费的具体实数，并签订契约。在签订的契约中，我们必须要详细列出经费使用的明细，也就是这些经费要花在哪些方面，每个方面用多少钱。例如甘肃项目，整个项目是1400万英镑，1000万—1100万英镑的经费用于教师培训、学校改进、学校重建、性别平等、课本等方面，300万—400万英镑用于剑桥教育集团人员费用，包括顾问费用、参观学习，以及一些我们能够控制、管理的物品、食物等方面。可以说，援助经费的捐赠者决定如何花费经费，但我们能够影响经费的使用。比如，经费在某个方面的投入成效更显著，影响也会更大，我们就在这个方面多花点钱。（M-AB）

（二）援助经费的管理模式

由于对外援助项目的类型不同，开展的方式也会不同。从双边合作的角度来看，DFID会将经费直接划拨给承包商（第三方机构），承包方在申请的财务标书中列出了详细的经费使用计划。在多边合作项目中，DFID会将经费提供给国际组织，由国际组织统一管理和分配。但在具体的项目中，每个项目的管理方式也会略有不同。例如，在双边项目中，DFID会与第三方机构签订有具体年限的援助协议，并将经费直接划拨给第三方机构。以剑桥教育集团为例，该集团在教育援助经费管理的过程中使用两种管理经费预算模式，对经费进行管理和分配。

在中英甘肃项目中，所有的经费都是由我们（剑桥教育集团）来管理，我们将经费给予那些需要的人。但是，在坦桑尼亚的援助项目中，我们从英国政府那里获得了3000万英镑的教育援助费用，其中的1500万英镑给了坦桑尼亚的两个地方政府，他们通过当地的教育系统使用这些经费，如学校改进、教师培训、学习物资等。在这个项目中，我们的工作是确定把钱放到了对的地方，但我们并不能控制这些经费。也就是说，DFID提供给受援国经费，我们监督经费的使用，如果这些经费用到了错误的地方，我们要向DFID汇报，而DFID也会及时告知受援国政府，因此我们是经费管理的中介。实际上，因为每一个受援国的社会背景、经济体制都不相同，我们的每一个项目也会有所不同，但大致上，只有这两种经费管理的方式或者说是模式。（M-AB）

此外，在项目实施的过程中，剑桥教育集团要对自己所负责的援助项目进行实时监督，掌握援助项目及其政策落实的具体情况，并定期将援助项目，特别是经费的使用情况，以报告的形式递交给DFID，帮助DFID了解经费的使用情况以及项目开展的动向，并在报告中详细说明经费使用的合理及不当之处。

二、经费的投入与比例

在联合国落实 MDGs 期间，英国政府致力于兑现援助承诺。在 2006—2015 年的十年间，英国不断增加用于援助的经费投入，从 2007—2008 年度的 5.296 亿英镑，增加至 2010—2011 年度的 10 亿英镑。也就是说，2010 年后英国每年支出 10 亿英镑开展对外教育援助。直至 2015 年，英国 10 年内用于教育援助的经费已达到 85 亿英镑。在经费投入的分配上，双边合作的经费投入比例能占总经费的一半以上。例如，在 2010—2011 年度，10 亿英镑中，有 57% 的经费用于 DFID 的国家项目，37% 的经费用于多边机构和全民快速教育战略（Education for All Fast Track Initiative，FTI）项目，其他经费用于包括英国 NGO 在内的其他渠道。

（一）双边合作项目经费实施

为了满足受援国的教育需求，贯彻联合国提出的 MDGs，兑现其国际承诺，英国在双边教育援助项目中，向基础教育投入的经费最多，约占总教育援助金额的 70%；同时，为了扩大对贫困和受冲突影响的国家投资力度，DFID 在双边教育援助项目中，将 50% 的经费用于这些国家的教育建设。[1] 在这些双

[1] DFID. Learning for all：DFID's education strategy 2010-2015 [R]. London：DFID，2010：13.

边教育援助项目中，不仅包括政府间的直接合作，也包括那些与此国家行为体，如 NGOs，开展援助合作。例如，埃塞俄比亚的索马里地区是该国最边缘化的地区之一。该地区国家发展水平低，社会环境不够安全。因此，2011 年，DFID 在该地区推行了 300 万英镑的试点项目，在受冲突影响的地区审查获得优质教育的服务规模。[1] 该项目是通过 NGO 与当地政府紧密合作，在试点地区实施项目，提供援助服务。在此地区开展的课程学习被列入新的“和平与发展项目”（Peace and Development Programme）中。

DFID 与此国家行为体开展援助合作时，要优先考虑基础教育的质量，关注基础教育之后的中等教育、高等教育以及技能培训等。相对来说，DFID 在开展对外教育援助的过程中务实、不教条，与民间组织、宗教团体以及私立部门建立了一系列的合作服务关系，确保服务内容与服务方式更加经济划算。例如，在卢旺达教育项目中，常规预算与部门预算联手，加上技术援助与政策建议，共同增加了援助资源，改进了公共财政管理以及经费使用的效率和效能。在捐助者之间，汇集资金和委托合作减少了行政费用，同时利用联合审查机制进行强有力的方案监督。这一点得到了 NGO 的支持，加强对残疾儿童的帮助，从而形成政府关于特殊教育需要的政策。2002—2008 年，卢旺达小学注册率从 74% 增加至 94%。[2]

---

[1] DFID. Learning for all：DFID's education strategy 2010–2015［R］. London：DFID，2010：23.

[2] DFID. Learning for all：DFID's education strategy 2010–2015［R］. London：DFID，2010：45.

目前，英国致力于改进受援国的教育体系与财政管理，坚持与援助过程中的腐败现象作斗争。例如，英国支持尼日利亚的公共经费改进；英国与塞拉利昂反腐委员会（Anti-Corruption Commission）合作，提高教师的工资。英国支持马拉维国家民间社团同盟（National Civil Society Coalition），每年监督一次教育预算等。但当出现经费滥用的现象时，英国政府将暂停经费发放。这不仅有益于保障英国资产，而且对提高资源的使用效率，强化服务主体与消费间的问责，提高援助标准都至关重要。

（二）多边合作项目经费实施

DFID与多边机构、政府部门（包括G8、G20、英联邦）、私立部门、宗教团体以及民间社团合作，改进援助的实施效能与成员治理，增加更多的服务与经费，提供高质量以及更具公平、包容的系统方式，关注脆弱和受冲突影响的国家。英国将三分之一以上的教育经费投入多边合作项目中，经费主要流向世界银行、欧洲委员会、UNESCO等国际组织。同时，也向亚洲基础设施投资银行、非洲开发银行、UNICEF等组织投入大量的经费。通过多边项目合作，增加国际组织的教育基金，将经费分配到最需要的领域，提高项目的效能以及经费的使用价值。

例如，世界银行仍然是国际教育援助最大的捐助者。2008—2010年，世界银行的国际开发协会（International Development Association）平均借款数额为12亿美元，其中

50% 用于基础教育。[1] 值得注意的是，在开展对外教育援助的过程中，英国政府十分重视对外援助经费的分配效率与使用价值。因此，英国政府与世界银行集团以及国际货币基金会合作，寻找支持优质公共服务可持续发展的有效政策。

在参与联合国开展国际教育援助的过程中，英国支持国际教育援助的优先发展领域项目。一方面，英国是联合国的成员国，本身在对外教育援助的行动中贯彻了联合国的 MDGs；另一方面，在优先发展的领域方面，联合国的影响力和优势更加明显，能够提升援助经费的使用价值。值得注意的是，联合国系统中，本身有专门机构以及专业的技术部门，如 UNESCO 的统计研究所，能够在国际教育援助的专业化服务方面提供专业的技术支持与服务。而在援助开展的过程中，像 UNICEF 这样的基金组织在开展学前教育、女童教育，特别是在脆弱和受冲突影响的地区开展教育援助，具有丰富的经验，能够发挥其技术领导的优势，保证援助优先发展项目的顺利开展。

作为英联邦国家的召集者，英国政府通过经费的支持，加强英联邦的机构和决策部门开展对外教育援助项目。2008—2009 年度，DFID 向英联邦秘书处（Commonwealth Secretariat）的"英联邦技术合作经费"（Commonwealth Fund for Technical Co-operation）提供 810 万英镑，向"英联邦学习共同体"（Commonwealth of Learning）提供 100 万英镑，并联合 FCO 进一步向英联邦秘书处提供 410 万英镑的援助经费。仅在对外教

---

[1] DFID. Learning for all：DFID's education strategy 2010-2015［R］. London：DFID，2010：46.

育援助方面，2008—2011 年，DFID 就向 CSFP 提供了 5100 万英镑，支持了 2700 名学生入校就学。[1]

实际上，英国主要通过自身的政治影响力及其在多边发展机构中的领导力，向受援国的基础教育提供更多的资源，更好地分配和使用经费，在富国和穷国间，实现他们对教育的承诺。值得注意的是，在多边援助的过程中，英国政府也善于利用国际热点事件，扩大对外教育援助的影响力。例如，2008 年 DFID 支持全球教育运动（Global Campaign for Education），该活动承诺将 43 亿美元用于援助国的教育，支持 4000 万名学生。[2]同时，英国也支持全球教育运动领导“目标 1”。目标 1 由全球教育运动领导，旨在收集上百万的球迷签名，这些球迷对非洲首次举行的世界杯有所期待。这些签名将被添加到请愿书中，要求世界各国政府采取更多行动，让每个孩子都能上学。英国政府强烈支持“目标 1”，相信更多的儿童能够在该运动的带领下得到帮助。

三、经费其他项目使用

英国政府相信，当代年轻人生活在一个相互依存的世界中。因此，DFID 与英国儿童、学校和家庭部（Department for Children Schools and Families，DCSF）共同发布了新的战略。英

---

[1] DFID. Learning for all：DFID's education strategy 2010-2015［R］. London：DFID，2010：47.

[2] DFID. Learning for all：DFID's education strategy 2010-2015［R］. London：DFID，2010：47.

国教育部对 DFID 提供了极大的支持，将全球学习纳入英国课程系统中。2010 年，英国政府投资开展“全球学校合作”（Global School Partnership，GSP）项目，向 250 万名学生开放 2000 多个学校网络链接，提供更多的教育资源，服务于全球的广大师生。2010—2015 年，由于经费投入的增加，“全球学校合作”项目的涵盖范围也增加了。到 2012 年中期，全球服务学校增加了 5000 所。同时，DFID 与 DCSF 开展合作，对这些学校网络项目进行系统评估，检测网络教学的效能。[1]

DFID 直接与英国理事会合作，通过高等教育发展合作（Development Partnerships in Higher Education）项目，在 22 个国家建立高等教育体系，提高了非洲和亚洲 200 个以上的高等教育机构的发展能力。[2]而在 2008—2009 年度，英国理事会提供 4.14 亿英镑用于教育。这笔经费中，有 2 亿英镑的援助资助（grant-in-aid）经费来自外交部，850 万英镑的教育专项经费来自其他政府部门，包括儿童商业创新和技术部（Department of Business Innovation and Skills），儿童、学校和家庭部（Department for Children, Schools and Families）。

此外，为了维护社会秩序公平，在开展多边援助的过程中，DFID 也会设置一部分经费用于短期教育援助紧急事务的处理。例如，在与 UNICEF 合作的过程中，DFID 连续四年向 UNICEF 提供经费共计 400 万英镑，提高该组织的紧急处

[1] DFID. Learning for all: DFID's education strategy 2010-2015 [R]. London: DFID, 2010: 48.

[2] DFID. Learning for all: DFID's education strategy 2010-2015 [R]. London: DFID, 2010: 35.

理能力。例如，UNICEF所管理的“挽救儿童联盟”（Save the Children Alliance）项目，确保其提供的教育服务能够满足人道主义需求，修复并重建受援国的教育系统，让受援国的教育系统恢复“常态”，帮助儿童接受教育。[1]

---

[1] DFID. Learning for all：DFID's education strategy 2010-2015［R］. London：DFID，2010：23.

第四章　英国对外教育援助政策的评估

对英国议会、英国公民和 DFID 的合作者（受援国）来说，评估是检验英国对外教育援助政策实施成效的有效手段，也是一种有效的问责方式，帮助援助方和受援国更有效地了解援助政策制定、实施与影响。为了在援助政策实施的过程中做到“管办评”分离，英国对外援助评估工作也是通过项目承包的方式开展的，通过承包商（或者第三方机构）的介入，实现评估结果的客观公正。在评估的过程中，英国也采用了嵌入式评估（Embedding Evaluation）方式，加强了对援助政策制定、实施与影响的干预，旨在提升英国对外援助经费的使用价值和效率。在 DFID 的努力下，英国已经通过国际合作，开发出了有关对外教育援助的国际政策标准和最佳援助实务。[1]

---

[1] DFID. Evaluation reports [EB/OL]. (2013-10-07)[2017-11-05]. https://www.gov.uk/government/collections/evaluation-reports.

第一节　英国对外援助评估体系的设计与应用

在对外教育援助的过程中，评估本身是一种政策实施的保障手段，在对外援助的过程中能够通过收集高质量的证据，确保评估结果的有效性，促进对外教育援助措施的改进。为了了解英国对外教育援助政策实施的情况，改善对外教育援助的评估质量，2013 年，DFID 对以往的援助评估项目进行了总结，设计了一套新的评估系统，并制定了明确的评估框架。这套对外教育援助评估框架需要关注援助自身的评估行为，并指导援助的投资方向，扩大援助政策的影响力。

一、政策评估方案的设计

英国对外援助评估体系有一个重要的职能就是评估援助政策实施的成效。在开展援助工作的过程中，DFID 与其他组织和受援国（合作者）一起工作，共同开展评估工作，并分享评估的成果和经验。为了使英国对外援助评估体系更加符合国际援助的需求，更加适用于援助合作的模式，DFID 重新考量以往对外援助的评估活动及其存在的问题，并于 2013 年发布了《DFID 评估政策》(DFID Evaluation Policy)。该文件的发布进一步规范了英国对外教育援助评估标准、结构和方法。需要强调的是，该政策适用于所有英国开展的对外援助项目。

（一）评估的目的

评估的主要目的是对援助项目的优势、成效和价值进行检测，并根据评估结果改进对外援助的措施。特别是在对外教育援助评估的过程中，多使用来自人文与科学领域的研究方法，提升了评估的人文性、科学性和有效性。

在 DFID 开展的援助活动中，评估是证据议程（Evidence Agenda）的重要组成部分，也是组织间援助成效检验的工作之一。评估作为一种手段，其结果本身会对援助项目的发展提供信息的补充，引导援助项目的改进和发展，并能够促进援助成效的实现，旨在为英国对外教育援助政策的制定提供依据。更为重要的是，评估也是英国政府向纳税人展示经费使用价值的有效手段。

为了实现对外援助目标，DFID 对评估项目的原则作了明确规定。第一，提供更清晰的援助方向，并在整个评估项目中保证目标的统一性与连贯性；第二，进一步关注那些影响评估的资源和要求，确保高质量的评估结果；第三，根据证据议程，改进评估的管理方式与资源使用方式；第四，DFID 要促进政府决策的需求、利益相关者的需求和媒介的使用目的保持一致，确保评估方式的有效性；第五，在评估管理中，对外援助的改进内容要能够回应现实的问题。评估之后，其评估团队也要跟踪援助项目后续的改进过程与成效。[1]

（二）评估的方式

DFID 通过两种方式评估英国对外援助的成效，即独立评估和嵌入式评估。独立评估是由独立援助影响委员会（Independent Commission for Aid Impact，ICAI）开展的，其对于援助成果的审查至关重要。2015 年，新成立的 ICAI 本身独立于 DFID，并协助国际数据中心对英国对外援助政策实施的成效、价值、有效性进行评估。ICAI 的服务范围涉及 DFID 的评估工作、援助经费投资部门（如英国商务部、外交和联邦事务部、卫生部等）的评估工作，以及 ODA 的评估工作服务。

ICAI 由一名总监和两名兼职专员管理，任期为四年。在开展对外援助政策实施的评估工作时，ICAI 要指定一家服务供应商（第三方机构）为其开展工作。在开展评估工作时，ICAI 要求要严格使用证据，并对其证据做循证分析，在适当的情况下，通过实证研究进行评估补充或测试。[2] 此后，ICAI 的评估报告可直接向英国议会的“国际发展特别委员会”（International Development Select Committee）报告。[3]

值得注意的是，嵌入式评估是英国对外教育援助政策实施

---

[1] DFID. DFID evaluation strategy 2014–2019 [Z]. London：DFID，2014：3.

[2] ICAI. About us [EB/OL]. [2018–03–21]. https：//icai. independent. gov. uk/about–us/.

[3] DFID. Evaluation reports [EB/OL].（2017–10–07）[2017–08–30]. https：//www. gov. uk/government/collections/evaluation–reports.

评估过程中主要使用的方式，其目的是要将评估纳入整个对外援助政策实施的过程，要在政策实施的所有周期、所有阶段中开展评估。目前，英国政府所使用的是以结果为基础的经费支付（Payment by Result，PbR，“结果－支付”）方式，其对教育援助的整个周期进行评估。值得注意的是，无论是在设计对外援助政策、收集政策实施数据，还是在评估援助政策实施和实施成效的过程中，PbR 的评估人员需要对评估证据进行有效的区分。实际上，嵌入式评估可视为 DFID 对英国对外援助政策实施的一项管理工具，强调评估的设计、内容及其结论，都要与评估目标相一致。同时，嵌入式评估能够对 ICAI 所做的绩效评估进行补充。在有效的规划中，DFID 开展的评估是由 ICAI 审查，并通知内部决策机构。

（三）评估结果的维度

DFID 重视全球减贫工作，在其评估中运用专业知识来分析对外援助的成效。评估的结果也能为对外援助政策的制定提供决策参考。在开展对外教育援助政策实施的评估时，英国重点评估对外援助的五个结果（Outcomes）维度，即“焦点”（Focus）、“质量”（Quality）、“合作者”（Partners）、“交流”（Communication）、“文化与使用”（Culture and Use）（见图 4–1）。其中“焦点”“质量”“合作者”“交流”与 DFID 的评估目的、实施、交流及其合作者（包括受援国、国际组织）紧密相关。同时，在规划评估行动时，DFID 要根据这四个结果维度，设计并开展对外援助政策实施的评估活动。需要注意的是，只有四个结果维度共同实现，核心维度“文化与使用”才能得以实现。

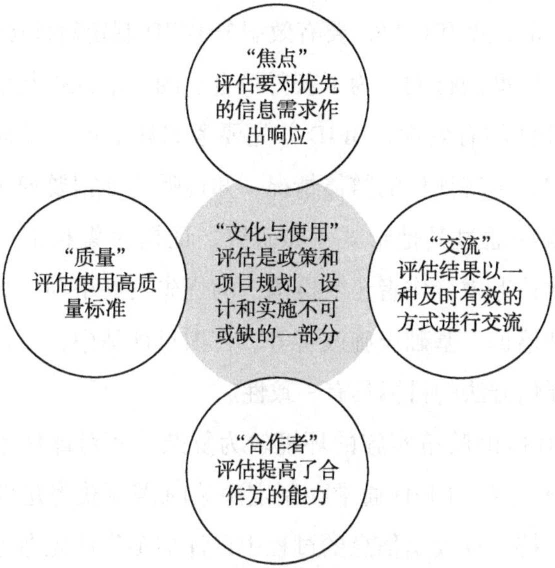

图 4-1　项目评价的结果维度

来源：DFID.DFID evaluation strategy 2014-2019［Z］. London：DFID，2014：5.

（四）信息与证据的收集

在开展评估活动时，有效的评估体系必须保证评估要“切题”、符合评估目标，将重点放在政策制定者和项目管理者对于信息与证据的需求之上。评估能够全面整合并使用来自研究、督导和审查活动的信息，之后发布评估报告。评估中的发现或结果，必须纳入整个评估项目的成果中，相关的评估经验也会纳入有关援助评估的学习素材中。在评估后，评估的结果要在英国对外援助政策的决议中有所反馈。

在服务对外教育援助政策制定方面，英国政府强调，通过评估获得的证据和信息，要有效服务 DFID 制定对外援助政策，规划对外援助的行动。为了获得最合适的评估证据与信息，保证援助评估的有效性，DFID 首先要考虑评估项目对证据和信息的需求，了解评估的整体情况，知道哪些证据要通过评估来解决，哪些通过其他形式（如研究、证据收集和审查）来解决。其次，考虑合作者（受援国）的优先发展事项，如女童教育、教师培训、基础设施改善等。在项目评估中，要保证指导纲领与评估方法的目标具有一致性。

DFID 援助政策实施的环境较为复杂，其对评估工作的开展具有挑战性。DFID 通常在制定决策时需要获得足够的证据和信息支持。在收集信息的过程中，评估工作优先考虑检测和收集那些对援助成果产生重大影响的证据和信息。在设计援助政策和项目时，DFID 也会根据评估结果及其获得的证据，对优先援助事项进行合理排序。此外，在开展援助评估时，DFID 也会重点关注经费投入单位（如国家办公室或项目实施团队）和承包方（第三方机构）提供的评估证据和信息。

为了确定评估优先项，DFID 的评估部（Evaluation Department，EvD）与其他 DFID 研究团队和政策团队协作，协调评估的过程，合理使用评估的证据。值得注意的是，英国政府要使用统一的标准选定评估的优先项，每年对其修订一次。同时，英国每年也要发布《DFID 的年度评估计划》（DFID Annual

Evaluation Plan），其中要描述项目的具体事项和评估的优先项。若要明确评估的优先项，第一，政策团队要明确每一项政策下的子项政策（Sub-policy）内容；第二，DFID 政策团队要根据英国政府的要求以及目前和未来的援助项目支出，确定次级援助领域的优先发展项，明确次级援助领域之间的差别；第三，在子政策领域中，DFID 也需要政策团队加入评估过程中，对援助政策实施的措施进行评估；第四，审查现有的计划评估方案。

（五）评估决策的制定

评估决策是指在开展评估项目时，决定该项目是否需要开展评估以及在多大程度上开展评估等一系列事项的考量。DFID 采用分权模式（Decentralised Model），将评估项目委托给第三方或者合作方（如受援国），并支付所委托的评估单位（也称“经费投入单位”）援助经费，支持其开展援助政策的评估。DFID 认识到，不同的援助问题需要不同的分析方法与评估方法。因此，在外包评估项目时，竞标者要详细列出开展对外援助政策评估的方式与方法，确定决策评估的类型，也就是说，评估的决策是由经费投入单位最终决定的。

在开展评估前，经费投入单位要分析内、外部利益相关者的需求，制定评估方案或评估决策。内部利益相关者包括项目团队、经费投入单位（如国家办事处）、政策团队、研究团队和高级管理团队等。外部利益相关者包括所有潜在的评估用户，包括 DFID、受援国、合作方、发展机构和学术团体。在进行项目评估时，需要考虑客观因素，如项目是否具有可评估性、项目团队或经费投入单位的评估能力如何等。同时，制定评估决策还需要使用评估决策工具（Evaluation Decision Tool）来支持其过程。表 4–1 列出了决策标准与对应的问题。

表 4–1　决策标准与对应的问题

标　准	问　题
经费投入单位的战略重要性	·在经费投入单位的业务计划中，该项目对预期结果的贡献大吗？
DFID 的战略评估优先项	·在年度评估计划中，项目是 DFID 要优先评估的吗？
证据基础	·项目是否解决了年度评估计划中规定的证据差距？预期是否达到？ ·在地方层面，评估是否有助于理解和学习发展效能？
按比例增加	·作为一个试点，项目是否能通过评估结果影响未来筹资或扩展？
规模/风险/创新	·该项目是财政资源的重大投资吗？ ·若有风险或其他问题，需要开展深入和全面的调查吗？ ·干预措施是否为创新的，以前没有尝试过的，所以迫切需要证据来证明其有效性？
需求和效用	·重要合作者需要评估吗？ ·这些调查结果影响政策制定和项目改进的程度吗？
可行性	·评估可行吗？干预措施可以评估吗？
及时性	·为了将调查结果用于关键决策，评估工作是否能及时完成？

来源：DFID.DFID evaluation strategy 2014–2019［Z］.London：DFID，2014：7–8.

DFID 将评估项目委托给第三方后，评估决策不仅由第三方制定，而且由第三方机构负责具体实施。为了指导经费投入单位开展评估工作，DFID 的评估决策工具将评估内容的等级分成三类，即"必须评估""需要考虑的评估""不用充分评估"，从而确定评估的优先等级和重要性。

经费投入单位的负责人根据评估决策工具，确定评估的等级和分值。如果评估的决策内容与评测等级的结果相反，那么经费投入单位在报告中就要作出明确的解释。在对受援国开展评估时，评估的方式（包括独立审查或绩效监控）可以多样，但要适宜。在评估中，等级较高的评估结果不再需要进行全面评估。

经费投入单位将使用评估决策工具来制定对外援助政策评估战略，并对所有新的援助项目作出评估决策。对于现有的评估项目，该决策工具可以用来检查评估的标准。此外，EvD 负责对 DFID 的评估项目进行监测，并撰写报告。该报告每年要向英国投资委员会（Investment Committee）提交。

二、政策评估项目的管理

（一）评估团队的建设

1. 评估指南的使用与要求

在开展对外援助政策项目评估时，DFID 的评估指南指导着评估者有效地设计与管理评估。该指南分为两种类型，即

《技术指导》（Technical Guidance）和《程序指南》（Procedural Guidance），均用来认证评估人员的资格。DFID 评估的《技术指导》主要适用于评估的设计者、管理者和使用者，并为他们提供技术帮助。《技术指导》中包含有关评估的国际实务案例、评估方式与方法的研究论文，以及 DFID 对评估的准备或委托注释。《程序指南》主要适用于评估管理和实施的负责人。《程序指南》规划了在何时、为什么以及如何开展评估，并列出了开展评估的辅助参考。为了让援助评估人员更好地了解该指南，DFID 也设置了在线辅导课程，DFID 有权让委托和管理评估的工作人员完成《程序指南》要求的“一对一”在线课程。此外，EvD 设计并推广一套结构化的培训课程和材料，这些课程和材料适用于有权委托和管理评估的工作人员。

2. 第三方评估的合作要求

在开展评估前，DFID 在全球寻找专业的评估服务商。根据 DFID 的《评估能力发展战略》（Evaluation Capacity Development Strategy）要求，DFID 重点关注英国的合作国以及其他地区评估人员的技能与能力。EvD 与评估第三方机构一同合作时，需要强化了解 DFID 的评估实务标准以及质量评估预期。为了促进合作的开展，EvD 要任命一个商业领导（Commercial Lead）为国家办事处和其他经费投入单位提供电话咨询服务，并跟踪第三方评估的进展和结果。

3. 评估人员的资格要求

DFID 内部有一个专业的评估队伍，其中包含评估专家和一些通才人士。DFID 的评估战略实施依赖于专业化的评估团队。在整个评估周期内，这些团队的成员不仅能够实现评估项目的委托需求，也需要发挥其领导力作用。为了确保较高的专业评估水准，评估人员的资格认证要参照评估资质的要求，其认证模式既能认证通才专家，也能认证评估专家。

值得强调的是，评估专家必须接受正式的职业资格认证。对评估专家来说，资格认证具有强制性，要求持证人员在12个月内进入相关岗位或调动到相关部门。评估领导则要掌握必要的评价技能，并分阶段接受评估资格认证。这两类评估人员都要接受年度考核，确保援助评估项目的专业性。同时，为了有效地开展评估项目，所有的经费投入单位（第三方）要确保有足够数量的评估领导和专家。实际上，DFID的评估人员促使嵌入式评估方法的影响得到了最大化发展。EvD也要加强评估领导的队伍建设，与DFID共享评估过程中的实践经验和教训，并将其广泛地应用于评估的项目中。

为了区分评估专家的身份，评估资格认证模式在设计时，将所要认证的专家分为两组。一组是评估专家。无论是在EvD中，还是在政策或经费支出团队（Spending Team）中，评估专家的身份和职责都要获得认证。另一组是评估领导（Evaluation Leads）。他们以评估负责人的身份参与管理和评估，并通过正式培训和亲身体验，获得设计和管理评估的专业知识。为了突出评估的专业性和质量，DFID要求所有评估人员的技能要与评估战略需求相一致。值得注意的是，为了保证专业人才自身的专业水准，评估专家也需要不断接受培训。实际上，通过专业学习与课程发展，两组成员都会在专业上得到提升。评估领导也可以通过专业学习，不断地提高专业技能，成为评估专家。

（二）政策评估的质量保证

在评估政策实施的过程中，DFID 非常重视对外援助的质量保障，努力提升评估工作的质量及有效性。在加强委托和管理评估项目的过程中，DFID 致力于在整个组织机构和相关项目领域提高对评估工作的理解。DFID 通过委托竞标，选拔专业的评估机构开展评估，提高对外援助评估项目的整体成效，并获得高质量的评估结果。在国际援助的过程中，DFID 通过评估手段，保证了 EvD 在指导评估发展、技术使用和商业拓展等方面发挥更大的作用。

1. 完善政策的制定

在对外援助政策制定后，英国政府都会根据实际情况，适度更新并完善政策的具体内容，调整相关的政策体例，但这些属于微调，改动不大。若要改动政策内容，还需要对政策进行测试和评估。在进行政策测试与评估时，制定者要提出政策改进的解决方案，并要在政策的设计和实施阶段，确保其方案的适用性。

在政策设计、实施与改进中，政策制定者必须优先考虑评估与测量的影响，并根据“开放政策制定”指南中提供的基本方法和技术（包含定性和定量的技术）开展政策评估。定性技术是密集的、小规模的，适用于非结构化数据的分析。定量技术涉及的研究较为广泛，包括在线调查、数据收集与分析等。

在评估的过程中，无论是小规模还是大型的评估项目，政策制定者都需要重视数据分析人员的建议。实际上，在政策制定之初，该政策的评估方式就已经植入政策的设计之中，帮助政策制定者了解哪些政策决定是可行的，哪些是需要改进的。

此外，由于对外教育援助的复杂性，目前还没有统一的方法来测量政策的影响力。因此，每一项政策都要根据它的性质进行独立评估。但在政策设计之初，测试或评估政策成效的标准必须提前设计好。例如，在 DFID 的对外教育援助实施案例中，4000 名教师接受了培训，但这只是一项援助成效，不能说明培训的 4000 名教师在教学能力等方面都得到了极大的提高，也不能说明他们对学生的教育质量会有很大的影响。因此，在评估政策成效时，需要考虑学生们获得了什么，有什么积极或消极的影响，援助项目是否达到了预期目标等。

通过对评估后的数据结果进行反思，英国政策制定者也能够了解到对外援助政策中有哪些内容适用，哪些内容不适用，并发掘新的政策观点。评估的数据也可以帮助政策制定者区分出政策使用者与受众群体的不同，并基于他们的视角，理解政策制定过程或政策内容中存在的问题。

2. 加强项目的管理

DFID 开展和委托的所有评估，都要以英国政府发布的《智慧规则》为基准，遵循《智慧规则》中的项目管理标准与实务，严格执行包括有关经费价值和商业案例、管理风险和技术质量保证的操作标准。

竞标成功的承包方（或第三方机构）对优先评估项目的委

托和管理承担责任。作为评估项目的监管者，英国评估管理集团（Evaluation Management Group）监督并支持这些承包方开展评估工作。值得注意的是，该集团中要纳入一名 EvD 的评估专家作为成员。

在评估项目的管理中，评估项目优先级要根据对外援助优先项目的重要性来决定。那些认为是最重要的评估内容，会得到专业评估专家的强化管理。英国 EvD 也会提供经费和资源支持这些项目的评估。那些不属于重要的优先评估项目，EvD 也会给予常规的评估支持，包括提供政策、指导材料、培训材料，并获得质量保证服务。这些评估可以通过地方评估专家、评估骨干（Evaluation Cadre）、外部的技术评估咨询部门等多个渠道获得专业的评估支持。值得注意的是，技术评估咨询服务必须由 EvD 机构来委托和监控，但评估咨询服务的资金则要由使用方支付。

3. 提高支持的力度

在整个评估周期中（从设计、实施到最终形成报告的阶段），DFID 要开展“独立质量保障”（Independent Quality Assurance，IQA）。IQA 是一种质量保障活动，该活动由不隶属于任何项目组织的第三方开展。[1] 所有接受 DFID 资助的对外援助项目都要接受 IQA 的评估。在评估复杂、多样的对外援助项目时，IQA 也促进了高质量评估标准的发展。

对于重要的优先援助项目来说，EvD 在整个评估周期中管

---

[1] Super DTP. Independent quality assurance [EB/OL]. [2022-08-05]. https://superdtp.com/independent-quality-assurance/.

理并保障了对外教育援助的质量。对于其他的项目来说，该质量保障由 EvD 的服务管理或由地方委托的独立技术团队来承担。在评估中，项目的监管者也要采用相同的评分标准，定期审查竞标的评估项目，保障其评估工作的质量。

EvD 需要管理两个专业的评估小组，即影响评估小组（Impact Evaluation Panel）和项目 / 专题评估小组（Programme/Thematic Evaluation Panel）。EvD 通过协调援助项目，将这两个评估小组引入对外援助项目，参与评估工作，以期支持优先评估项目的管理与其质量。在影响评估阶段，影响评估小组要给予第三方评估的管理者和顾问支持和帮助。项目 / 专题评估小组也具有与影响评估小组相似的职能。实际上，该小组最初的职责是识别、发展、测试评估设计，保证其可行性和适用性，并改进项目和专题评估。这些小组会聘用有专业技能、时间合适的外部专家以及 DFID 的内部人员，组建援助政策实施的评估团队。[1]

4. 加强监督与审查

在评估项目中，EvD 通常使用定量和定性的方法，全面监控所有评估项目的质量。定量和定性的使用方法则要在对外教育援助的政策规划中详尽列出。同时，EvD 要在年度报告中说明提高对外援助评估质量的措施以及质量进步的方面。对那些不符合独立质量评审标准的、存在争议的或需要进一步审查的援助项目，质量评审委员会（Quality Review Board）要再次评估其项目的质量。之后，该委员会要对所有 DFID 的评估项目

[1] DFID. DFID evaluation strategy 2014–2019［Z］. London：DFID，2014：10.

撰写一份报告《年度质量评估》(Annual Quality Review)，以便随时跟踪对外援助政策实施的评估质量。

此外，DFID的对外援助评估策略每年由英国投资委员会监督和检查。英国EvD每年向投资委员会提交一份年度评估报告，该报告总结了哪些评估策略实现了，哪些评估策略需要改进。评估策略若要变更，也必须由投资委员会批准后方可。

DFID的年度评估计划（Annual Evaluation Plan）需要得到英国投资委员会的批准。基于评估战略中规定的成果，该评估计划规定了评估的优先项与需要开展的活动。EvD的年度评估计划也要由投资委员会批准，EvD还要监督评估计划的进展情况，并向投资委员会提交年度报告。该报告中包括：根据对外援助的主题，对项目的数量和其价值进行预测评估；分析已发布的评估结果并跟踪评估进展；优先评估项目的开展情况；政策小组和EvD联合委托的主题评估列表内容及其实施情况。

三、政策评估结果的交流与合作

(一) 及时、有效地交流评估结果

DFID的评估战略旨在改善评估的交流、传播与使用。该战略确定了评估知识产生和沟通的三个层面：在独立评估层面，每一个已经完成的评估项目都需要有文档记录，同时还要分享评估结果，并对评估经验和知识进行交流；在专题组合(Thematic Synthesis)层面，要综合多个独立评估的结果，收集

相关知识，增加评估经验，并将其整合，形成有利于分享的评估成果；在战略交流层面，DFID 的评价项目要与外部的利益相关者和公众进行沟通。

1. 独立评估的交流

最直接和最快速的交流形式是宣传、记录和共享知识。这三个方面是由独立评估团队和委托的评估机构实施的。实际上，对外援助评估的授权调查范围（Terms of Reference）必须包括一个宣传计划，而委托团队负责该计划的实施。作为质量管理与保障的一部分，这些单独的评估交流计划需要进行严格监督，保证 DFID 评估方式能够在援助项目中有效地开展。在公司（机构 / 部门）层面，EvD 和其他的研究和证据部门（Research and Evidence Division）一起，通过发表出版物、进行知识共享活动（Knowledge-sharing Events）以及整编数据文档，来开展独立评估的项目交流，提高对外援助评估结果的认知及其使用。

值得注意的是，这些交流的有关评估的知识、经验和内容会被收集和管理，为之后的对外援助政策的实施及其专门的评估项目开展提供参考。同时，在年度评估项目中，DFID 每年也要制定预期的评估项目并规划独立的宣传任务。

2.DFID 评估的交流

作为英国对外援助的执行者，DFID 开展的评估交流主要包括宣传经验与知识共享两类行动。需要说明的是，DFID 本身具有无可比拟的影响力和权威性，能够直接管理并开展经验宣传与知识共享，其目的是让有效的评估方法和有质量的评估结论迅速传播，并在此过程中建立一个有关评估效能的知识库。

在此过程中，DFID 对援助经费的使用情况有问责的权利，特别是英国的嵌入式评估方式对援助政策实施进行阶段性评估时，监督援助经费的使用情况，关注经费的使用效率和价值。此外，DFID 每年的年度评估交流计划也制定了有关对外援助政策实施的交流事项，规划了其交流的渠道，明确了交流的受众目标。非常重要的交流内容要记入 DFID 的年度评估项目中，并由投资委员会监督。在这个层面，交流的方式通常包括评估的总结记录、评估案例、年度评估报告及其他正式报告文件。

（二）提高援助合作者的能力

DFID 促进了合作政府、智库、非政府组织、民间机构组织和多边机构对评估证据的需求与使用，强化了评估的委托程序、设计方式和宣传能力。在开展学术和咨询工作时，DFID 也促使国际发展评估机构提供高质量的评估证据。

首先，DFID 通过项目投资，增强合作方的评估能力，特别是合作政府和多边机构的评估能力。根据《评估能力发展战略》（Evaluation Capacity Development Strategy）中的规定，DFID 对项目评估战略整体框架进行编制，强调提升评估工作能力的发展，重视对外援助投资项目的审查（包括对相关的研究能力建设项目的评估），以此为援助评估的战略规划提供依据。

其次，提高合作方的评估能力。根据对外援助政策实施的实际情况，建立并维护有效的监测和评估系统，以期获得高质量的评估证据，确保英国纳税人的钱能够在多边项目中有效使用。这些证据也被用来影响未来对外援助政策的制定与实施。同时，在DFID参与的多边援助项目中，英方也需要帮助合作方提高援助的评估能力。这些评估的承包方或者说是合作方本身成分多样。英国政府希望雇用专业的评估团队开展评估工作，得到可靠的评估结果，服务未来政策制定的切实需求。

在评估对外援助政策实施的过程中，DFID的核心作用是促进评估能力的发展，巩固以证据为基础的政策环境。通过合作方机构、政府、非政府和私营部门的合作，维持并建立高效的评估体系，增强承包方（第三方机构）回应评估需求的能力，强化评估结果在全球的影响力。

第二节　英国对外援助的评估方式

在英国对外援助政策实施的过程中，DFID重视援助评估的方式及其结果的应用，强调评估能够量化出受援国教育发展过程的增量与效能，直观反映出其教育进步的程度。值得注意的是，英国对外教育援助政策实施的评估模式已经嵌入援助项目中。该模式不仅重视援助项目的设计、实施与影响，也有利于经费使用价值的提升，并促进受援国教育发展与其评估能力建设。

英国政府每年都会支出大量的经费用于对外援助的建设。

但是，DFID意识到，要想提高援助经费的效能，投资的方式不能只按计划而不顾实际情况。为此，英国DFID引入“结果－支付”模式。以结果为依据来计算经费的支出，可视为对外援助绩效的一种改进方式，具有可测量性。❶

PbR模式照顾到了对外援助政策实施与其项目评估的双重属性。该方式的运用是在援助政策实施的过程中对其进行评估，是将评估方式嵌入对外援助政策实施的过程中，用于监督援助政策实施的过程和结果。同时，该方式也照顾到了经费的使用效率。在对外援助政策设计时，援助者就订立了一套经费支付的规则，按照援助的结果来支付经费。DFID在使用PbR模式开展援助时，并不会对任何的合作组织与合作国家的援助经费有所限制，也不设定最低的支付金额，而是采用PbR模式，评测出援助经费的所需额度。

值得注意的是，以结果为依据来计算援助经费的支出是一种新的经费拨款形式，可以通过受援国教育发展的实际情况，改进评测的结果和援助的成效，并决定援助经费的额度。近些年，在英国对外援助政策实施过程中，愈来愈重视PbR模式的使用。目前，PbR模式已经广泛植入英国与受援国政府的合作中，约三分之一公共预算经费与其对外援助的成效挂钩，而在英国对外教育援助的政策评估中也广泛适用。图4-2展示了DFID计算对外教育援助经费的基本流程。❷

---

❶ DFID. DFID's evaluation framework for payment by results [R]. London: DFID, 2014: 4.

❷ DFID. Sharpening incentives to perform: DFID's strategy for payment by results [R]. London: DFID, 2014: 6.

1.在PbR中，支付应该与成绩或者产出相关，如学习改进、成绩提高

2.若受援国的绩效改进能够测量，那支付也可参看中期产出或其过程

输入	过程	产出	结果	影响
在项目中加入什么样的资源，能够推动事情的发生	使用输入的资源，促进结果的产生	短期内，在过程中传递什么	过程或行为的中期影响	长期而广泛的改变
为培训计划和服务提供预算	为教师提供培训	更多的教师培训	孩子们获得较好的成绩	人民收入提高并享受幸福

3.基于成绩的支付十分重要，也是PbR的创新形式，DFID因此会有更多行动

图 4-2　PbR 教育援助经费流程

来源：DFID.Sharpening incentives to perform：DFID’s strategy for payment by results ［R］. London：DFID，2014：6.

一、“结果 - 支付”的评估设计

DFID 相信，PbR 模式是一种创新的对外援助政策实施机制，是一种新的援助融资形式，也是一种以结果为导向的评估方式。在对外援助政策的实施及其评估中，PbR 模式使得英国对外援助投资的着眼点从“投入”的关注转向援助“产出”（结果）的重视，其经费的支付依赖于评估结果的独立验证，这为改变贫困的受援国和地区提供了能够量化的改进方式。这种方式也改变了委托商和承包商开展援助的方式，不仅提高了承

包方开展援助的专业化水平，也促使项目承包商、合作政府持续有效地开展援助活动。

（一）“结果－支付”模式的理论变革

英国政府相信，开展对外援助最有效的方法，是将援助工作建立在证据的基础上，提高经费的使用价值并影响其成效。[1] PbR 模式本身符合英国政府期望的属性。在全球的发展与合作中，PbR 模式的概念和使用越来越受欢迎，由于援助方式发展和影响不同，实施 PbR 模式的定义和方式也有所不同，并进化出不同的援助方式，如“货到付款”（Cash on Delivery）等（见表 4–2）。

由于援助项目的不同，PbR 模式的理论和形式也在不断地变化。但不管 PbR 模式如何变化，该理论的核心目的（以证据为基础，经费的有效使用）始终保持一致，并能够促进 PbR 模式在更多的环境中适用。实际上，根据项目性质的不同，PbR 模式的使用也会采用不同的方式对项目进行设计、实施、评估和管理，从而产生不同的结果和成效，而这些结果是通过 PbR 模式的应用获得的。

考虑到 PbR 模式的多样性，DFID 鼓励更多不同背景的专业人士参与项目的设计，并反映在 PbR 原理的变化中，这些变化将成为 PbR 理论发展的一部分。此外，也要对 PbR 项目实施的步骤进行评估和观测，引导并改进援助实施的结果和成

---

[1] PEREIRA J，VILLOTA C. Hitting the target? evaluating the effectiveness of results-based approaches to aid［M］. Brussels：EURODAD，2012：8.

效，并进一步改进 PbR 模式项目设计和实施。

表 4-2　PbR 理论的改变

目　标	理论的改变
问责	增加结果的可视性 → 给予捐赠者和受益者更高的保证
激励	以结果为依据的支付 → 调整激励机制，执行者为了达到结果要不断努力
弹性/效率	关注结果 → 为了有效地实现结果，允许实施的方式和过程有所调整
创新	难以实现的目标和结果 → 给供应商提供空间，对不同的创新方法进行试点、监督和评估，不断提高成功率，减少失败

来源：DFID. DFID's evaluation framework for payment by results［R］.London：DFID, 2014：5.

（二）对“结果－支付”的分类

从国际教育援助的视角观察，捐助者与国际组织对 PbR 的定义有所不同，但如果经费支付是在达成预先目标之后进行的，那么 DFID 将其称为 PbR。若是以证据为基础的其他种类的 PbR 模式，则是从全球战略合作中发展出来的演变模式。例如，在健康与教育援助项目活动中，PbR 关注健康和教育部门收集到的证据，发展出“以财政为基础的结果”（Results Based Finance，RBF）模式。2014 年，DFID 在对外援助发展战略规划中，根据 PbR 的使用情况划分了三种不同的 PbR 模式，即以财政为基础的结果、以援助为基础的结果（Results Based

Aid，RBA，“结果－援助”）和发展影响债券（Development Impact Bonds，DIB）（见图 4-3）。

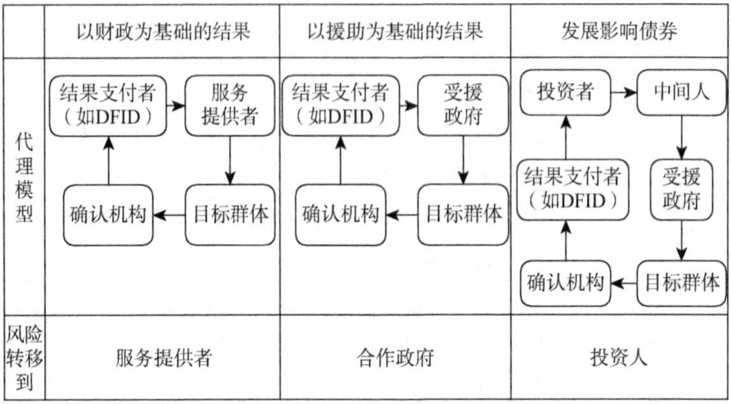

图 4-3　PbR 的三种不同模式

来源：DFID. DFID's evaluation framework for payment by results［Z］.London：DFID，2014：6.

事实上，以上所有 PbR 的理论与模式，取决于两个基本假设：第一，经费支付取决于产出（Output）或结果（Outcome），而不是政策的实施行为，所以存在风险转移；第二，经费支付（或付款）取决于独立的验证结果（Verified Results）。[1] 图 4-4 以受援国儿童疫苗接种为例，反映了援助项目从经费“输入”到援助“影响”的整个过程，以及 DFID 在援助关系中，对“经济”“效率”和“效能”的理解。

[1] DFID 的 PbR 策略是将“Result”定义为“输出”或“成果”，或者是提高绩效的过程。

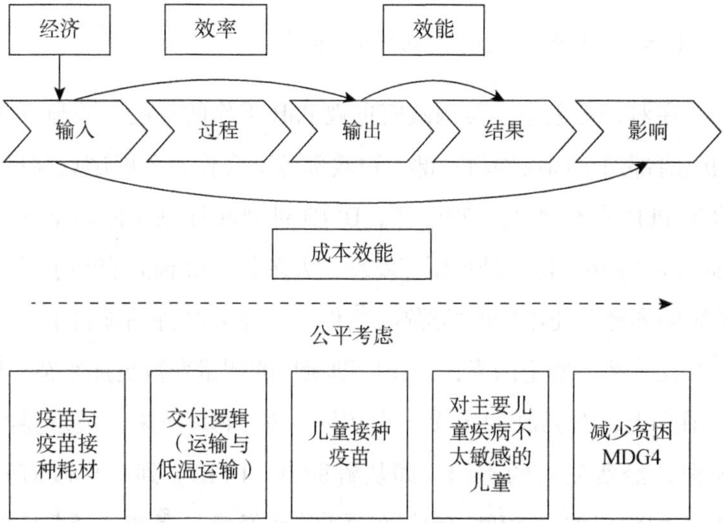

图 4–4　DFID 对经济、效率和效能的理解

来源：DFID.DFID's evaluation framework for payment by results［R］.London：DFID，2014：7.

注：结果链中的“影响”与“影响评价”中的“影响”有所不同，后者可衡量干预措施对“结果”或“影响”的成效。

由于实施的地区背景和项目种类的差异，不同的 PbR 模式在援助项目的开展中有不同的优势，可以总结为四点：第一，通过 PbR 合约，激励并提高了援助项目的实施效率和效能；第二，对援助项目的输入（经费）或输出（结果）不作明确规定，在项目的实施中增加了创新的潜力，提高项目实施的灵活性；第三，对于结果来说，增加了项目的问责和透明度，重点关注结果和绩效；第四，增加了干预政策经费使用的价值。

（三）“结果－支付”的评估作用

在对外援助中，英国政府重视 PbR 工作的开展，并与不同的政府部门（如英国教育部、财政部等）合作，开展试点项目，验证 PbR 的有效性。2012 年，DFID 对 PbR 评估（Evaluation of Payment by Results）进行研究发现，大多数 PbR 模式有利于援助的影响和经费使用价值的提高。[1]但是，在 PbR 评估项目中，由于存在一些不确定因素，这让援助项目的测量变得更加复杂。[2]在国际上，对 PbR 的定义不大相同。对 DFID 来说，最重要的区别是经费流向的不同，即从资助方（DFID）到合作政府间（Result Based Aid，RBA，包括在援助实施经费），[3]或者经费从资助方（或政府）流入服务提供者（RBF）（见表 4-3）。

实际上，RBA 和 RBF 的模式中均包含三个要素：基于结果的支付；援助国有自由裁量权，即援助国有权利决定援助结果如何实现；验证结果[4]，这是经费支出的关键。对 DFID 来说，要在不同领域用 PbR 的不同方法进行试点测试，这些试点项目从一开始就建立在严格的验证和评估系统之内，并着眼于评估的结果。

---

[1] PEREIRA J，VILLOTA C. Hitting the target? Evaluating the effectiveness of results-based approaches to aid［M］. Brussels：EURODAD，2012：8.

[2] PEARSON M. Results based aid and results based financing：What are they? have they delivered results?［R］. London：HLSP Institute，2011：1.

[3] Centre for Global Development. Cash on delivery aid［EB/OL］.［2017-10-14］. http：//www. cgdev. org/section/initiatives/_active/codaid.

[4] 这种验证是，通过质量审核过程，检查结果的准确性，以确保测试是免费的、公平的，并且标准是一致的。

表 4-3　不同 PbR 模式的选择

评估项目	以财政为基础的结果（RBF）	以援助为基础的结果（RBA）	发展影响债券（DIB）
证据的影响程度	中等（主要在健康方面）	新出现	未测试
DFID投资的项目	乌干达：RBF健康项目；以DFID基金为基础的健康成果创新信托基金（Health Results Innovation Trust Fund）	卢旺达：RBA教育项目	乌干达：昏睡症DIB（开始阶段）
其他捐赠者的项目	GPOBA（世界银行与其他捐助者）服务实施外包给第三方（通常是私立部门），接受经费以补充或替代使用者的费用	世界银行的成果项目（World Bank Programme for Results）：合作国具体的资金支出项目。“支付与指标相联系”（Disbursement Linked Indicators）以及稽核代理中介	未开展的DIB项目；有一个类似的英美合作“社会影响下的债券”（Social Impact Bonds，SIB）项目（如彼得伯勒SIB）
	不同捐赠者（EU、USAid、DABIDA以及许多NGO组织）支持的多重RBF健康项目	欧委会MDG合同（European Commission MDG Contracts）：由于兑现了治理的承诺，向其政府支付的报酬	
	GFATM（混合物）：3—5年的经费项目在头两年就实现了绩效		

来源：DFID. DFID’s evaluation framework for payment by results [R]. London：DFID, 2014：11.

有效的评估能够更好地体现出 PbR 模式中证据的价值，例如，RBA 主要是基于监测数据，是一种相对较新的模式。同时，政府也可以将更多经费投入更需要的援助领域，确保经费使用的价值和效能。但是，在印度尼西亚的农村地区，通过对 RBA 项目的研究发现，RBA 确实对短期健康和教育指标产生了积极影响。❶ 但随着时间的推移，这一积极影响逐渐减弱。研究发现，评估指标和收集数据的时间会对 RBA 模式的应用有较大影响。研究者也发现，RBA 对预算的分配也产生了积极影响，例如，卢旺达教育项目中采用了 RBA 评估，该试点项目与目标群体的发展呈正相关。❷

二、"结果 – 支付"的评估开展

（一）"结果 – 支付"的招标与职责

在对外援助评估项目招标前，DFID 要确定评估的需求和经费的预算，为其项目寻找独立的承包方。承包方要对整个评估项目负责，不仅要设计 PbR 的评估指标，也要管理 PbR 的评估实施。每个评估项目都要有明确的操作说明，即如何管理

❶ OLKEN B，ONISHI J，WONG S. Should aid reward performance? evidence from a field experiment on health and education in Indonesia [J]. Applied Economics，2014，6 (4)：1-34.

❷ Upper Quartile. Final evaluation report：evaluation of results-based aid in Rwandan education [R]. Kigali：Institute of Policy Analysis and Research-Rwanda，2015：8.

项目评估，如何维护评估质量，如何体现其独立性。在招标过程中，为了保证对外援助成效的监督、检验更具公平性、独立性，DFID 的评估事项要与其他援助事项分开竞标。

DFID 招标要选择第三方评估机构检测学生的学习成绩。具体来说，DFID 准备开展一个项目，它并没有足够的力量完成，它会雇用有经验、有能力的机构实施该项目……比如评估机构，这些机构有专业而完善的评估机制，评估我们（剑桥教育集团）在教育援助工作中做了些什么。（M–AB）

在评估项目的实施中，DFID 要求负责评估的承包方，每一次都要对援助项目的干预措施进行评估，验证对外援助政策实施的质量和效能。同时，评估结果将作为对外援助实施的证据或参考，应用于其他援助项目的设计中。特别是使用 PbR 模式的对外援助项目完成后，DFID 也需要考虑如何将该项目的方法、经验和结果有效地运用到其他的项目中去。

需要强调的是，为了指导 PbR 模式的对外援助工作开展，DFID 的评估部门需要制定评估政策，用其指导对外援助政策实施的评估。为了保证评估政策的实用性和适用性，DFID 会将评估专家派到负责对外援助项目的经费部门，设计并制定项目指南。同时，DFID 的财政与合作绩效部门也会支持对外援助项目的设计和管理，并指导 PbR 模式下的援助经费使用。

（二）"结果－支付"的评估方法

在对外援助项目的准备阶段，DFID要求每一个对外援助项目都要根据《巴黎宣言》（Paris Declaration）的原则[1]，设计援助项目的干预措施与评估方式。每一个评估项目的设计，都要满足计划者、合作方和受益人的需要。PbR模式下的评估项目至少要实现两个目的：第一，为对外援助项目问责提供切实可靠的证据；第二，根据（以往的）证据，帮助对外援助项目选择合适的评估方式。

DFID认识到，有效的对外援助项目必须了解受援国或地区的真实环境和历史背景，能够针对贫困问题有效地提出解决方案。同时，作为一种工具，在开展PbR评估的过程中，评估方还要准确了解对外援助措施是如何对受援国产生影响的，并根据以往的评估项目中所收集到的证据改善援助措施（见图4-5）。

每一项对外援助评估工作都要选择最佳的方式、方法和工具，并回答为什么要使用这些方式方法、援助的预期目标是什么、受众对象是谁、使用什么样的方式。每一次开展政策评估时，DFID都要强调评估的目的、问题和属性，但不会对援助评估的具体方式、方法以及评估工具的使用作任何限制和干涉；也会强调在开展评估的过程中要避免重复数据收集，浪费

---

[1] 《巴黎宣言》的主要内容强调受援国对发展援助的所有权、受援国与援助主体的合作关系、捐助与受援的和谐、发展结果的双方共同责任四大关系。其中所有权、和谐、合作、成果与共同责任被称为"巴黎原则"。

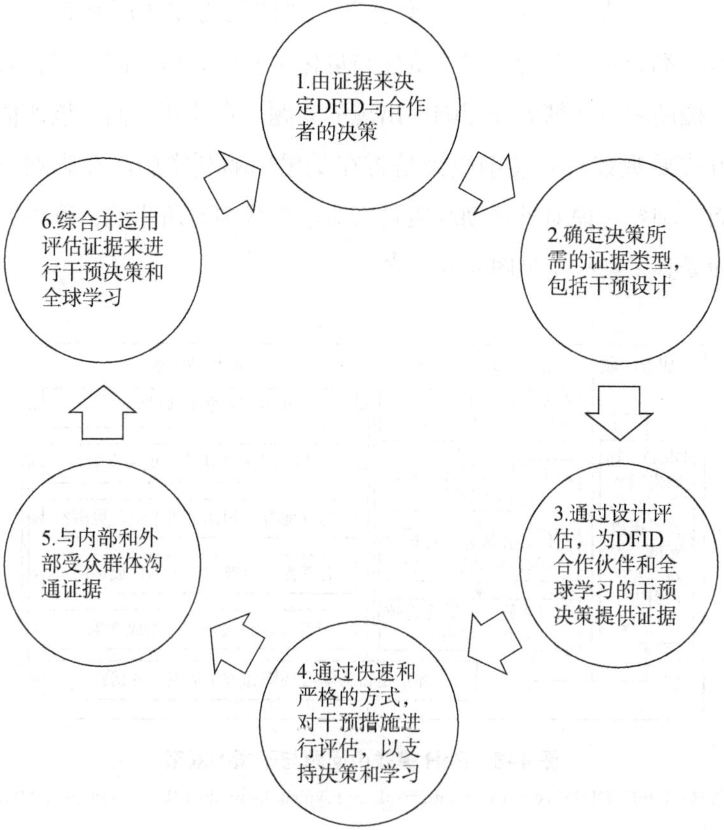

图 4–5　评估周期中的学习重点

来源：DFID. DFID's evaluation framework for payment by results [R]. London：DFID, 2014：16.

评估资源。同时，在评估的过程中，承包方需要考虑到，评估项目在数据验证收集中，是否需要额外的费用；如何将这些数据整合到评估项目中；如何通过数据来衡量对外援助的影响与成效。

一般来说，第三方（承包方）评估机构在使用PbR模式时，都会使用混合方式（质性与量化）开展评估，同时回答对外援助项目在绩效和影响中出现的问题。在绩效方面，该评估方式要观察对外援助政策是否在受援国顺利实施。在影响方面，则要考虑对外援助政策是否对学生成绩有所影响，哪些方面受到了影响（见图4-6）。[1]

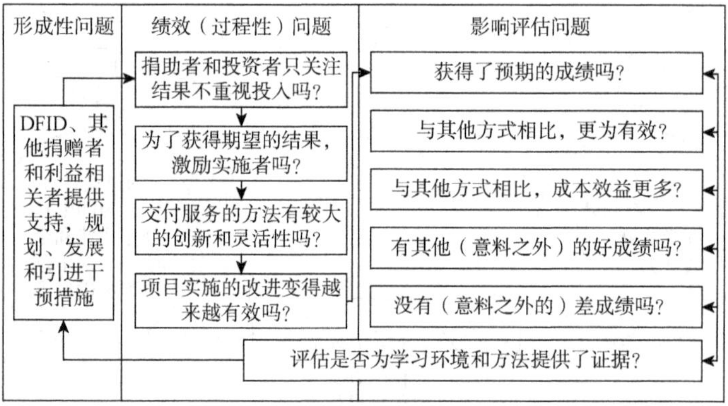

图4-6　PbR模式中问题与干预的联系

来源：DFID. DFID's evaluation framework for payment by results［R］. London：DFID，2014：17.

在对外援助项目开展的前期、中期、后期，PbR模式可以细分为三种子评估模式。一是形成性评估（Formative Evaluation），用于测试对外援助政策实施措施的相关性和可能性，通常用于一些试点项目或小规模的援助项目；二是绩效评估（Performance /Process Evaluation，也称“过程性评估”），关

[1] “影响”一词指的是测量效果，影响评估用于确定干预措施对那些预期和非预期的结果影响。

注对外援助政策实施的过程，在其评估中，也需要对援助的行为进行反馈和干预；三是影响评估（Impact Evaluation），关注政策实施后对援助结果的影响。该类评估的使用较为灵活，可以用于长期或短期的项目，也可用于预期和非预期的项目。

在设计对外援助评估框架时，DFID与第三方机构需要重点考虑两个方面：第一，评估的目的是什么；第二，参与评估的利益相关者是谁。实际上，在对外援助评估的过程中发现，PbR模式对DFID和许多的合作者来说，都是比较新的方式，如RBA模式，若地方政府（合作方）对自身的能力建设感兴趣，他们首先需要了解什么是PbR，并要知晓PbR中的RBA模式是什么，且为何该模式比较适用于自身教育发展的要求。

若要评价一个对外援助项目的绩效与影响，通常需要使用多种评估方式。对绩效评估来说，需要评估整个对外援助项目的实施过程。若要回答援助影响的相关性，可以使用实验、准实验和非实验三种方式验证其影响效果。在PbR项目开展时，DFID鼓励第三方评估机构充分使用混合方式（绩效评估与影响评估）进行项目综合评估，以发现对外援助政策落实的成效及其过程中出现的问题。

使用混合方式的主要目的是帮助项目决策者多角度审视并了解PbR模式的数据与结果。为了使PbR评估结果和证据在其他的背景下、其他的项目中也适用，在数据收集或结果收集的过程中，DFID关注对外援助项目的结果和成效是如何实现的，其中存在哪些因果联系，互动的机制是什么，评估结果与其产生的环境和背景有什么关系，对外援助措施又是如何影响大环境的，起到了什么作用。

此外，混合方式能够识别对外援助项目开展过程中的因果机制，加深对 PbR 评估方法的理解。在项目评估的过程中，许多变量和因素载荷能够解释对外援助政策实施的效果与优势，而这些在使用 PbR 模式开始干预援助项目时并不知晓，也不可能通过其他方法提前得知。因此，PbR 的评估结果，也能改进援助措施的量化模式和评估成效。

第三节　英国对外教育援助的评估项目开展

在英国对外教育援助政策实施的过程中，由于教育的投入与产出难以即刻被评估和计算，所以原始的 PbR 模式并不完全适用于教育援助。因此，DFID 在 PbR 模式的基础上，推出了一项“基于结果的援助”（RBA）的嵌入式评估模式，其核心是以援助结果为基础给予经费支持。该模式以数据监测为准，政府可根据监测结果，将更多经费投入更需要的援助领域，确保经费使用的价值和效能。卢旺达的教育援助评估项目，就是 RBA 模式的应用典范。[1]

[1] Upper Quartile. Final evaluation report: evaluation of results-based aid in Rwandan education [R]. Kigali: Institute of Policy Analysis and Research-Rwanda, 2015: 3.

DFID与卢旺达政府合作，将RBA模式嵌入对外教育援助项目中，以期改进卢旺达学生与教师的教育质量，提高入学人数。RBA计划属于RESP项目中的一部分，历时4个年度（2011—2015年度），总投资超过5500万英镑，其中包括1000万英镑的“创新基金”（Innovation Fund）项目、400万英镑的“能力建设基金”（Capacity Building Fund）项目和80万英镑的“技术援助基金”（Technical Assistance Fund）项目等。在RESP中，“教育服务实施经费”（Education Service Delivery Grant，ESDG）项目是其中最大的教育改革项目，总经费高达4083万英镑。ESDG经费由两部分组成，部门预算（Sector Budget）提供的经费最多，高达3183万英镑，另一部分将会在教育援助项目的实施过程中由英国政府直接提供，每年度提供给卢旺达政府300万英镑。但卢旺达每年度的教育援助成效必须达到预期的计划，否则这部分经费不予发放。[1]

一、“结果－援助”的评估设计

在英国对外教育援助项目的评估中，RBA被认为是援助发展过程中的创新评估方式。DFID会将教育援助评估项目委托给专业的第三方评估机构，对其援助成效和结果进行独立的核查，以确保数据的准确性和可靠性。在卢旺达的项目中，教育

[1] Upper Quartile. Final evaluation report：evaluation of results-based aid in Rwandan education［R］. Kigali：Institute of Policy Analysis and Research-Rwanda，2015：57.

援助项目的评估从项目实施的第一个年度后开始，评估时长跨越了 3 个年度（2013—2016 年度），其主要目的是明确 RBA 模式能够在多大程度上提高并影响教育援助的水平。该项目包括对卢旺达英语教师胜任力的评估，以及对中小学校学生入学情况的评估。在评估开始的阶段，为了确保评估的目标得以实现，评估部门首先要理解什么是评估，强调项目评估的局限与问题。同时，第三方评估机构要设计计算模型，选择评估方法以及备选方法。在“过程评估”中，该项目也要确定跟踪其指标，确定评估项目开展的时长和工作计划。

（一）评估方式的选择与应用

卢旺达 RBA 模式的评估目的与该项目的实施目的相关。对外教育援助项目的实施目的，是希望通过 RBA 模式，帮助学生完成中小学教育阶段的教育任务，让更多卢旺达教师在课堂上使用英语开展教学活动。[1] 因此，围绕教师培养和学生教育两个维度，该项目采用了“过程评估”（Process Evaluation）与“影响评估”（Impact Evaluation）相结合的方法，并在项目完成后继续对该项目进行严格的评估。

使用这两种评估方式需要达到两个目的。第一，“过程评估”要考虑受援国和其他相关参与者对 RBA 模式的反应，包括建立改进教育结果的援助过程。同时，教师和学生是两个重要的观测点，主要观测用英语授课的教师数量，以及在小学、

[1] DFID. Management response & recommendations action plan［R］. London：DFID, 2014：1.

初中和高中的学生人数变化。第二，“影响评估”旨在评测RBA项目对教育成效的影响。与其他教育援助项目相比，RBA评估项目更关注学校各年级儿童入学人数的增加以及对其产生的影响。

由于RBA评估模式已被嵌入整个卢旺达教育部门项目中（特别是其中的“教育服务实施经费”项目），因此，英国政府要全面评估该项目的各环节，并根据受众的类型使用不同的评估方式。同时，该评估也将被卢旺达政府及其相关机构，特别是卢旺达教育部和卢旺达教育委员会（Rwanda Education Board）所使用，帮助卢旺达政府了解本国的教育形势，提高学生学业完成率以及教师英语教学的胜任力。此外，援助评估的结果也将作为证据，为DFID今后的教育援助政策规划提供决策依据。

（二）评估团队的选择与专业需求

DFID需要将教育援助评估项目委托给一个由国际专家组成的小规模核心团队，这一团队会在项目竞标中产生。在投标的过程中，项目投标人必须精确设计出团队工作人员的组成成分，且团队的员工数量和成本需求必须与RBA项目的总体规模成正比。具体来讲，团队领导人必须是资深的评估专家，有较高的职业素养、专业的知识储备、丰富的评估经验，熟知两种评估方式（影响评估与过程评估）的本质与内涵。团队的队员成分中，也要将熟悉数学建模的专家纳入其中，并在评估的基础上，模拟出评估的实施模型，构建RBA项目开展的因果关系。

在评估的过程中，卢旺达政府也要承担某些评估方面的工作。在评估中，政府要学习并提高地方评估机构的工作能力，这也符合可持续发展的要求。在竞标时，若投标人详细规划了如何建立并提高卢旺达的国家评估能力，这类标书要优先考虑。

二、"结果－援助"的评估方式与方法

卢旺达 RBA 教育评估的方式源自现实主义视角，强调援助的结果会受到现实世界环境的积极影响与消极影响。[1]卢旺达的 RBA 评估为期三年，评估方法较为灵活，以满足研究和用户群体的需求。

（一）评估的问题

在评估开展的第一、第二年里，DFID 设计了七个宏观层面的评估问题，这些问题构成了 RBA 的研究、分析和报告的总体框架（见表 4–4）。在评估的第三年，考虑到 DFID 对 RBA 的证据需求、评估的复杂性，以及 RBA 模式在卢旺达项目中产生的变化，评估实施方（项目承包商）有必要修改评估的方法，提供更为细节化的援助证据。

[1] STERN E, STAME N, MAYNE J, et al. Broadening the range of designs and methods for impact evaluations [R]. London: DFID, 2012: 17.

表 4-4　有关 RBA 的宏观层面的评估问题

序号	问　题
1	已经实现了什么?
2	RBA对预设的结果产生了影响吗?
3	影响RBA结果的因素有哪些?
4	在卢旺达教育中,如何看待RBA方法?
5	政府如何回应RBA ?
6	经费的使用价值实现了吗?
7	在卢旺达和其他RBA的项目开展中,学到了哪些经验教训?

来源：Upper Quartile. Final evaluation report：evaluation of results-based aid in Rwandan education [R]. Kigali：Institute of Policy Analysis and Research-Rwanda，2015：1.

（二）影响评估与过程评估的混合使用

在第三年的评估中，RBA 教育援助评估采用质性与量化两种方式，并加入了定量计量经济学和经费价值（Value for Money，VfM）的分析方法，同时，以文献分析法与实证研究法为基础，分析了对外教育援助的实施情况。表 4-5 列举了卢旺达 RBA 项目每年所采用的评估方法，同时也证明了不同方法间的互补性，以期满足整个项目的评估需求。

表 4–5　RBA 模式项目中的研究方式

研究方式	方法	描述	优势	劣势	年份 1	年份 2	年份 3
量化	计量经济学模型	使用国家层面的二级数据资源设计模型，确定RBA开展时可能发生的影响	· 有可能发现重大变化 · 客观 · 有效	· 不能回答“如何”与“为什么”之类的问题 · 无法控制所有混杂因素	√	√	√
	VfM 分析	考虑RBA的可使用性，而不是使用国家层面的二级数据和标准的VfM实践来构建两个反事实	· 考虑RBA成本效益的客观依据 · 对RBA理论辩护的贡献 · 与其他干预措施进行比较的方法	· 建立在多个具有争议的假设上		√	√
质性	以文案为基础的文献回顾	在理解卢旺达目前政治与经济的过程中，通过政策和文献回顾，找准RBA试点的定位	· 结合KII，探索权力的动机、关系、分配与竞争 · 考虑RBA是如何发挥激励作用的	· 基于文案的分析可能无法发现细微而持续的变化	√	√	√

续表

研究方式	方法	描述	优势	劣势	年份		
					1	2	3
质性	国家层面的KIIs	对国家层面的利益相关者进行半结构化的访谈，发现卢旺达政府对RBA的响应	·深入了解利益相关者对RBA的理解和对激励作用的思考	·主观性 ·研究者出现后可能影响研究发现	√	√	√
	以地区和学校为基础的KIIs以及FGDs	与地区/部门的教育官员和校长进行半结构化的KII和FGD，探讨学生学业的完成情况和教师英语的熟练程度	·有可能揭示出做什么、在哪儿做、为什么做以及如何做的复杂性	·主观性 ·情境关联 ·小样本限制了"普适性" ·研究者出现后可能影响研究发现	√	√	√

注：KIIs为"国家层面的重要信息访谈"（National-level Key Informant Interviews）；FGDs为"专题小组讨论"（Focus Group Discussions）。

来源：Upper Quartile.Final evaluation report：evaluation of results-based aid in Rwandan education [R]. Kigali：Institute of Policy Analysis and Research-Rwanda，2015：8.

1.“影响评估”的应用

在RBA试点项目中，“影响评估”使用计量经济学模型，在项目完成后，确定援助所取得的成果以及哪些因素影响了结果的完成。实际上，计量经济学模型在卢旺达学生受教育的不同阶段都建立了虚拟事实模型（Counterfactual Model）。该模型需要数学建模，并在项目实施的初始阶段详细说明为什么要用这一方法。同时，该模型控制了援助实施过程中的各种影响因素，并要了解不采用RBA模式时，卢旺达教育发展中可能出现的情况。[1]对“影响评估”来说，教育援助的规划必须建立一个虚拟事实模型，同时，“影响评估”还要对该模型的预期结果与验证结果进行比较。

“影响评估”分为两个步骤。第一步，确定RBA项目开展后，小学、初中和高中学生完成学业的数量是否增加了。第二步，确定项目其他结果产生的驱动因素，包括RBA试点对这些额外结果的贡献。在某种程度上，该项工作较为简单，是以卢旺达教育部的报告数据和过程验证情况为基础的。但对于可观测的增长情况来说，还有另一种更详细的分析方法，其中包含项目的受益人有哪些，他们的受益情况是否公平，哪些地区受益更多、哪些更少，男童和女童的受益情况如何等。

实际上，使用“影响评估”主要是为了验证RBA模式能否影响不同年级学生完成学业的数量。同时，在其他因素保持不变的情况下，与非RBA的教育援助项目相比，RBA项目是否能获得更高的成效。[2]此外，DFID也希望通过受援国的信息和数据反馈来调整“影响评估”的评估方式与方法。在这种情

[1] 这种模式不可能完全控制住所有的因素，特别是与RBA相一致的国家层面的改变。定性研究能帮助理解RBA的影响。

[2] Upper Quartile. Final evaluation report：evaluation of results-based aid in Rwandan education［R］. Kigali：Institute of Policy Analysis and Research-Rwanda，2015：47.

况下，DFID 要使用最适当的方法，通过数学模型构建反事实数据，预测项目的实施结果，建立项目中的因果关系。

2.“过程评估”的应用

“过程评估”的方式与方法要在 RBA 项目的初始阶段设计完成。在援助项目的投标过程中，评估的方式、方法、类型等要明确写在投标人的标书中，并作详细阐述。评估方法的选择，取决于援助项目的指标与问题，也取决于卢旺达教育部提供数据的情况。

在“过程评估”中，评估实施者（项目承包方）每年要综述卢旺达的政策和文献，并从国家层面、地区层面和学校层面对卢旺达进行定性研究，探索受援国及相关人员对 RBA 项目的理解、态度和反应，同时，也要总结出有助于学生学业完成的因素，以及促进卢旺达教师英语授课胜任力的因素。项目实施的第三年，评估机构需要通过计量经济学、VfM 模型来评估项目，并获得评估证据。在此基础上，定性研究关注影响 RBA 的三个方面：2013 年，初中学业完成人数的增加情况；2014 年，高中学业完成人数的增加情况；2014 年，语言能力评估报告中，教师英语水平的提高情况。[1]

在“过程评估”中，若第三方评估机构想开展大型调查，收集大量的原始数据，DFID 原则上不作任何要求。但在教育援助的重点领域，若评估项目的实施方（第三方）无法获得关键数据，才可以向卢旺达国家系统寻求支持。大部分数据的获

[1] Upper Quartile. Final evaluation report：evaluation of results-based aid in Rwandan education［R］. Kigali：Institute of Policy Analysis and Research-Rwanda，2015：3.

得主要是通过国家数据系统（如 EMIS[1] 和考试数据系统）来收集完成。

（三）评估的影响与结果的使用

在该项目的实施过程中，评估关注并审查受援国和相关人员对 RBA 试点工作的反应，如在 RBA 项目开展中，受援国及相关人员对学生学业完成人数增加的看法等，以此获得更多的有益的信息反馈，保证了 RBA 结构、理念和项目的完善。

在该教育援助项目的实施过程中，评估工作也关注受援国和相关人员对 RBA 项目的反馈。如在 RBA 项目开展中，受援国及相关人员对学生学业完成人数增加的看法等，并以此获得更多的有益的信息反馈，确保 RBA 结构、理念和项目的完善。

同时，RBA 评估项目关注不同性别学生的学业完成情况，探讨教育公平问题，其中包括 RBA 是否对单一性别、对某一特殊地区、对高收入家庭的学生更有益。值得注意的是，英国教育援助的政策评估项目特别关注 RBA 试点项目的开展过程，以及 DFID 与卢旺达政策互动间的作用。通过 RBA 项目的试点评估，观察该项目是否对卢英两国的政治关系产生影响，是否对卢旺达政府、DFID 与其他合作伙伴间的关系产生影响。最后，该项目关注对公民问责制的影响。该项目通过发布并传播评估结果，促进公民权利意识与问责能力。

[1] EMIS（Enterprise Management Information System），企业管理信息系统。全球新兴市场商业资讯提供商，为欧美及全球各新兴市场的金融机构、咨询公司、跨国企业、研究所等专业人士提供超过 80 个新兴市场国家 / 地区、难以获得的、全方位市场动态和商业信息。

从项目的评估中获得的结果和经验，将有助于卢旺达教育部、DFID 和其他合作伙伴的采纳与使用（特别是在卢旺达教育部门的改善中，DFID 对 RBA 政策和项目的宏观制定中）。如果有必要，投标人要对评估结果中的经验和成效进行解释，告知这些经验和成效要如何植入受援国学生的课程学习过程中，并为英国对外教育援助政策的制定和实施提供相关的建议。此外，由于 RBA 项目的实施对受援国的教育会产生预期和非预期的正向影响，实施方也要对造成这些影响和结果的方式作简要的经验分享。最终的评估报告将会在权威期刊上正式发布，让民众看到援助的实施过程是如何发生的，援助结果是如何变化的。[1]

三、"结果－援助"的价值评估

卢旺达的 RBA 项目的经费是由 DFID 提供。根据 RBA 的项目原则，DFID 将不会限制经费的使用，而是根据中小学学生完成学业人数来计算和发放。如何使用这些经费将完全取决于卢旺达政府，DFID 仅保留审计财务报告的权利，这些报告由卢旺达政府提供。

（一）经费的支付与使用

DFID 与卢旺达政府签订协议，以全国（卢旺达）性的考

[1] DFID. DFID's evaluation framework for payment by results［R］. London：DFID, 2014：4，16.

试作为学生完成学业的指标，每年向卢旺达政府支付援助经费，300 万英镑为上限。同时，根据上一年度学生参加考试的人数，该项目实施方需要计算出 DFID 应付的额外费用，并在每年的 4—5 月完成支付任务（见表 4–6）。[1]

表 4–6 SBS 和 RBA 支出

（单位：百万英镑）

支付形式	2011—2012 年	2012—2013 年	2013—2014 年	2014—2015 年
SBS	8.57	6.37	7.72	9.17
RBA	–	≤3	≤3	≤3

注：SBS（Sector Budget Support）简称“部门预算支持”。SBS 向卢旺达教育部门提供援助，并为 RBA 项目带来更多的利益。

来源：Upper Quartile. Final evaluation report：evaluation of results–based aid in Rwandan education［R］. Kigali：Institute of Policy Analysis and Research–Rwanda，2015：59.

该项目支付的费用基于独立验证的评估数据。具体来看，在之前一年的小学毕业考试中，每多一个孩子参加考试，DFID 将向卢旺达政府支付 50 英镑。在初中、高中毕业考试中，每增加一个学生，DFID 将向卢旺达政府支付 100 英镑。在项目开展第三个年度（2014—2015 年度），DFID 对第二个年度增加的人数依旧按照以上的标准向卢旺达政府支付额外费用，但对第一年度增加的人数，每人只额外支付 10 英镑（而不是之前

[1] Upper Quartile. Evaluation of results–based aid in Rwandan education – year two［R］. Kigali：Institute of Policy Analysis and Research–Rwanda，2015：11–12.

数额)。[1]

例如，如果在2011年有77 473名学生参加了初中毕业考试，2012年有85 000名学生参加了考试，DFID将在2013年支付给卢旺达政府款项，即（85 000–77 473）× £100= £752 700。2013年，如果有93 000名学生参加了初中毕业考试，DFID将在2014年向卢旺达政府支付两笔款项。即（93,000-85 000）× £100=£800 000，同时还要加上（85 000–77 473）× £10= £75 270，共计875 270英镑。[2]

此外，在2015年，每多一个教师用英语授课，DFID还要向卢旺达政府额外支付50英镑。教师的增加人数源于卢旺达政府2012年和2014年的教师评估结果。同时，基于2015年独立验证的结果，DFID将在项目结束时，付清所有的款项，3年共计900万英镑。

（二）经费使用价值的评估

RBA模式评估的一个核心问题是，RBA项目经费使用价值是否充分；与其他的方式相比，RBA项目的开展情况如何；后续的跟进中，该项目还强调“是否值得”的问题。在设计RBA的VfM的评估时，DFID也采用另一种方式，如SBS，向卢旺达教育部门提供援助。这时候，SBS将会给RBA项目带

---

[1] Upper Quartile. Final evaluation report：evaluation of results-based aid in Rwandan education［R］. Kigali：Institute of Policy Analysis and Research-Rwanda，2015：3.

[2] Upper Quartile. Final evaluation report：evaluation of results-based aid in Rwandan education［R］. Kigali：Institute of Policy Analysis and Research-Rwanda，2015：59.

来更多的利益。

对于 RBA 试点来说，DFID 要考虑，RBA 的援助经费模式是否比其他方式更好。一般来说，教育投资能够增加未来的教育收益。很多的教育投资收益不会在当下就产生结果，因此，DFID 还要考虑这些收益会在何时、何地获得。此外，援助的形式可能也会造成其他的成本，特别是 RBA 机制。作为一个试点项目，RBA 项目还存在许多不确定性，因此，向卢旺达教育部提供援助经费的总额不能预先确定。

RBA 的成本包括评估本身的成本和独立验证结果的成本。RBA 的估计收益要建立在有效的证据之上，提高学生学业完成以及教师英语授课的胜任力，并提高教育的总体质量和水平。例如，通过改善卢旺达政府的政策实施，同步提高教育的质量和学生的数量，也激励了教师提高英语授课的胜任力和教学水平。

实际上，衡量教育收益是一个复杂的问题。从经济学角度考虑，VfM 模式能够将教育的收益以经济回报的形式表现出来。为此，卢旺达教育体系与劳动力市场建立了一个新的 VfM 模式，评估受援学生完成学业后的就业收益，其中包含 3-E 标准，即：经济（Economy），获得一个好的投入价格；效率（Efficiency），保证援助活动获得足够的产出；效能（Effectiveness），实现总体目标和目的。[1]同时，还有第四个标准成本效益（Cost-effectiveness），这个标准与成本效能相关

[1] Upper Quartile. Evaluation of results-based aid in Rwandan education – year two [R]. Kigali: Institute of Policy Analysis and Research-Rwanda, 2015: 11-12.

（如取得的成果与支出相匹配）（见图 4-7）。实际上，3-E 标准框架是线性的变化理论，其思想是，除个别影响外，资源要受到服务商或代理商的控制，并对其实施过程进行追踪。

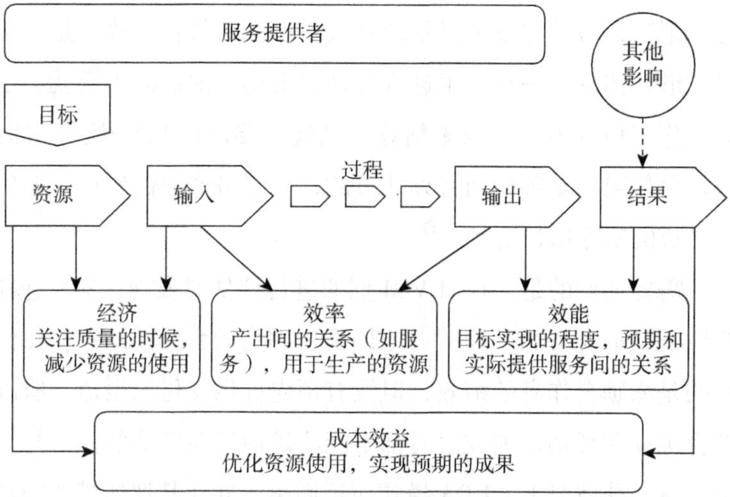

图 4-7　VfM 评估模式

来源：Upper Quartile. Final evaluation report：evaluation of results-based aid in Rwandan education［R］. Kigali：Institute of Policy Analysis and Research-Rwanda，2015：59.

此外，VfM 模式中还包括三种基本模型。第一，教育中现有人群模型。在卢旺达，学校每个年级都会有不同年龄的学生，尤其是在小学阶段。在教育系统中，研究当前学生群体的年龄，对于了解毕业后，学生在劳动力市场上的从业时长尤为重要，如学生从 16 岁以后开始工作，一直持续到 60 岁退休（卢旺达的国家法定退休年龄）。同时，为了确保研究的真实性，人口死亡率也被添加到该模型中。第二，学生教育时长模型。该模型用于计算教育各个阶段的复读率、升学率和退学率，并分析学生在就学过程中的变化情况。该模型展示了学生就学情况的概率分布，即学生何时不再接受教育，何时进入劳动力市场；学生在工作中创造效益时，到底接受了多少年的教育。第三，劳动力市场以及教育收益模型。教育的收益是以工资的形式体现。一旦学生进入劳动力市场，他们的工资就会根据工作年份和教育年限来估算。这就需要使用 VfM 模式，即：以教育年限为基础的回报评估方式；无经济产值的假设；多年来工资的实际增长情况。[1]

需要强调的是，在对 VfM 框架进行评估时发现，3-E 这种线性框架本身与 PbR 模式并不匹配。因为教育援助的经费支付目的是激励合作者的绩效，但没有预先提供支付的渠道，所以教育援助在评估之前或之后都不能清楚地说明经费的投入与产出。在这种情况下，RBA 模式应运而生，并在其评估模式中加入了“成本效能”这一标准，使得 RBA 评估模式更适用于评估卢旺达教育项目的经费使用价值。

值得注意的是，尽管卢旺达教育项目 RBA 评估模式让嵌入式评估模式的适用性更具说服力，但 DFID 依旧要考虑 RBA 模式对经费管理的有效性是否发挥到了最大限度。这也是教育援助过程中较难解决的问题之一。一般来说，教育投资能够增加未来的教育收益，但很多教育投资收益不会在当下就产生结

[1] Upper Quartile. Final evaluation report: evaluation of results-based aid in Rwandan education [R]. Kigali: Institute of Policy Analysis and Research-Rwanda, 2015: 3.

果，因此，DFID 还要考虑这些收益会在何时、何地获得。此外，由于受援国的文化环境、地理环境差异性较大，RBA 模式在不同地区的评估成效也有所不同。例如，在印度尼西亚农村地区实施的教育援助项目中发现，RBA 模式在短期内确实对学生的健康和教育产生了积极影响，但随着时间的推移，这些积极影响在逐渐减弱。[1]同时也发现，评估指标的设置和收集数据的时长也会对 RBA 模式的使用造成影响。[2]这些实例说明嵌入式教育评估模式的普适性需要在更长时间里进行检验。

---

[1] PEARSON M. Results based aid and results based financing：what are they? have they delivered results? [M]. London：HLSP Institute，2011：1.

[2] OlLKEN B，ONISHI J，WONG S. Should aid reward performance? evidence from a field experiment on health and education in Indonesia [J]. Applied Economics，2014，6 (4)：1-34.

第五章　英国对外教育援助政策实施的成效与问题

多年来，英国政府在实施对外教育援助政策的过程中，态度积极，方式多样，不仅贯彻了联合国发布的教育目标，将儿童入学、女童教育、教师培训等内容作为英国对外教育援助发展的优先项，而且将其写入了对外援助政策内容中。从援助成效来看，这些优先发展项目在双边与多边合作的过程中已经取得了阶段性成效。但由于受援国的情况不相同，具体合作的方式多样，英国对外教育援助政策在实施的过程中也会遇到诸如资源浪费、师资培养质量不高、督导问责把控不利等问题。在调研过程中，还从援助者个体层面探讨了援助人员在生活和工作上的困境。

第一节　英国对外教育援助政策实施的成效

英国对外教育援助政策实施的过程中，受援国对英国的经费物资供给有着强烈的依赖性，在教育中也是如此。实际上，受援国教育部门无法制定出能够有效改善本国教育现状的政策。受援国政府官员和一些民众也认为，“英国给予的援助政策与发展理念优于本国”（V-ZN），他们更愿意接受英国的教育帮扶。从调研的过程中发现，英国政府在实施对外援助政策时，通过经费投入、物资供应、基建维护、教师培养等方式，确实为受援国提供了开展教育活动所必要的条件，一定程度上也维持了受援国教育体系的可持续发展。

在对外教育援助的过程中，英国政府也十分重视三大优先发展项，即：改善学习；所有学生都能接受教育（特别是那些处境不利的国家）；保证女童持续就学（帮助边缘化女童入学接受长期的教育）。这些对外教育援助的优先发展项，不仅增加了援助经费的额度，加大了援助实施的力度，也帮助受援国规划了本国的教育战略，在学生就学、女童教育、特殊教育、职业教育等方面均作出了重要的贡献。与此同时，DFID 还会向受援国家及地区直接提供经费支持，改善学校的教育状况，强化了有关对外教育援助的地方问责机制等。[1]

一、优先发展项的成效

在对外教育援助政策实施的过程中，英国政府致力于其优

[1] World Bank，UNICEF，Fast Track Initiative. Abolishing school fees in Africa：lessons from Ethiopia，Ghana，Kenya，Malawi and Mozambique［R］. Washington：World Bank & Paris：UNICEF，2009：14.

先发展项的努力，帮助改善受援国的就学环境，提高学生特别是女童的入学率和学习成效，并在当地加强师资培养，解决受援国的现实困境。

（一）学生注册率的增加

增加学生注册率是英国对外教育援助政策实施的优先发展项之一。为了减轻受援国的经济负担，帮助适龄儿童入学就读，DFID 提高了用于基础教育的援助预算，为受援国学校建设提供了必要的经费补助，帮助学校降低教育成本，减免学生的教育费用（学费），并实施了免费教育。这些举措使得越来越多的儿童，特别是女童、残疾儿童能够进入学校接受教育，小学教育的注册率明显增加。

为了提高入学率并降低辍学率，DFID 每年要在受援国新建约 1.5 万间教室，增加教师、课堂、学习物资的数量。特别是免费义务教育的推行，使学生注册率得到了提高。2009 年，免费教育使莫桑比克小学的注册率增加了 12%，肯尼亚增加了 18%，坦桑尼亚增加了 23%。[1] 同时，DFID 加强了对经费使用的监督，特别是经费提升对入学率的影响。例如，2008 年，DFID 在监督加纳政府教育援助经费时发现，学生人均补助费用从 3 赛地增加到 4.5 赛地，学生注册率从 2005 年的 69% 增加到 2007 年的 83%。[2] 此外，DFID 的政策制定也对其注册率

---

[1] DFID. Learning for all：DFID's education strategy 2010–2015 [R] . London：DFID，2010：26.

[2] DFID. Learning for all：DFID's education strategy 2010–2015 [R] . London：DFID，2010：27.

提升有所帮助。2002—2008年，DFID在卢旺达加强了对残疾儿童的关注和帮扶，并制定了当地的特殊教育政策。在其影响下，儿童就学人数不断提高，小学注册率从74%增加到94%。同时，DFID还向受援地区直接提供经费，改变了学校的教育状况，强化了地方问责。[1]

（二）学习成效的改善

1. 重视早教与基础教育儿童的学习水平

早教与基础教育是英国对外教育援助关注的重点，也是其援助的优先项。首先，在国际教育援助项目中，学生“学习”是DFID关注的核心和重点，其受众范围涉及受援国不同年级的在校生和辍学生。值得注意的是，在贫困的发展中国家和地区，儿童在小学一年级出现的学习差距就已经非常明显。研究发现，如果早教学习成绩差，这有可能预示着学生成年后在社会和经济中也处于不利的境况。[2]因此，在学习过程中，DFID强调，要提高学生早期教育阶段的阅读水平，监督受援国低年级学生的阅读水平与阅读理解。实际上，学生识字与理解文字是学习的基础，特别是进入高年级阶段，教学内容的加深，更需要学生具有良好的阅读理解力。因此，DFID对儿童基本的读写能力尤为重视。

---

[1] World Bank，UNICEF，Fast Track Initiative. Abolishing school fees in Africa：lessons from Ethiopia，Ghana，Kenya，Malawi and Mozambique［R］. Washington：World Bank & Paris：UNICEF，2009：14.

[2] UNESCO. 2005 Education for all global monitoring report：the quality imperative［R］. Paris：UNESCO，2004：146.

同时，英国政府也意识到，提供高质量的学习材料和教学物资，有助于课堂教学与学生学习。为了保证教材的供应符合受援国地方发展的需求，DFID 改善了教学课本订购的路径。在卢旺达项目中，DFID 将经费划拨给卢旺达政府，让学校负责自行订购教材与图书，并由政府向出版商支付费用。图书订购与经费支付的分离，保证了大量的书本能够送到学生的手上。在南苏丹的援助项目中，DFID 通过这种方式，资助了 980 万册课本，让学生进入课堂之后能够获得必要的教学资源。[1]

此外，英国对外教育援助实施的过程中，强调精准服务与支持那些落后地区的儿童。例如，DFID 在尼日利亚开展了教育部门支持项目（Education Sector Support Programme in Nigeria，ESSPIN），重点关注落后地区的学生成绩，帮助学生提高学习效能。据统计，在直接获得援助的 3700 所学校中，约 123 万名儿童从中获益，学习成绩有所改善。2012 年，对教学和学习条件进行对比调查中发现，那些得到援助的学校要比对照组（没有得到援助的学校）的教育效能高。[2]值得注意的是，尽管学生学习成绩有明显的改善，但其进步的速度较为缓慢。但无论怎样，对外教育援助项目的开展，使学生能获得更多读书写字的机会。

从埃塞俄比亚调查结果来看，98% 的学校接受了英国的补助。[3]

---

[1] DFID. Education position paper improving learning，expanding opportunities [R]. London：DFID，2013：7.

[2] ESSPIN. Overall findings and technical report of ESSPIN composite survey 1 [R]. London：ESSPIN，2013：14.

[3] DFID. Education position paper improving learning，expanding opportunities [R]. London：DFID，2013：8.

2. 提高教师培养规模

在对外教育援助项目中，加强受援国师资的培养与投入对课堂教学改进与学生教育质量至关重要。在数量上，DFID 要保证受援国学校中有足够的任课教师；在业务上，要保证教师具有熟练的专业技能与知识；在态度上，要求教师能够按时上课，为学生树立榜样。此外，教师也要学会教学，根据不同学生的学情和成绩，有效地调整并改进教学方式。

但是，受援国师资严重短缺成为基础教育发展的重要障碍。为此，英国政府加大了教师的培训计划。例如，在援助教师培训的项目中，DFID 发现马拉维教师长期短缺，师生比仅为 1 ∶ 150。为了改变这一现象，DFID 注重培养新进教师的专业质量和业务素质，使得马拉维每年新增合格教师约 300 人（其中 50% 是女性）。在印度，DFID 利用英国的教育优势，加强英国开放大学与印度相关机构的合作力度，通过互联网和移动通信技术，向 100 万名教师提供高质量的学习材料与辅导。[1] 从埃塞俄比亚调查结果来看，98% 的学校接受了英国的补助。这些学校利用这些资金促进学校发展计划的完善和实施，培养了大量的教师，优质小学教师的比例从 2009 年的 38% 增加到 2012 年的 56%。[2]

教师教育是英国开展对外教育援助重要的优先发展项之一。从现有的数据可以看出，英国政府在开展对外教育援助的

---

[1] DFID. Education position paper improving learning, expanding opportunities [R]. London: DFID, 2013: 7.

[2] DFID. Education position paper improving learning, expanding opportunities [R]. London: DFID, 2013: 8.

过程中，在数量和规模上已经取得了一定的成绩。在此基础上，特别是联合国 SDGs 目标发布之后，英国政府将援助教师培训数量的统计逐步转移到了对其培养质量的关注上。这与英国对外教育援助的发展思路，即从规模的扩大到质量的提高是相一致的。

3. 重视评估结果的使用

对外教育援助的质量保障一直是英国政府关注的重点，旨在以评促建，提高对外教育援助的成效。在对教育援助的评估和调查中发现，DFID 教育援助的评估调查结果会引发受援国对教育改革的共鸣和思考。在巴基斯坦和东非国家中，DFID 进行了一项关于“如何帮助孩子们在家中更好地学习”的用户调查。该调查收集了学生的学习成绩和父母的意见反馈等信息。结果却发现，调查的影响已经超越了援助本身的意义。例如，巴基斯坦的教育调查已经成为该国教学实践改革的动力。在坦桑尼亚，这一调查也促进了媒体、社区和政府高层对该国教育体系和学习政策的改革争论。

从另一个案例来看，从 2007 年的国际教育援助评估中发现，埃塞俄比亚的学生学习评估成绩较差。为此，该国政府发布了一项提高中小学教育质量的改革方案，其目标是改进学习质量，帮助学生完成学业，降低辍学率。英国政府则支持了该项目实施的第一阶段（2009—2013 年度）。[1] 同时，对于评估中出现的现实问题，DFID 在学校层面增加了非工资性支出，这

[1] DFID. Education position paper improving learning，expanding opportunities［R］. London：DFID，2013：8.

些经费用于教师培训和教材使用的改善。从之后的调查结果来看，98% 的学校接受了英国的补助。[1] 在中小学校中，高质量教科书以及教师指导用书分配数量达 8800 万册；五年级学业完成率从 2008 年的 68% 提高到 2012 年的 74%；八年级的学业完成率从 2008 年的 45% 提高到 2012 年的 52%。2011 年国家学习评估的结果显示，学生的成绩得到了极大的改善。2017 年入学人数已达到 2000 万（女童数量占一半）。[2]

值得注意的是，该项目是英国与受援国教育部门一同开展的评估，在评估的合作中提升了对受援国教育的发展规划、监督和评估的能力。

（三）女童持续就学的保障

女童教育是国际援助工作的重点，也是英国对外教育援助的优先项。近些年，英国政府对女童教育援助项目加大了投资力度和关注度，使得越来越多的女童走进课堂。实际上，全球女童就学问题，已经取得了阶段性的成就。访谈中，SN 说道：

在教育中，他们（DFID）最关注的是女童教育。特别是尼日利亚北部地区的边缘化女童教育。尼日利亚北部地区发展滞后，较为贫困，当地宗教信仰以伊斯兰教为主。由于传统的教义，女童不能去学校上学，不能接受教育，而且很早就结婚

---

❶ DFID. Education position paper improving learning，expanding opportunities［R］. London：DFID，2013：8.

❷ DFID. Education position paper improving learning，expanding opportunities［R］. London：DFID，2013：8.

了，这种信仰（使得女童）都被边缘化了。因此，英国特别关注年轻人教育，特别是女童的教育。（V-SN）

2007年，DFID支持的女童项目覆盖到了10个国家、95个地区、3.5万个村落。例如，DFID支持印度的“女性携手”（Mahila Samakhya）项目。该项目促进性别公平并赋权女性，包括为女童提供教育机会，改进语文水平，获得就业机会，改善女性的经济水平等。[1]

在DFID援助的国家中，70%以上的教育项目都规划了有关女童教育的战略目标。从实施情况来看，将女童送入中小学就读，对于女童、家庭、社区以及整个社会来说都是十分重要的。研究显示，受过教育的女童能够为社会作出较大的贡献。对于女童而言，教育不仅改善了她们对未来婚姻和生育的选择权利，也帮助她们把握住自己的命运，如掌管资产、获得收入以及她们的身心健康等。这就是为什么英国政府要优先发展女童教育，关注女童的在校学情，帮助女童持续就学（从小学到中学），确保她们从教育中获得最大利益。[2]

2012年颁布的《女童教育挑战》（Girls' Education Challenge，GEC）是英国对外教育援助的旗舰项目。[3]该项目挑战了女童

---

[1] UNESCO. The 2010 education for all global monitoring report［R］. Paris：UNESCO，2010：77.

[2] GLEWWE P. Why does mother's schooling raise child health in developing countries? evidence from morocco［J］. Journal of Human Resources，1999，34（1）：124-159.

[3] DFID. Girls' education challenge［EB/OL］.（2013-03-26）［2017-10-25］. https：//www. gov. uk/guidance/girls-education-challenge.

教育受阻、无法接受教育这一现状，旨在消除其障碍，帮助女童在教育的不同阶段能够健康成长。实际上，GEC 关注教育系统本身对女童成长有何贡献，教师也要通过课堂教学，开发在校女童的潜能，激发女童自我意识的觉醒。同时，GEC 也关注女童在上学、放学路上的人身安全，帮助她们远离暴力。值得注意的是，GEC 项目中也强调，学校的大门要向成人开放，让更多在工作、生活中有求知需求的人，获得学习的机会。

GEC 也是全球最大的女童教育投资基金项目。该项目确保生活在全球最贫困地区的女童（100 万名以上）能够正常入校学习。[1] 该项目中也包括三类子项目，即阶段性的改革项目、小规模的试点项目以及战略合作项目。阶段性改革项目的开展主要是支持英国政府、国际组织和受援国，为其提供可持续发展的现实成效；具有创新性的小规模试点项目，主要是用来测试教育援助新方法的有效性；而战略合作项目需要通过代理的方式支持与其他机构（全球商业与非营利组织和地方机构）的合作，并为其提供新产品、新方法和新观点。

2013 年，GEC 的 15 个阶段性改革项目在 9 个重点国家中实施。[2] 例如，在塞拉利昂，GEC 项目帮助 4 万名边缘化女童

---

[1] DFID. Girls' education challenge［EB/OL］.（2013-03-26）［2017-10-25］. https://www.gov.uk/guidance/girls-education-challenge.

[2] “十五”计划授予在女童教育挑战的阶段性改革项目的资金是：BRAC（塞拉利昂），国际计划（塞拉利昂），国际救援委员会（刚果），救助孩子（埃塞俄比亚和莫桑比克），Camfed（坦桑尼亚和津巴布韦），世界大学服务，加拿大（肯尼亚），阿加汗基金会（阿富汗），孩子的希望（埃塞俄比亚），技术合作与发展机构（阿富汗），世界的眼光，英国（津巴布韦），CfBT（肯尼亚），国际救灾（索马里），医疗（索马里）。

改进了学习状况。同时，项目在实施过程中还关注残疾儿童的教育问题。为了解决塞拉利昂 76% 的残疾儿童失学问题，GEC 项目推动了残疾儿童的全纳教育行动，帮助残疾儿童获得教育机会，保障学习环境的安全。在刚果民主共和国，GEC 帮助 5 个省（这些省的女童注册率、入学率、完成率在该国最低）的 14 万名女童接受教育。[1] 此外，该行动项目通过开展教师培训、学习指导与社区阅读项目，提高女童识字与算术的技能，让女童获得可替代的学习机会，帮助辍学女童完成小学教育。

此外，DFID 还以奖学金的形式，在优先发展国开展女童援助项目。通过支持女性教师教育，改进基础设施建设，提供安全的学习环境，旨在维持女童持续而连贯地接受学校教育。例如，在巴基斯坦的开伯尔－普赫图赫瓦省，女童每月有 1.5 英镑的补助并发放课本。她们一周 5 天必须有 4 天正常上学，而在最偏远的农村地区，中学女童的注册率达到了 13%。在马拉维，2012—2013 年，英国向受援国的中学女生发放了近 9000 个奖学金，培训了 700 位女性教师。在加纳，英国政府不断提供经费支持，向 1 万名女童提供奖学金，2015 年，该国的就学人数增至 7 万名。此外，英国也将奖学金项目植入教育援助的评估项目中，帮助收集女童持续入学学习的实例。[2]

实际上，开展女童教育对受援国乃至世界的影响都很大。据统计，教育与改进生活收入呈正相关。学生每增加一年就学

---

[1] DFID. Education position paper improving learning, expanding opportunities [R]. London: DFID, 2013: 10.

[2] DFID. Education position paper improving learning, expanding opportunities [R]. London: DFID, 2013: 10.

时间，他们未来的生活收入将增加10%。对于女性来说，教育的回报率更高。[1]中学的女童人数每增加1%，国家的人均年收入就增长0.3%。教育年限的提升也会大大降低生育率。[2]此外，教育能够帮助改进人们的生命健康，特别对于女童。[3]受过教育的母亲身体更健康，她们懂得如何营养哺育，让婴儿的幸存率提高。在发展中国家，女性多接受一年的学校教育，婴儿的死亡率会减少5%—10%。[4]完成中学教育的女童，传染艾滋病的概率也会减小。[5]

（四）边缘化儿童群体的关注

关注边缘化儿童群体是目前英国对外教育援助政策制定与实施的优先发展项，也是国际教育援助所倡导的。在开展对外教育援助的过程中，DFID会考量受援国的社会环境，致力于解决那些影响学生学习成绩提高的根本问题。为了进一步扩大

---

❶ COLCLOUGH C，KINGDON G，PATRINOS H. The pattern of returns to education and its implications [R]. Cambridge：Research Consortiumon Educational Outcomes & Poverty，2009：111-134.

❷ World Bank. Girls' education in the 21st century：gender equality，empowerment and economic growth [Z/OL]. [2017-09-23]. http：//siteresources. worldbank. org/EDUCATION/Resources/278.

❸ BLEDSOE C H，CASTERLINE J B，JOHNSON-KUHN J A，et al. Critical perspectives on schooling and fertility in the developing world [M]. Washington：National Academy Press，1999：25.

❹ MENSCH B，LENTZNER H，PRESTON S. Socio-economic differentials in child mortality in developing countries [M]. New York：United Nations，1986：89.

❺ DFID. Achieving universal access-evidence for action [R/OL]. [2017-10-22]. http：//s3. amazonaws. com/zanran_storage/www. dfid. gov. uk/ContentPages/4925004. pdf.

援助规模，让最边缘化的儿童都能获得教育，DFID 通过正式或非正式的渠道，采用新的合作模式，与受援国或者国际组织合作，帮助儿童获得学习的机会，如处境不利地区的儿童、贫困家庭的儿童，以及身患残疾的儿童等。

在处于冲突环境以及处境不利的国家中，DFID 致力于帮扶儿童重返课堂，解决年轻人的辍学问题（许多儿童已经沦为童子军或者难民），在处于分裂状态的社会中，重塑人们的公平感、公正感、凝聚力。[1]实际上，大多数的干预措施来自 NGO 或是以信仰为基础的组织（Faith-Based Organizations，FBO），而英国是多个 NGO 和 FBO 的成员国之一。在调查中也发现，国家层面的监督行为很重要，这些非政府组织必须与国家（受援国）机构合作，或参与这些国家的内部工作。这种方式用以保持援助工作在受援国的合法性效应。[2]当环境发生改变时，英国将“出手”帮助这些国家在应急措施、体制改革、国家机构能力建设中保持平衡。

英国政府加强与 FBO、NGO、私立机构等多边机构的合作，帮助更多的受援国改善教育环境，让儿童重返校园。在与南苏丹的合作中，DFID 帮助该受援国建设学校和班级，分发教学物资，对那些没有机会入学的儿童实施“儿童的第二次教

---

[1] World Bank. Rwanda education resilience approaches country report［R］. Washington：World Bank，2013：11-23.

[2] CfBT，Education Trust，Practical Action Consulting & Save the Children. State-building，peace-building and service delivery in fragile and conflict-affected states：literature review-final report［R］. CfBT，Education Trust，Practical Action Consulting & Save the Children，2011：23.

育项目”，帮助2.8万名儿童重返学校。同时，DFID也开展了政府与非政府间的合作，对加纳贫困地区的12万名儿童实施了“快速课外读写与计算能力”项目。在与阿富汗的合作中发现，“2001年后教育体系重建项目”实施的成效显著。该成效表明，可持续性的援助结果对于经济水平长期增长十分重要。2001年，阿富汗仅有不到90万名在校生（女生人数非常少）。但2013年，在校生人数增加至580万名，其中220万名为女生。在津巴布韦，DFID关注家庭条件困难的学生。2012年，DFID支持了33万名孤儿和需要特殊教育的儿童入校学习。在卢旺达，DFID通过创新基金支持了26个试点项目，这些项目使得更多学生回归学校课堂。同时，在该创新基金支持的全纳教育项目中，DFID与当地教师合作，使用新设备帮助那些有特殊教育需求的儿童学习。

二、国际合作的成效

DFID与各国政府合作，提供经费与技术支持，其所支持的重点与范围则视情况而定。英国政府通过各种方式开展教育援助工作，其中包括：部门预算支持；有针对性的国别（受援国）投资；非国家行动的支持；技术援助和创新基金。尽管部门预算支持可以有效地促进教育系统和部门计划的发展，但在解决具体的教学实践方面效果并不佳。在一些脆弱和受冲突影响的国家中，政府间的合作更加困难。因此，DFID积极与受援国家和国际组织共同合作，加入多边教育援助的合作中。

（一）与国际组织的合作

英国积极参与国际组织的教育援助项目，并向所参与的国际组织拨款，一同应对全球的教育挑战。英国政府选择合作的国际组织的标准之一是，合作组织必须能提升教育成效，提高经费的使用价值。《2011年多边援助评估》（Multilateral Aid Review 2011）报告指出，[1]英国主要合作的国际组织包括欧盟、WB、UNICEF等。同时，英国也与联合国教科文组织的统计所（UNESCO Institute of Statistics）、全球教育监测报告（Education for All Global Monitoring Report）机构、联合国女童教育战略（United Nations Girls' Education Initiative）、英联邦（Commonwealth）、民间机构（Civil Society）以及私立部门（Private Sector）开展项目合作。

在与WB的合作中，DFID支持“改善教育结果的系统方式”（Systems Approach for Better Education Results）项目。该项目设计了以证据为基础的框架，强调教育政策与制度对所有儿童和青年的学习和帮扶。迄今为止，有104个国家申请了“改善教育结果的系统方式”项目的文书，希望通过该项目了解各国教育政策和制度的改进情况。在与UNESCO的合作中，DFID为坦桑尼亚的“早期儿童发展”（Early Childhood Development）项目的评估工作提供了宝贵的意见，支持该国政府和发展伙伴重新思考该国教育政策的改革。

---

[1] DFID. Multilateral aid review: ensuring maximum value for money for UK aid through multilateral organisations [R]. London: DFID, 2011: 25.

在与联合国的合作中，英国支持联合国提出的合作战略与发展目标（如 SDGs、MDGs 等），维护了联合国在国际援助中领导地位。在对外教育援助方面，英国与联合国系统中的专门机构 UNESCO 合作尤为紧密。DFID 全面贯彻 UNESCO 的 SDG4、MDG2 & 3、EFA 战略目标，积极参与国际教育援助的一系列战略，促进受援国教育改革与学习。同时，也参与相关研究报告的撰写工作，其中包括“联合国秘书长全球教育第一倡议”（UN Secretary General's Global Education First Initiative）、“全球教育监测报告”、“学习标准工作组”（Learning Metrics Taskforce）以及“国际学生评估项目”（Programme for International Student Assessment）。

从 GPE 项目来看，该项目是唯一关注学前至中学教育的多边合作项目。该项目与 58 个低收入国家合作，提供经费、技术建议和政策指导，帮助受援国减少辍学人数。在参与该项目时，DFID 支持受援国的教育发展，支持受援国的优先发展事项，包括关注学习成绩、女童教育和脆弱国家的工作情况。从该项目的实施结果来看，辍学人数已由 2000 年的三分之一减少到 2009 年的五分之一。此外，2011 年，GPE 基金项目培训了 11 万名教师，提供了 1800 万册课本，新建或修建近 8000 间教室。[1]

[1] DFID. Education position paper improving learning, expanding opportunities [R]. London: DFID, 2013: 12.

（二）与民间机构组织的合作

DFID通过中央和国家层面的战略部署，制定并实施对外教育援助政策，加强援助项目合作，并支持民间机构组织参与开展国际教育援助活动。值得注意的是，DFID通过民间机构组织的力量，加强对外教育援助政策与项目的改革，特别是为那些脆弱和受冲突影响的国家，提供精准化的教育援助方案。

2013年，DFID公布的《项目合作伙伴安排》（Programma Partnership Arrangements）方案中表示，DFID向所领导的民间机构组织提供了灵活的战略基金，并在全球的投资组合中加入增值评价，提升这些机构对外教育援助的有效性。例如，"救助儿童"（Save the Children）项目将惠及300万名的男童与女童。通过该项目的实施，2014年已有36万名受援国儿童登记注册入校（包括正式与非正式的教育）。此外，到2014年，国际计划（Plan International）帮助5万名女童注册入校，并完成初中教育，同时，支持13.5万名儿童获得适合的学习体验。[1]

2013年开展的"全球贫困行动基金"（Global Poverty Action Fund）项目支持了超过100项援助计划，包括民间机构组织需要完成的项目计划，其中，26%的项目关注教育机会均等与质量改进。例如，"非洲儿童能力"（Able Child Africa）项目为乌干达6300名残疾儿童提供了全纳教育；"危机中的孩子"（Children in Crisis）项目向塞拉利昂的1.5万名儿童提供

---

[1] DFID. Education position paper improving learning，expanding opportunities［R］. London：DFID，2013：12.

教育机会，帮助儿童完成小学教育；在“减轻国际”（Relief International）项目中，索马里的小学学生注册率显著提高，更多的学生能够持续地接受教育，1.75 万名儿童的教育质量得到改善。[1]

值得注意的是，在低收入和中等收入国家，尽管民间机构通常会协助 DFID 在受援国开展对外教育援助政策的实践创新，满足当地教育的需求，在规模、范围，特别是使用创新方式所产生的学习成效等方面，这些机构所能提供的客观信息却不多。为了弥补民间机构在此方面的不足，2013 年，DFID 又成立了“教育创新中心”（Center for Education Innovations），并作为一项对外教育援助战略，支持政策制定者、教育提供者、研究者和投资者向受援国提供创新教育模式和方法。目前，“教育创新中心”项目已成为全球在线的公共数据库，覆盖范围从学前教育延伸至技术培训。该项目也监管并评估受援国的教育创新与发展。值得注意的是，该项目收集到的研究证据与信息，能够通过虚拟平台与教育投资者一起共享。

（三）与受援国私立学校的合作

英国努力为受援国的人民争取到最好的教育机会。在许多国家（如印度、肯尼亚、尼日利亚和巴基斯坦）开展了关于低费私立学校的合作项目。有些国家教育服务十分匮乏，且有些国家，如内罗毕的贫民窟，公立学校已经无法满足学生的教育

---

[1] DFID. Education position paper improving learning，expanding opportunities［R］. London：DFID，2013：12.

供给。因此，DFID 与地方私立机构开展教育合作，弥补公立学校所产生的教育缺失。教育费用是贫困人民获得教育机会主要的障碍，因此，DFID 支持“学券计划”（Voucher Schemes），向最贫困地区的低费私立学校提供津贴补助，吸引更多的儿童就学。

在尼日利亚的拉各斯，有超过 1.2 万所低费私立学校，入学就读儿童人数为 140 万名（61% 是小学生），共雇用 11.8 万名教师。[1]DFID 支持“学券计划”项目，并与许多不同的机构合作，包括政府、银行、大众媒体等，通过发展全纳私立教育系统，提高学生的入学机会，特别是低收入家庭的学生。同时，该项目也开展监督、评估和研究工作，这些工作为该地区数据库基地的建设收集了大量有效的数据信息。

在巴基斯坦信德省的一些地方，DFID 支持私立学校的建立，学生在私立学校的注册率超过了半数。“信德省教育基金”（Education Fund for Sindh）是一个三年创新试点项目，该项目与巴基斯坦商界领袖合作，给辍学儿童的父母提供学券，鼓励他们送孩子进入低费私立学校，减轻公立学校的私有化管理，支持组织提供优质、经济的教育服务。在信德省的农村和城市地区，约 20 万名贫困儿童得到该项目的支持。这一统计数值已经达到了识字与算术的最低标准。

值得注意的是，从父母的角度来看，之所以选择送孩子进入需要支付费用的私立学校，主要原因是教学语言的使用、教

---

[1] ESSPIN. Lagos private school census 2010–2011 [EB/OL]. [2017-07-16]. http://www.esspin.org/index.php/search/reports?q=LG+501.

育质量的信赖、地方教育服务的缺乏等。研究结果表明，哪怕低费私立学校的学生成绩不好，也要比公立学校学生的成绩高。❶

三、可持续发展的成效

英国对外教育援助政策的实施成效，会受到受援国的制度环境的影响。因此，对外教育援助的成效和表现形式，也会随着受援国政治理念和发展策略变得更为本土化。这是对外教育援助成效可持续发展的一种表征，也是对外教育援助政策落地的必然转变。这种转变有时候会超出英国政府的意料之外。如 GBEP 项目，该项目的计划初衷建立在两个原则上，一是关注教育系统中最弱和最边缘化的群体；二是相信教育中的问题能够通过参与和分享的方式来解决。这两项原则在教育工作者和官员中引起了共鸣。"无论它是否与东方价值观相似，还是代表了人类价值观，都可能是 GBEP 的可持续性的衡量标准。"❷

无须争辩的是，英国对外教育援助政策实施的成效会在项目结束后，继续影响受援地区的教育改进和发展。但是，这种改进和发展，会随着受援国的国家政治制度而发生改变。这得

---

❶ FRENCH R，KINGDON G. The relative effectiveness of private and government schools in rural India：evidence from ASER data［R］. London：Institute of Education，2010：43.

❷ Cambridge Education. The ripple effect：a review of the sustainability of the Gansu basic education project［R］. Cambridge：Cambridge Education，2017：23.

益于，一方面，地方政府有能力支持并推进英国对外教育援助政策实施成效的可持续性发展；另一方面，传统的文化特色与有效的政府支持，使得对外教育援助成效实现了本土化发展，更具地方特色。英国在中国开展的 GBEP 援助项目，就是这种援助成效本土化发展的典型案例。

（一）儿童健康营养的考量

发育不良对儿童就学来说具有潜在危机影响。GBEP 试点项目实施期间，剑桥教育集团曾开展了一项免费的午餐项目。该项目主要是针对那些远途来上课的贫困儿童，防止学生因为温饱问题而辍学。由于离家远，家庭经济条件差，学生们中午不能回家吃饭，也不会带饭或买食物到学校吃。因此，GBEP 这一试点项目，旨在帮助学生解决温饱问题，增加学生的入学率。尽管该试点项目的辐射范围较小，但试点学校的注册率成功地增加至 90% 以上。[1] 但对于英方来说，该项目的开展成本过高，且英国以外资援助项目为学生提供食物的这一做法也存在疑虑，因此，该项目并没有持续做下去。

但在剑桥教育集团 2017 年回访工作中发现，原来试点的学校中，所有的孩子都已经有了免费早餐，餐品包括鸡蛋、面包和牛奶。这得益于 2011 年引入的一项由（中国）中央资助支持的国家政策，即中国为所有贫穷的农村地区提供免费的学校早餐。这项新政策的制定，不仅受到 GBEP 项目结果的影

[1] Cambridge Education. The ripple effect：a review of the sustainability of the Gansu basic education project［R］. Cambridge：Cambridge Education，2017：21.

响，也可能受到非政府组织关于农村地区“儿童发育不良报告”的影响。实际上，免费午餐在许多国家和地区已发展成为一项国家改善教育质量的措施。[1]从中国的角度考虑，加强营养促进儿童健康发展这一理念导致了地方政府开展持续向当地贫困地区的儿童提供免费早餐。

（二）奖学金使用的分配

在 GBEP 项目中，奖学金项目的设置成功且持续地影响了年轻人的生活，并产生了代际影响[2]。为了支持甘肃的地方教育，GBEP 项目向贫困地区的儿童发放奖学金，重点支持女童获得该项目奖学金，这也是该项目非常重要的援助方式之一。在基础教育阶段，GBEP 项目为 1.1 万名小学生和 3000 名初中生提供了奖学金，其中 70% 为女生。[3]

奖学金项目是 GBEP 项目的试点工程之一，采用了“垂直公平”法，通俗地讲就是，用这政策倾斜的方法对待那些“不平等”的群体。由于甘肃地区存在“重男轻女”的现象，如果家庭经济情况不好，女童有可能辍学在家。所以项目的受众群体更偏向女童。事实上，该项目在启动的第一年就引发了巨大的社会争论，争论的焦点无非是剑桥教育集团只将奖学金名额的 30% 分配给男生，70% 分配给女生，这一做法是否公允的

[1] Cambridge Education. The ripple effect：a review of the sustainability of the Gansu basic education project［R］. Cambridge：Cambridge Education，2017：21.

[2] 代际影响是指对下一代子女的影响。

[3] Cambridge Education. The ripple effect：a review of the sustainability of the Gansu basic education project［R］. Cambridge：Cambridge Education，2017：10.

问题。

但在该项目实施的第二年，争论的导向发生了反转。最明显的特征是，地方政府要求将所有的奖学金全部拨给女童，让更多的女童入学接受教育。实际上，奖学金的持续提供，能够帮助小学和初中阶段的学生完成学业，从项目实施的整个过程来看，甘肃受援地区也没有再出现学生退学、辍学的现象。此外，GBEP 项目中的奖学金不仅对受援地区最贫困的儿童生活产生积极影响，还会产生代际传播，影响到他们的下一代生活，如儿童早教、入学教育等。

（三）财政经费的承诺

GBEP 项目中的“两项承诺”（Two Commitments）是一个重要且具有挑战性的倡议。这就要求每个县政府，将一定比例的资金分配给教育，一定比例预算用于非工资支出（如教师培训）。实际上，把教育支出放在资金分配的优先地位，并用于非工资支出，这在当时是很难实施却很有必要的行动。哪怕是项目结束后，这些承诺也被认为有必要继续贯彻下去。

在 GBEP 项目实施的过程中，由于资金紧张，这些承诺对甘肃的县政府来说很难实现。2009 年之后，中国政府开始大幅增加对农村地区的财政支持，对此，援助工作人员也曾质疑是否有必要继续推进这“两项承诺”。剑桥教育集团的工作人员回访甘肃时发现，“两项承诺”推进的成效是正向的。一方面，GBEP 项目的开展给县政府施加了压力，让地方政府优先考虑发展贫困地区的教育。另一方面，当资金开始流动时，非工资支出的活动比较容易开展和实现。现在，在所有县中，5% 的非工资支出必须分配到教师在职培训中。尽管这部分的经费数额不算大，但每年都有持续的预算和经费投入，用于非工资支出的活动开展。[1]

（四）学校发展计划的转变

在 GBEP 项目中，优质学校会制定学校发展规划，但它也正在被更传统的、自上而下的受援国国家规划所取代。在 GBEP 项目开展时，近 700 所学校引进了“学校发展计划”（School Development Plan），并将其作为一种新的学校管理方法。这种方式并不依赖于政府部门制订的自上而下的计划，而是鼓励学校灵活自治，并与当地社区合作，圈定优先发展事项。[2]

在回访的学校中，学校发展计划是参看的实物之一。通过回访发现，上级政府对学校发展设计了更多的计划要求，这些计划与学校发展计划有所不同。有一些学校以 GBEP 格式为模板，结合上级政府要求，制订了新式的计划。在这些新的计划中，有些已经得到审查和批准。其中一所小学积极地使用学校发展计划，并在学校的倡议下，进一步发展了这一计划。因此，该校校长要求每位教师制订详细的教学计划，并制订明确的学生参与计划，而制定的目标要纳入学校发展计划的附录中

[1] Cambridge Education. The ripple effect：a review of the sustainability of the Gansu basic education project [R]. Cambridge：Cambridge Education，2017：22.

[2] Cambridge Education. The ripple effect：a review of the sustainability of the Gansu basic education project [R]. Cambridge：Cambridge Education，2017：18-19.

汇总。但有些学校会仅参照上级政府的计划和要求，不再设计学校发展计划。[1]

此外，社区参与学校的活动是学校发展计划的一个重要组成部分。实际上，社区咨询（Community Consultation）在中国并不是一种流行的做法。例如，在城市地区，学校以家长会的形式让家长与教师进行交流。在回访中发现，几乎所有的学校都表示，他们仍然会举行社区会议，但其中的一些已经被“家长会”这种形式所取代。实际上，在项目实施前，社区会议主要讨论的是解决孩子休学、辍学的问题，但随着GBEP项目的开展，甘肃地区的学生入学人数大幅度增加，社区会议的形式也就发生了转变。[2]

（五）督导模式的改良

观察的结果表明，GBEP的督导模型已被制度化，符合中国政府的要求。2000年，对甘肃的学校督导工作主要集中在“服从式”的基础方面，如：有足够的教师吗？他们都接受过培训吗？规章制度在使用吗？课堂桌椅保持得好吗？而在开展督导试点工作时，该项目以英国教育标准局的模型为依据，建立并编写了新的督导系统，重点评估教与学。[3]

---

[1] Cambridge Education. The ripple effect：a review of the sustainability of the Gansu basic education project [R]. Cambridge：Cambridge Education，2017：18-19.

[2] Cambridge Education. The ripple effect：a review of the sustainability of the Gansu basic education project [R]. Cambridge：Cambridge Education 2017：19.

[3] Cambridge Education. The ripple effect：a review of the sustainability of the Gansu basic education project [R]. Cambridge：Cambridge Education 2017：17.

参与了中英西南“支持普及基础教育项目”（Support to Universal Basic Education Project，该项目是GBEP的扩大项目）的几位政府工作人员声称，目前的省级督导系统已经得到发展，并被纳入GBEP的实践中。其中一项规定提到：“GBEP的督导系统已被纳入我们的政府督导系统中，并已正式认可。”[1]显然，从GBEP项目对甘肃四个县的试点工作开始，它的影响远远超出了项目范围和实施的周期。回访中，几个校长也告诉回访人员：“我们也是兼职督导。”[2]当然，使用有经验的校长来督导其他县的学校是GBEP督导模式的另一项创新。督导人员也需要观课、走课，花很多时间监督课堂教学。

尽管如此，剑桥教育集团在回访某小学时，提出要查看最新的督导报告，工作人员却提供了一系列的政策，而不是对学校的督导结果。学校发展计划则运用到了GBEP的检查模型中，并作为核心文件指导评审小组工作，评判学校绩效。随着中国政府对学校要求的改变，GBEP制定的督导评估模式也发生了改变，而关注教与学的改进仍然是督导的核心工作。[3]

[1] Cambridge Education. The ripple effect: a review of the sustainability of the Gansu basic education project [R]. Cambridge: Cambridge Education, 2017: 17.

[2] Cambridge Education. The ripple effect: a review of the sustainability of the Gansu basic education project [R]. Cambridge: Cambridge Education, 2017: 17.

[3] Cambridge Education. The ripple effect: a review of the sustainability of the Gansu basic education project [R]. Cambridge: Cambridge Education, 2017: 17.

第二节　英国对外教育援助政策实施的问题

英国对外教育援助项目在学生入学率、师资培训数量、经费投入额度、校舍建设方面取得了阶段性的成效。DFID 在开展对外教育援助政策实施的过程中，不仅帮助受援国建立学校，提供物资支持，并在学生入学、女童教育、特殊教育、职业教育等方面作出了突出贡献。但从实证调研中发现，英国实施对外教育援助政策时，其质量保证、资源使用、边缘化关注、教师培训、监督问责以及工作人员的生活状况等方面仍然存在可改善之处。

一、援助优先项发展乏力

英国在对外教育援助政策实施的过程中，支持受援国基础设施建设工作，关注边缘化群体，特别是边缘化女童的教育，也十分重视受援国教育的发展。尽管这些政策中的优先发展项已取得了阶段性的成效，但不可否认的是，这些方面的援助工作依旧存在资源浪费、关注度不够的问题，其根本原因是对受援国现实环境的考虑不足、认识欠佳。

（一）基础设施建设的资源浪费

1. 校舍重复建设

英国每年要花大量的经费援助受援国的基础设施建设，但基础建设的情况并不乐观，重复建设造成的浪费情况经常发生，极大地降低了援助经费的使用效率。例如，学校基础设施的建设与重建是 GBEP 项目的重要举措。在项目实施中，新建和翻新的校舍彻底改善了学校的基础设施状况。1999 年，剑桥教育集团通过调查发现，甘肃省受援地区（4 个县）的 700 所学校，校舍环境艰苦，一些学校的教室是用夯土垒建的。因此，冬天室内寒冷，教室屋顶漏水，光线很差，而且供暖只有靠烧煤的火炉。为此，GBEP 项目在这些学校中，改造了约 200 所学校的基础设施。在重建或修建校舍的过程中，该项目利用阳光走向，设计了更大的窗户和透明的天花板，并在教室里安置了炉灶，利于学生和教师的冬季保暖。[1] 同时，所有的校舍具有抗震能力，可持续使用 40 年。

在 2017 年回访甘肃的过程中发现，GBEP 项目支持下修盖的校舍还未达到使用年限就被拆除。不到 10 年的时间里，由于政府出台了更为严格的安全措施，原有的基础设施再次被重建，取而代之的是三层楼的建筑。当然，这一现象的出现也与国家政策有关。2008 年“汶川大地震”之后，教育部发布了地震灾区学校安全建设的新标准。这些标准比 GBEP 所使用的

---

[1] Cambridge Education. The ripple effect：a review of the sustainability of the Gansu basic education project［R］. Cambridge：Cambridge Education，2017：11.

项目标准更为严格，要求更高。因此，各县以安全为由重建校舍，取代了 GBEP 修盖的校舍。

2. 基础设施闲置

根据 2011 年的统计数据显示，GPE 项目为全世界新建或修建了近 8000 间教室。但在贫困的受援地区，这些新建的基础设施的使用情况却是喜忧参半，有些则成为应付建设、撰写援助报告的“证据”。以尼日利亚的 ×× 大学校舍援建情况为例，该项目的基础设施的建设形式大于内容。在访谈中，ZN（尼日利亚）与 TG（埃塞俄比亚）的回答，也回应了这一事实。ZN 说道：

这些年确实能够看到，尼日利亚的中小学及高校的学校基础设施建设和入学环境得到了极大的改善，越来越多的年轻人能够进入学校接受教育……在我去大学的调研过程中，我发现学校图书馆的门锁了，好像图书馆建好后从来就没开过。此外，微机房中所有电脑都没有办法使用，因为学校没有电。而且电脑设备都很陈旧，基本上没安装什么软件，这怎么让学生上课啊？化学课堂中，学校有必备的实验室，但是化学实验室没有人使用，操作台上也没放什么东西（化学药品），也没有任何设备可用。（V-ZN）

在访谈结束之后，ZN 打开她的电脑展示调研过程中的照片，展示了尼日利亚某高校的现实图景。通过照片内容显示，教室中的墙皮已经发灰，很久没有粉刷过了，每一间教室的窗户都有护栏，所有的板凳桌椅都用铁链相互连接着，不方便移动。这样做的原因是防止桌椅被偷，就连教室墙上挂着的钟表，都安装了一个防盗的铁罩，并用钥匙锁住。

此外，ZN 也展示了透过窗户拍下的微机室和图书馆。微机室里电脑和桌椅摆放整齐。电脑看上去似乎一直没有使用过。图书馆内的陈设也很整齐，但紧锁不开。两张照片看上去像是“面子工程”。另一张照片显示，在大学的校园里，有一栋烂尾楼一直得不到修建，光秃秃地立在校园中非常醒目。校园中的柏油马路也没有修好，道路中没有覆盖柏油的土地上已经长出野草，一直没有人维护。ZN 解释道：

（图书馆）一直就没有开过。从窗外望进去，里面面积很小，只有两三间教室那么大，感觉像个图书资料室。且里面的藏书量很少，根本不让学生和教师借阅……（微机室不让用）一方面是没有电，电脑不能使用，另一方面是怕把电脑用坏了，因为学校周围根本没有地方可以修理……此外，因为腐败的问题，（马路）没有后续经费继续修建了。（V-ZN）

通过访谈和图片观察发现，尼日利亚的基础设施建设项目并没有想象中的那么好。由于尼日利亚当地供电的不足，哪怕教室里提供了基本的电子教学设施，学生们仍然不能使用。此外，硬件设施缺乏基本的维护与后续服务，学校将这些设备闲置。图书馆的使用情况更是如此，规模小，存书量小，也不让学生和老师使用。ZN 最后遗憾地告诉笔者：

如果英国要检查了，相关人员就会找人来拍几张照片发过去，告诉他们我们确实修建了教室和校舍。而这一切的一切，只是为了做个样子。（V-ZN）

（二）边缘化群体的关爱不足

1. 残疾儿童缺乏入学机会

英国政府在实施对外教育援助政策时，关注教育公平，重点关注边缘化的弱势群体和残疾儿童，同时，在 GBEP 项目中，推动了残疾儿童入校（普通中小学）就学计划。由于中国特殊教育政策出台，该计划改变了其实施的方向。

实际上，GBEP 项目在鼓励弱势儿童上学方面做出了很大的努力，特别是在少数民族女童、残疾儿童和辍学生方面。2002 年，GBEP 项目对残疾儿童和有特殊教育需求的儿童使用了一种新的教育方式，就是将他们送入中小学课堂上，而不是把有特殊需要的孩子送到特殊教育学校中，其目的是帮助教师在课堂上作出判断并管理这些学生。由于该项目开设时间较晚，并没有达到预期的效果，但让教师和校长们知道，如何在普通学校中开展特殊教育的工作。❶

每一次到学校参观时，剑桥教育集团都会询问残疾儿童和有特殊需要儿童的数量，但大多数学校的答案是“没有”或“只有一两个”。通过回访得知，2013 年中国政府出台的政策对

---

❶ Cambridge Education. The ripple effect：a review of the sustainability of the Gansu basic education project［R］. Cambridge：Cambridge Education，2017：15.

特殊教育作出了规定，即当一个县的人口超过33万人以上时，都要设有特殊教育学校，而这也是普通中小学校没有特殊教育需求的原因。因此，普通中小学校没有保留GBEP项目专门为学校残疾儿童设计的诊断或培训材料副本。而且GBEP项目中有关特殊教育需求的倡议，似乎也未在甘肃试点地区开展过。从回访的角度看，在中国贫穷的农村地区，人们对残疾的态度仍然是由传统决定的，很难通过一项援助计划改变这一现状。[1]

2. 女童持续性就学存在隐患

尽管受援国的女童入学问题、教育问题已经得到了极大的改善，但由于地理环境和传统观念的影响，女童入校就学依旧存在巨大阻力。女童，特别是边缘化女童所面临的现实困难依旧很大。想要真正解决这一问题，面临的困难似乎还很多。在访谈中，TG说道：

埃塞俄比亚的地形是山地高原，而许多女童住得离学校比较远，家里人需要考虑给女童提供保护工具，让她们去上学。他们（父母）认为，女童很弱小，每天不能总是上山下山的，这样不安全。在农村地区，女童也有很多其他的责任要去承担，她们要去打水烧火，帮助母亲照顾孩子，在厨房做饭。对于女童来说，她们自身就背负着一些传统和文化的责任。此外，由于许多学校没有水，基础设施跟不上，没有足够的资源

[1] Cambridge Education. The ripple effect: a review of the sustainability of the Gansu basic education project [R]. Cambridge: Cambridge Education, 2017: 15.

去支持女童和女性教育。尽管女童的小学入学率还可以，但很多人半途就不再上学，不再接受教育。（V-TG）

此外，DFID在女童教育项目开展中发现性别的不平等和校园暴力，反映出社会中依旧存在对女童以及女性的歧视。因此，DFID在基础设施建设中，确保每一所学校都提供安全饮水，男女分开使用的厕所，并确保受援地区的每一所学校都有相同的基础设施。在埃塞俄比亚的项目中，TG认为英国的基建援助非常有用：

若学校没有厕所，这对农村地区女生的安全和隐私是非常不利的。若学校厕所没有水，这对女童的健康就更加不利了。因此，用于修建厕所的援助经费，帮助解决了女童就学中的生活问题，这其实是一种有效的援助方式。从教育的层面来看，需要支持女童的权利，考虑她们的健康改善，鼓励她们不要辍学，通过慈善机构的奖学金，继续去接受高等教育。（V-TG）

但从实际调研结果来看，尽管英国对外教育援助项目提高了埃塞俄比亚女童的小学入学率，但是只有较少的女童在完成小学教育后还能够进入中学继续学习，而能够进入大学的女性数量更是少之又少。这主要还是因为受援国教学资源的极度缺乏，没有足够的资源去支持女童和女性教育。同时，女童生活的自然环境十分恶劣，交通设施不够完善，使得女童上学的安全问题得不到有效保障。更为重要的是，传统思想禁锢着受援国女性无法入校就学。哪怕安排女童就学，但她们依旧要承担家庭和生活的重任，这也成为女童入校就学的障碍。

（三）教师教育培训的现实挑战

DFID 一直将“教师”和“教学”作为对外教育援助的优先发展事项。在 DFID 开展的有关受援国教师培训项目中要求，每年至少为受援国培训 13 万名教师。[1] 尽管 DFID 在对外教育援助的工作中努力实现这个培养目标，但目前在受援国农村和城市地区的中小学依旧缺乏任课教师。值得注意的是，庞大的教师教育规模让传统大学的教师培训工作超载。同时，大学一年的教育成本是小学的 50 倍。[2] 这笔经费压力也成为教师培训的现实挑战。

由于缺乏科学的管理，受援国学校教师的出勤率也不容乐观。在印度公立学校的调查中发现，有四分之一的教师经常缺勤，深入学校调查时发现，每天仅一半的教师在工作。[3] 其他国家也存在这一现象。以 DFID 在卢旺达开展的教师教育培训项目为例。通过实证研究发现，该项目教师培养层次划分不均，课堂人数多，新的教学观念与传统教学思维冲突等原因，加大了教师培养的难度。

---

[1] DFID. Learning for all：DFID's education strategy 2010–2015［R］. London：DFID，2010：29.

[2] LEWIN K M，STUART J S. Researching teacher education：new perspectives on practice performance and policy［R］. London：DFID，2003：ix–x.

[3] CHAUDHURY N，HAMMER J，KREMER M，et al. Missing in action：teacher and health worker absence in developing countries［J］. Journal of Economic Perspectives，2006，20（1）：91–116.

1. 卢旺达教师教育培训课堂概况

在卢旺达教师教育培训项目中，教师的培训情况并不乐观。志愿者LC在偏远的地方大学开展教师教育培训的课程。一个年级中，教师教育培训的班级约有10个，基本情况是：

女性学生（她们已经是中小学教师了）人数接近50%。但是非常有趣的是，一个课堂中既有中学老师又有小学老师，通常女老师都来自小学，男老师来自中学，男士的英语通常要比女士好一些。他们向大学申请注册，审批后大学为他们支付费用。（V-LC）

而该校的教师教育培训课程都是由英国引进的。LC告诉笔者：

在这个大学中，我所教的学生都已经是当地某个学校机构的老师了，但我所教的课程对于他们来说是十分具有挑战性的。因为英语语言的学习是长期积累的，不是一蹴而就的。在课堂教学中，我通常使用两种方法。第一种是传统的教学方式，在课堂上教给他们基本的知识。第二种是我试着开展一些课堂活动，让他们不断地说英语，帮助他们练习英语。第二种方式也是当地政府非常希望我们做的（学生的挑战是课堂教学形式的不适应）。（V-LC）

2. 班级人数较多

在教师教育培训的过程中，班级人数过多是援助人员遇到的第一个难题。尽管LC之前所学的专业是TESOL，但是对于一个庞大规模（人数太多）的班级来说，课堂教学也成为挑战。

我知道学习语言对于这些老师非常重要，但是大规模的课堂教学，对于我来说比较困难。我在卢旺达的大学课堂上培训当地的教师。一个班的学生人数在65—80人。真是不可想象，一个老师要教65人以上的学生。我也试着去教有关教学原理、教学方式等内容。但最挑战我的是，如何在课堂上让这么多人同时开展互动，让他们一同练习英语口语。（V-LC）

事实上，这种大规模的教师培训课堂完全超出了LC的教学预设。在教学的过程中，LC不知道如何去控制这样一个教学环境，用什么样的方式开展课堂教学，也没有把握帮助所有学生共同进步。

3. 英语教师的底子薄

在卢旺达，官方语言有四种，包括卢旺达语、法语、英语、斯瓦希里语，但是对英语的重视不及法语。近些年，随着国际援助的发展，卢旺达愈发重视国民的英语水平，但现实情况是该国教师的英语基础水平低，师资需求人数却太多。面对这一问题，近些年，英国及国际组织对教师的英语教育培训也加大了投资的力度。在访谈中，LC分享了一个有趣的实例：

当我第一次在课堂开展教学工作时，我认为我教得还不错，但是一个学生举手说："老师，我们不知道你说些什么，因为你的英语太差了。"我内心震惊了："什么？我是美国人啊，我的英语还不好吗？"因为我是在卢旺达首都的一个小镇上教课，他们没跟美国人说过话，他们没有跟母语是英语的教师说过话，他们说着卢旺达式的英语，有很强的口音，对他们、对我来说，真的是一个挑战。(V-LC)

此外，在教师培训的课堂上，所有培训的教师都是中小学的英语教师，但是，他们的英语水平普遍比较差，课堂学习能力也不高。

他们的英语等级可能才达到欧洲框架中的A1水平。一个班平均80个人左右，只有10个人知道我在说些什么。他们平时跟班里的同学都说母语而不是英语。我想让他们一直练习说英语，提高他们的英语综合水平，但仅仅通过这种课程提高英语水平非常困难。如果我试图去教难一点的、复杂一点的理论观点和技能知识，他们可能就听不懂了。(V-LC)

4. 课堂出勤情况不佳

由于自然环境和历史发展的影响，受援国的经济基础薄弱、人民生活困难、自然环境恶劣等情况，造成了国家的积贫积弱，给当地的教育发展造成了困扰。卢旺达境内多山，有"千丘之国"的称谓，交通设施差，环境恶劣，而学生来自各个地方，住得离学校较远，这给学生上学、放学的出行，造成了极大的不便。通常来说：

我执教的大学在市里，离我住的地方有两个小时的路程。而大多数学生也来自不同的地方，很多人住在山那边，他们要坐车翻山越岭地每天往返。因为他们有工作，所以要在整个假期（暑假）集中授课，在课堂上学习像普通中等教育证书（General Certificate of Secondary Education）[1]之类的课程。（V–LC）

但是，卢旺达的雨季降水量较大，公共设施和基础设施较为落后，不仅给交通出行造成了麻烦，而且这种环境为传染病、流行病的发生埋下了隐患。现实情况是，当地人在这种环境中特别容易生病。

有时候，当地气候比较差，比如遇到雨天，路上很泥泞，好多人就不来了。要是雨太大、雨声太大，学生们根本听不见我在讲什么，我也无法在课堂上正常开展教学。如果有些学生家人去世，根据当地传统，他们要在家服丧很长时间，他们就会跑来跟我说："抱歉，我不能来上课了，因为要参加葬礼。"因此，你一天都见不到这个人。我觉得，有必要协商一下这个

[1] 英国学生完成第一阶段中等教育会考所颁发的证书。学生通常用两年学习 8—12 门课程，大多数学生都会学习学校规定的必修课。必修课包括英语、数学、设计与技术、语言、自然科学、宗教、通信技术及体育等。选修课程有艺术与设计、商务、戏剧、经济学、工程学、卫生与社会护理、休闲与旅游、音乐与物理等。

事情。还有一种情况比较普遍，如果雨天持续时间过长，学生就不太会外出，因为这种天气导致他们总是生病，他们会感觉受凉了。诸如此类的事情很多。（V–LC）

5. 教师培训数量多、质量差

在对外教育援助总结报告中，DFID 通常会强调教师培训的数量和规模，但是更多的教师接受培训，并不代表所有的教师在接受完培训后，都具有相应的教学胜任力，也没有对教师培训的结果进行有效的评估，最终的报告只流于形式。在访谈中，SN 质疑尼日利亚的教师培训质量，认为英国在尼日利亚开展的教师教育培训活动的水平和质量并不高。LC 在自己的教学培训经历中也说道：

由于我们的文化背景完全不同，在教师培训的过程中，我已经不太相信这些援助项目很有价值了。实际上，教师教育培训的效果、效能、质量和影响，以及切实的价值并没有体现在教师个人能力上。因此，当我进入课堂时，我才真正意识到我确实不能解决这些（教师培训质量的）问题。有时候我感觉，如果想解决这些问题，不能只通过我的努力，他们（卢旺达政府）也要积极地配合，才能解决这些问题。（V–LC）

二、援助质量与问责堪忧

（一）援助工作质量的担忧

1. 学生辍学现象依旧严重

在国际教育援助的支持下，尽管全球小学注册率不断升高，学生入学规模不断扩大，但是学生入校就学并不等于学生能够接受好的教育，特别是学生辍学、学业完成率以及教育质量与成效不佳等问题依旧令人担忧。在辍学率问题上，DFID积极开展双边、多边教育援助合作，使得学生的辍学率明显下降。1999—2007年，小学生辍学人数从1.03亿人下降至0.72亿人，女童辍学率从58%下降至54%。[1] 中学的辍学现象和女童辍学的现象依旧较为严重。在对MW进行采访时，他说道：

> 虽然小学教育是免费的，但是中学教育要收费。一谈到要支付学费，很多家庭就犯难，负担不起，因此，大多数学生还是会辍学，之后就回家务农，不再上学接受教育。（C-MW）

此外，在对外教育援助的过程中，似乎入学问题已经得到了极大的改善，入学人数和学生注册率持续增加。但是，在许多贫困的国家或地区，依然有许多儿童，特别是女童未能入校就学，当遇上冲突、危机或疫情时，辍学的人数还会增多。在对

---

[1] UNESCO. Reaching the marginalized［R］. Paris：UNESCO，2010：55-56.

AB 进行访谈时，他说道：

目前（2017 年），巴基斯坦依旧有 2.5 万名学生辍学，如果有一天，这 2.5 万名学生都能够进入学校就学，那么，（巴基斯坦的）入学问题就解决了。（M–AB）

因此，让每一个孩子在当地都能进入学校接受教育是 DFID 的教育援助优先发展目标。实际上，学生入学与学校好坏甚为相关。所谓的好学校应该包括，从小学升入中学的阶段，学生不会因为距离和学费而终止接受教育；学生复读概率应该降低为最小；班级有基本的设施条件，环境安全，没有骚扰和歧视现象；女童要与男童享有公平的学习权利。那些身患残疾以及艾滋病患者，也要享有公平的（学习和教育的）权利。每个班级都有基本的学习物资，并要有训练有素的专职教师。同时，学校能够有效地被领导、管理与治理，并得到教育系统的支持，为教育各方面的优质发展而努力。DFID 坚信，所有的儿童都应该得到支持，成功入校就学，让潜能得到充分的发展。

2. 教育质量水平低

改进学习质量是 DFID 教育援助的战略重心。教育对经济效益和社会效益的影响与认知技能的习得紧密相关。1960—2000 年，DFID 对 50 个国家和地区的调查显示，每增加一年的学校教育，GDP 会上升 0.37%；若提高认知技能，GDP 增长幅度更大，上升指数为 1%。[1] 学习成绩的好坏影响收入的水平，对经济发展水平也有所影响。[2] 因此，提高学生的学习质量有助于减少收入差距。[3]

近些年，在对外教育援助规模不断扩张的同时，英国政府也意识到了要提高受援国教育援助质量的问题。调查显示，许多学生在接受完小学教育后，依旧缺乏读写技能与算术技能，这在对外教育援助过程中也是要引起重视的问题。

入学问题解决了，就要进一步关注学生的教育质量。全世界有许多有关教育质量的数据（如乌干达、坦桑尼亚等国家的评估报告）显示，尽管许多学生已经入学接受教育，但是仍旧学不到什么东西。我们（剑桥教育集团）对入学第三年的女童进行测试，成绩结果显示，她们还不会做一年级学生的题，也就是说这三年来，她们什么也没有学到。面对这种成绩，我们会觉得有点失望，难道自己（剑桥教育集团的援助工作）只起到了一个“保姆”的作用？（M-AB）

这种现象非常普遍，2010 年 UNESCO“全球监测报告”（Global Monitoring Report）中对南亚、西亚以及撒哈拉以南的

---

[1] UNESCO. Overcoming inequality：why governance matters［R］. Paris：UNESCO，2008：30-31.

[2] McKinsey & Company，Social Sector Office. The economic impact of the achievement gap in America's schools［R/OL］.［2017-11-02］. https：//www. mckinsey. com/industries/social-sector/our-insights/the-economic-cost-of-the-us-education-gap.

[3] TEMBON M，FORT L. Girls' education in the 21st century：gender equality，empowerment and economic growth［R］. Washington：World Bank，2008：123.

非洲的调查报告显示，尽管儿童已经完成小学阶段的教育，但是他们依旧不具备阅读和算术的技能。[1]在印度的调查中也发现，三年级学生只有不到一半的学生能够阅读一年级学生的课文。[2]在博茨瓦纳、肯尼亚、南非和斯威士兰，只有不到25%的六年级学生能够达到应有的水平。[3]因此，对教育质量的关注，特别是对儿童读书、写字基础能力的培养，已经成为英国对外教育援助关注的优先项之一。

对于学习质量不佳的问题，“DFID已经行动起来了”（M-AB）。2009年，英国与国际组织合作投资约3亿美元，开展了“普通教育质量改进项目”（General Education Quality Improvement Programme）。该项目关注教师培训、课本、学校人头补助和能力建设，旨在提高学生的教育质量。[4]

此外，教师教育的质量问题也令人堪忧。LC认为，尽管受援国教师学习人数在不断增加，但是教师实际英语水平情况并没有得到有效的提高，也就是说，数据只是数据，其背后不存在实际意义。

我们这个项目后续没有评估，只写了一个报告。报告是我

❶ UNESCO. Reaching the marginalized［R］. Paris：UNESCO，2010：94.

❷ Pratham P. Annual status of education report（rural）2007［R/OL］.（2008-01-05）［2017-04-23］. https：//www. researchgate. net/publication/23646062_Annual_Status_of_Education_Report_Rural_2007：Pratham Resource Centre.

❸ UNESCO. Overcoming inequality：why governance matters［R］. Paris：UNESCO，2009：108-109.

❹ DFID. Learning for all：DFID's education strategy 2010-2015［R］. London：DFID，2010：32.

写的，感觉像一个总结，用来反映项目的实施情况。当然，我也会拍一些视频和图片，作为援助项目的证据放在档案中。这份报告由项目团队一级级上报，而报告中唯一强调的信息是，有多少人参与了这项活动。例如，我参加了这个项目，帮助了4000名教师……哦！4000名，这有什么意义吗？我不知道。（V-LC）

实际上，教育质量改进是十分复杂的，一直存在争议。[1]解决教育质量的方法和补救措施也没有捷径可走。[2]因此，英国政府考虑的是，儿童是否能通过教育，学习到优质的知识和技能；学生能否将知识和技能，运用到今后的学习、健康、财富积累、经济发展中，并使他们获益。[3]

3. 学生职业技能有待加强

人力资本是提高生产效率和成本效益，应对国家经济需求的改变良策。特别是新技术的出现与高技能的需求紧密相关，中等教育和高等教育的高回报率也日益显现。但对发展中国家来说，职业技能的培训还不能满足就业岗位员工培养的需求。通常来说，适合的、有技能的劳动力资源，是经济长期增长的必要因素。为了支持年轻人获得相应的职业技能，DFID与受

[1] ALEXANDER R. Essays on pedagogy［M］. Abingdon：Routledge，2008：165.

[2] MINGAT A. Options for a cost-effective allocation of resources［Z］. Abidjan：Association for the Development of Education in Africa，2005：32.

[3] HANNUSHEK E. Schooling，gender equity，and economic outcomes［R/OL］.［2017-10-13］. https：//www. slideserve. com/tiger/schooling-gender-equity-and-economic-outcomes-powerpoint-ppt-presentation.

援国政府、私立机构和民间团体共同合作，提高整个教育与培训部门的效能。

但从调查结果来看，在收入最低的国家中，就业的机会短缺，学生接受职业技能培训的机会少[1]且缺乏获得技能的途径，女性更是如此。在最为贫困的发展中国家，小学毕业后，对于青年女性来说，继续学习和参加培训十分困难。[2]尽管受援国公共部门出资开展培训项目的经费合理，但监管力度不强，不能确保学生获得所需的综合技能。私营企业在就业员工的技能培养方面有所顾虑，他们害怕员工接受培训后就被其他公司挖走，因此也不愿意花时间、花资金来培养员工的技能。[3]

需要强调的是，为了实现联合国提出的发展目标，受援国需要雇用更多有技术的教师、护士、医生、农民、工人。针对气候问题，抗击气候变化，也需要培养更多科学与技术专业的毕业生。但是，受援国还缺乏职业技能训练的基础场地，更为重要的是，没有可培养学生技能的专业教师，教学资源也很缺乏，因此学生不能得到好的职业教育与培训。在这种恶性循环下，学生的职业技能培训援助工作始终无法有效开展。[4]

---

[1] World Bank. World development report 2007：development and the next generation [R]. Washington：World Bank，2006：71.

[2] Plan International. Girls in the global economy：adding it all up [R]. London：Plan International，2009：44.

[3] DFID. Jobs，labour market and shared growth：the role of skills [R]. London：DFID，2008：22.

[4] Secretariat of the Convention on Biological Diversity. Global monitoring report 2010：innovative financing for biodiversity [R]. Montreal：Secretariat of the Convention on Biological Diversity，2010：22-26.

（二）监督与问责实施的现实困境

1. 援助监督与问责需要共担共责

对于问责的担心，主要来自其监督的方式方法。但对外教育援助的问责，有时候不是英国政府单方面的事情，既然是一种双边合作，英国与受援国需要共同承担责任。在访谈中，ZN认为，援助项目的监督与问责是援助双方的问题，特别是在经费的使用情况上，英国和受援国政府都需要负起责任。在谈到援助项目的监督问责时，SN说道：

在尼日利亚，我不知道这种（援助问责）合作形式是否有效。你知道，人们有时候会因为钱变得很自私。例如，慈善机构和援助组织，他们通过英国的DFID和UK Aid提供援助帮扶，并给予很多的经费。援助结束后，英国政府规定，援助的工作人员要写一份总结报告，告诉英国政府，这个钱做了哪些事情。但英国政府并不能去实地检验或评估项目到底开展成什么样。有可能，人们（尼日利亚政府或官员）只是收了援助经费，然后用经费做了其他的事情。像这种事情需要在项目结算时，做更多的审核和检查才行，检查这些钱是否用在了真正该用的地方。当然真正做到这种程度，也是非常困难的。但对于我来说，唯一能看出钱是否发挥了价值的方面是，教育援助项目是否对地区的发展有影响，是否对当地的教育改进有效。（V–SN）

在谈到受援国要在援助项目中承担何种责任时，受访者也希望，受援国要自觉且有意识地开展监督与评估活动，加强教育援助成效的监管。这是受援国对待本国教育发展的态度与责任感的体现。受援国政府需要通过英国对外教育援助政策的实施以及项目的开展，有意识地提升或补齐当地教育发展中存在的短板，提升教育整体的成效。

像我们说的，对尼日利亚开展教育援助的任何组织，通过不同的形式进行帮扶，看上去非常简单。为了获得援助的帮助，当地（尼日利亚）可以向UK Aid提出明确的申请，该申请由英国审批，如果审批通过，那么受援国就有责任亲自监督和评估教育援助的实施。这是非常重要的，如果英国政府给了受援国援助经费，作为项目的承担方，就要确保这笔经费用在了申请的项目中。也就是说，申请的项目经费不能挪作他用……比如，英国给你（尼日利亚政府）钱，要你建设10间教室。之后，你发来教室的照片，并写报告，告知10间教室建设好了。但是，英国不能检查是否真的建设了10间教室，在哪儿建的，学校建设质量怎么样，如果没有建够10间教室，那么其他的钱是不是就贪污了。英国在这方面是负有责任的。如果应该建设10间教室，而他却建了5间，那么你就应该告知事实，为什么只建了5间教室，费用不够还是什么原因。同时，英国要去问责，因为这钱是英国出的。如果可能的话，受援国也应该告知校舍建设的一些细节问题，毕竟这个教室是你（尼日利亚）建的。因此，教育援助的问责应该是双方的事儿。（V-ZN）

2. 援助评估模式的适切性

尽管英国政府有专门服务对外教育援助的问责和评估机构，但DFID通过外包的形式，聘用专业的评估机构，监督并检测教育援助的实施效果与建设成效。从访谈结果来看，对外教育援助的监管、跟踪和评估并不到位，对项目的实施和结果缺乏问责。TG说道：

每一个教育援助项目的环境都不太一样，具有独特性，这就要求英国在开展评估、问责的时候，要客观地面对这个情况，并有所应对。同样，援助实施的结果要透明公开。但是，捐助者（英国）对援助的监督与问责也较为担心。（V-TG）

对于目前比较流行的PbR评估方式，AB承认，这种方式在一定程度上确实起到了积极的作用，但是PbR毕竟更适用于商业运作的管理和评估，对教育行业的评估和问题，AB仍然存有疑虑。

我们（英国）为什么要一直用PbR，因为PbR在提供经费的同时，也设定了每笔经费使用的目的、意图、时长等，这比较公平，比较简单，一目了然。尽管教育计划者（的出发点）是对的，他们想让100万个孩子在学校获得教育，但要证明学习质量是否比较好，这十分困难。有许多的实例可以看出，PbR并不是一个简单的事情，例如，健康问题。若想在受援国阻止疟疾，援助方提供给受援国50万顶蚊帐。援助机构可以支付给其他供应单位经费，购买蚊帐。若1英镑能买一顶蚊帐，受援国要50万顶，那我们就给受援国50万英镑。因为，受援国知道从哪里能搞来蚊帐，且在这个过程中，每一件事情都很清楚明确。PbR模式仅适用于这种工作，明确地知道经费的用途和实施途径。（M–AB）

在国际援助过程中，PbR模式的适用范围较为广泛，多用于公共发展援助的项目中，以保证经费的使用效率。但在对外教育援助项目中套用PbR模式，援助方需要重新思考该模式的适切性及其实际应用价值。

PbR是在援助的早期阶段实施的。在对外教育援助中，PbR已经获得了许多的经验。当英国要给予受援国帮助时，比如，我们（英国）需要在之后的阶段中，让受援国200万名以上的儿童入学，接受小学教育。DFID同意后，提供给受援国经费，帮助并支持援助计划的开展和实施。在这个过程中，DFID将给我们……假设是2000万英镑的经费，但又不想一次性付给受援国全款，于是，当有100万名学生进入学校的时候，我们（DFID）付给受援国1000万英镑，有200万名学生进入学校的时候，我们再补齐2000万英镑。这个理论非常简单，但是我们要反思，真有必要这样做吗？教育不是工业，你投入了多少经费就会有多少产出，也不会像基础设施建设那样一目了然。在对外教育援助中，PbR真的不是一个好的方法。尽管这是DFID的政策，但是迄今为止，对教育援助来说并不

是一个有效的方式。（M–AB）

此外，尽管 PbR 模式的发展得到了 DFID 的支持，并成为对外教育援助评估项目中重要的问责方式，但 AB 认为，是否使用 PbR 这种援助模式是十分复杂的事情。因为对外援助机构必须关注每一个受援国的国情、每一个对外援助项目的细则和实施情况，以及相关角色的参与情况。因此，DFID 需要认真考虑以上所有的因素，再去衡量 PbR 是否为这一项目最好的方式，是否能够较好地实现援助目标。

三、援助工作者的现实困境

由于对外教育援助项目的复杂性，参与援助的工作人员大致可以分为两类：一类来自受援国，另一类来自援助国。受援国的工作人员包括当地的教育专家顾问，以及那些在英国上学、工作的受援国公民，如 TG 和 ZN；援助国的工作人员指的是非受援国公民，通常来自发达国家，如 MW、TW、AB、LC、LT 等。

在访谈的过程中，由于身份的不同，这两类人群对援助过程的描述态度有较大差异。特别是在谈到受援国生活环境时，出现了“习以为常”和“极度不适”两种反差。对那些身份为受援国公民的工作人员、专家顾问来说，他们了解本国的实地情况，了解并习惯当地的生活环境，在访谈过程中，对援助环境的贫困程度和现实条件只是客观口述，不会有强烈的情绪波动。但是，来自援助国的工作人员会对受援国生活条件、工作环境的描述表现出情绪波动，在访谈的过程中频繁提到援助条件是多么地“不可思议”和“难以想象”。

就像读博士一样。在此之前，你要为自己的研究准备很多的东西。但援助的现实情况是如此的不同，我并不认为别人能理解我所想的，这跟援助工作一样，特别是你在其他国家开展援助工作，你都不知道如何去做这些准备。（V–LC）

（一）生活环境的落差

在受援国的生活环境中，情绪反应最大的是来自援助国的工作人员。特别是当他们进入当地贫困的农村地区时，基础设施建设较差，供电供水系统并不完善，经常会发生停水停电等生活问题，这对习惯于发达国家生活方式的工作人员来说，会非常不适应。在访谈中，LC 说道：

我感觉每天的生活对我来说都是非常大的挑战。因为，我住的地方每天早上只有几小时的供电时间，有时候天气太冷也没有暖气，没有浴室，没有厕所。有时候雨下大了，厕所（旱厕）就淹了……所有这一切出现在我的生活中，脑海中立马就想到：“我必须走了，不能再待下去了……”但大多数时间里，我又一直试图说服自己：“留下来”！（V–LC）

环境的限制与落后的生活条件，不仅让援助工作人员生活上感到诸多不便，沟通交流方面也并不顺畅，经常会感到孤立无援。

我一个人来到了一个陌生的地方，住的地方离大学（受援机构）坐车要两个小时。这里很难遇到其他人，我如果在英国或美国，哪怕到新的城市，也可以上网。但是这里（卢旺达），我能做的事情可能就是打盹。你无法与任何人进行沟通，经常感觉无能为力。你也找不到人去了解当地的一些事情。当我头几个月去的时候，我什么也不知道，因为我感觉自己“失联”了。我只能做我的工作，并主动去联系我的机构与合作方。由于情况很艰难，我变得越来越独立……之后，当我看见其他组织带来的外国人，我帮助他们联系当地的合作者，大家开始一起工作，我突然感觉，没有比这更好的了。（V–LC）

在援助工作开展的过程中，援助者对受援国情况的预期和面临的现实情况，会产生较大的内心落差，特别是对那些在受援国一线开展项目的人员来说，落差更为明显。

在参加这个项目之前，我已经有非洲国家的援助工作经验，于是申请了这个项目，通过（该援助项目的）面试得到了这个工作。进入卢旺达之前，我还读了有关卢旺达的很多的信息、资料和文献，对援助工作已经有了很多的想法和预设。但是现实中，卢旺达的情况简直不敢想象，超出了我的认知范围。我感觉自己被隔离了，所有的事情全靠自己，真的是非常困难。这种隔离感来自我所生活的社区环境。实际上，在你接受施援培训的时候，大使馆说会帮助你。但现实是，他们什么也做不了。他们只会告诉你，如果发生紧急状况，大使馆将派出军人去接你。但这是不可能发生的……你知道，所有这些事情，在我来之前没有人告诉过我，哪怕像我这样，之前已经有过援助的经验，但直接将你放到这样一个环境中，我适应起来都非常困难。（V–LC）

（二）交友与沟通的困境

在开展对外教育援助工作的时候，可能由于肤色、语言、生活习惯、处事方式、文化背景的不同，工作人员的实际体验也会有很大不同。这包括是否能够融入当地环境中，是否能够适应当地文化。实际上，由于文化背景的差异，援助人员在当地很难结交到朋友。

其实，我确实试图交一些当地的朋友，但是当地的（卢旺达）人，看上去十分传统，严肃而安静，并不是十分的开放。你知道，美国人都比较热情，而卢旺达的当地人似乎有点警戒心，这可能跟历史影响有关。如果我在卢旺达的首都，可能会遇到许多来自英语国家的人，他们会告诉我这里的一些事情，一些背景和习俗，让我更多地理解这个国家和地区。如果早点儿知道的话，我就知道如何去对抗这些生活的挑战，如何去度过这种艰难的时光……但我所在的城市没有什么外国人（白种人），非常少。在我参与援助的过程中，只有一个来自美国的小伙子，但也仅仅工作了几个月就走了……而我要在这里待10个月……我所在的这个城市的市民也非常好奇为什么只有我一个外国人。走在路上的时候，有很多人总盯着我看。第二年，我去卢旺达的首都后，基础条件相对好了些，情况才发生了些改变。我能联系到一些人了，一起的工作人员也比较相信我，他们觉得我比较有经验，比较有实践知识。（V-LC）

以上这些困扰，对当地专家顾问来说却不是问题。在援助的过程中，基于共同的生活背景和经历，他们了解当地的教育环境、风俗习惯。在语言的使用上，母语与略带口音的英语让当地专家与学生们沟通更为流畅。例如，ZN 和 SN（来自尼日利亚）、TG（来自埃塞俄比亚）、HY（来自中国），他们曾经在受援国当地的中小学做过教育援助的工作，或参与过援助的研究项目。在访谈中，当问及“遇到了哪些困难”时，他们承认对贫困的工作环境十分了解，不会产生过多抱怨，也不会对受援对象感到不适应。

实际上，在对外援助项目开展的过程中，英国更愿意聘请当地的专家前往一线开展调研，雇用他们为教育援助顾问。一方面，由于文化的不同，来自他国的援助工作人员有时候并不了解当地的风土人情，不能适应受援国的教育氛围。他们会感觉到孤独、无助，无法融入当地的环境中。另一方面，受援国当地环境较差，基础设施不完善，经常停水、停电，没有互联网，来自他国的援助工作人员时常会感到生活不方便。同时，在开展援助工作的时候，由于肤色的不同、语言（包括语音语调）的不同，也让援助者深感孤独。

（三）创新课程实施困难

英国对外教育援助非常重视创新教育理念，希望使用新的教学模式、授课方式，改变受援国的教学环境，提高教育质量，改进学生的成绩与教育困境。但是，将创新教育理念用于受援国的课堂教学，有时候并不是十分顺利，不仅在基础设施上需要物资和资源补给，更需要改变受援国课堂教学中那些传统而固化的教育思维和习惯。以卢旺达教师教育援助项目为例。

1. 教学物资短缺

教学物资是教育教学工作开展的基本条件之一。在卢旺达的教师教育培训项目中，教育资源分布不均，贫困地区教学课本的使用都存在供应不足的现象。

课堂用书真的是非常少，可能一个班里只有一本书。但卢旺达首都的学校，学生更容易获得书本。用一本书教 80 个学生，我真的不知道如何去做……除缺少课本外，你很难获得或使用一些有关教学的物资和资源，因为这些东西非常贵。因此，我会告诉我的上级部门，我需要什么，并告诉老师我想要做些什么。（V–LC）

此外，LC 能够获得一部分经费的支配权，但是这一部分经费十分有限。

我有时候会买点书，并举行小型的会议和活动开展教学，希望教师们都能够参加。当然，我也知道，举行小型的会议以及相关活动，可能并不适合这些国家。因为之前可能没有过，这种教学形式也是舶来品，在英国或美国更实用。但是，我必须要用最少的钱办最大的事情。（V-LC）

然而，从目前援助物资的供应来看，英国主要购买并捐献用于自然灾害和突发情况的物资，在教育物资方面，更多的是给予经费上的支持，直接给予物资的情况不多。IA 说道：

（我们）DFID 的项目有时候会注意到这个方面，提供物资，但现在更多的情况是直接提供经费，只有当发生紧急突发情况，如自然灾害、台风这类事情时，我们才会加大援助物资的力度。物资更多的是用在基建重建方面，教育次之。（O-IA）

2. 教学观念的冲突

在卢旺达的教师培训课堂中，最为明显的是教学方面的冲突，其中包括教学时间的调整、教学方式的改变。很多时候，LC 希望以新方式给学生带来新的体验，希望达到最好的教学效果，但是，她所开展的活动也是对当地传统教学模式的挑战，让本地的教师和学生都无法理解。

（1）教学时间的管理。

在教学时间管理方面，LC上全天课程，一天大概3门课程，从早上9点到下午3点。但是，卢旺达的夏天十分炎热，每到中午，学生们都非常想睡觉，考虑到天气的原因，LC希望学校调整教学时间。

我跟大学的人谈了一下，我告诉他们，一周应该上5天的课，从9点到下午5点，一天只上一门课，中午让学生休息一会儿，但是大家根本不理解我。教学时间也没有改变。（V-LC）

（2）互动课堂的开设。

由于援助工作人员身份的不同，LC在开展援助工作时感到不能被当地教师和学生所接受。尽管LC能够感到这种环境的不适应，但她依旧坚持自己的教学理念，让大家去感受、学习这种新的教学方法。

当我在大学开设教学课程时，我感觉大学并不能够接受我。于是，我花了一半的时间去审视我硕士期间所学的语言教学TESOL，并想方设法地研究如何开展大规模的课堂教学，如何拓展教学材料，改变教学方式。例如，我用很多单词卡片去代替默写或抄写单词，甚至在举例子的时候也用这种方式。这么做能够加强课堂互动，强化学生的记忆力。因此，我也给他们进行了必要的测试，通过测试看他们记住了多少。在课堂上，活动的开展能够更加深入，我试着让他们用英语对一些观点进行批判、讨论，并给出自己的意见。我感觉这种工作方式非常困难，对于学生们来讲，这种授课方式非常新，难以接受。但我不能让他们永远都是用一种方式去教学，而要让他们在课堂中活动起来。（V–LC）

（3）工作小组的教学讨论。

LC在践行自己教学理念的过程中，还加入一个有关教师教育培训的工作组，通过讨论教学方式的创新，希望让更多的教师接受这些教学方法，让自己的教育援助工作变得更有意义。

他们会在周末定期开展活动，我与工作组的老师一起，对一周的上课情况进行研究，探讨教师专业发展和学习投资，讨论课堂教学方式和方法，我还会提出一些有创意的培训方式，并使用不同的方式去思考学生学习。比如，开展不同的游戏活动来进行教学。我们创造了球类的学习单词游戏，用这种方式代替传统学习的死记硬背。于是，我的日常工作就变得更有挑战性。（V–LC）

（4）创新教学理念的坚持与疑惑。

在对教师培训的过程中，LC坚持自己的创新教学方式，但教学受众群体和当地教师并不总是理解和支持LC的做法，也容易让援助工作人员感觉到困惑和挫败。

我坚持了以往学习到的教师培训经验，但这种经验又得不到大家的支持，学生接受这种新的培训方式又感到非常困难……尽管我能够理解为什么会这样，但还是会有很深的挫败感。其实，你也知道，持续提供给学生学习语言的教学物资都是次要的事情，是辅助的事情，重要的是让他们真正开口说，开口练习……但是，有时候觉得（当地政府）不关心学生学到了些什么，只希望学生们能够通过考试，获得学位。然而，我关心的是学生的学习质量、学习效果。这也是我在这个过程中，遇到的又一个挑战……这也就是为什么我要加入这里的教师组织。如果我想让我的工作更有价值，那就必须制订计划，设定战略，否则任何事情都有可能失败。（V-LC）

参考文献

一、中文文献

1. 专著与译著

[1] 保罗·A.萨巴蒂尔.政策过程理论［M］.彭宗超，钟开斌，等译.北京：生活·读书·新知三联书店，2004.

[2] 毕润成.科学研究方法与论文写作［M］.北京：科学出版社，2008.

[3] 储祥银.国际经济合作实务［M］.北京：对外经济贸易大学出版社，2000.

[4] 丁韶彬.大国对外援助：社会交换论的视角［M］.北京：社会科学文献出版社，2010.

[5] 郭文斌.教育研究方法［M］.北京：科学出版社，2012.

[6] 黄梅波.国际发展援助的有效性研究：从援助有效性到发展有效性［M］.北京：人民教育出版社，2020.

[7] 靳希斌，安雪慧，闫国华，等.国际教育援助研究：理论概述与实践分析［M］.福州：福建教育出版社，2008.

[8] 李方.现代教育研究方法［M］.广州：广东高等教育出版社，2004.

[9] 李小云，唐丽霞，武晋.国际发展援助概论［M］.北京：社会科学

文献出版社，2009.
[10] 孟庆茂. 教育科学研究方法 [M]. 北京：中央广播电视大学出版社，2001.
[11] 孙同全，周太东. 对外援助规制体系比较研究 [M]. 北京：社会科学文献出版社，2015.
[12] 托马斯・R. 戴依. 自上而下的政策制定 [M]. 鞠方安，吴忧，译. 北京：中国人民大学出版社，2002.
[13] 翁士洪. 治理呼唤制度：教育援助的非正式制度研究 [M]. 北京：中国社会科学出版社，2015.
[14] 徐辉. 国际教育初探：比较教育的新进展 [M]. 成都：四川教育出版社，2005.
[15] 袁本涛. 发展教育论 [M]. 南京：江苏教育出版社，2005.
[16] 张郁慧. 中国对外援助研究（1950—2010）[M]. 北京：九州出版社，2012.
[17] 钟海青. 教育研究方法概论 [M]. 桂林：广西师范大学出版社，2011.
[18] 周弘. 对外援助与国际关系 [M]. 北京：中国社会科学出版社，2002.
[19] 朱利安・勒・格兰德. 另一只无形的手：通过选择与竞争提升公共服务 [M]. 韩波，译. 北京：新华出版社，2010.

2. 期刊论文

[1] 顾建新. 国际援助非洲教育发展及对我国的启示 [J]. 西亚非洲，2008（3）：54-59.
[2] 刘丽云. 国际政治学理论视角下的对外援助 [J]. 教学与研究，2005（10）：83-88.
[3] 滕珺，李笑旭，陈柳. 中国：一个新兴教育援助国的历史基础与未来挑战——基于“中非教育合作与交流”的批判性文献分析 [J]. 北

京师范大学学报，2016（1）：17–30.

［4］王根顺，崔艳丽．我国西部基础教育境外项目述评［J］．上海教育研究，2007（9）：12–15.

［5］徐辉，魏晓迪．后疫情时代英国女童教育国际援助的动因、路径及特性［J］．西南大学学报（社会科学版），2022（4）：139–147.

［6］徐辉．战后国际教育援助的影响、问题及趋势［J］．外国教育研究，2000（1）：35–38.

［7］张广荣．英国对非援助：概况、特点及影响因素［J］．国际经济合作，2011（5）：38–42.

［8］张效民，孙同全．英国对外援助规制体系研究［J］．国际经济合作，2014（5）：50–55.

［9］赵玉池，陈时见．国际教育援助及其对世界教育发展的影响［J］．比较教育研究，2010（10）：49–54.

［10］郑崧．有效援助议程下的中国对非教育援助［J］．比较教育研究，2011（12）：48–52.

3. 学位论文

［1］艾希．世界体系理论视角下英国政治发展模式及其对中国的启示研究［D］．北京：北京师范大学，2016.

［2］胡小娇．国际教育援助及其效果的研究［D］．上海：华东师范大学，2011.

［3］潘忠．联合国开发计划署援助与中国的发展：一个国际多边发展援助案例的研究［D］．北京：中国人民大学，2006.

［4］沈蕾娜．世界银行对发展中国家高等教育的政策和影响：以亚非四国为例［D］．北京：北京师范大学，2009.

［5］苏阳．美国对外教育援助政策研究：以美国国际开发署为例［D］．北京：北京师范大学，2016.

[6] 孙玲.教育投资效益研究：世界银行贫困省教育发展项目案例分析[D].北京：北京大学，2003.

[7] 王耀萱.英国对外援助变化趋势及原因分析[D].北京：外交学院，2011.

[8] 吴欢欢.国际社会对独立后印度基础教育援助的实践研究[D].金华：浙江师范大学，2013：33.

[9] 赵玉池.国际教育援助研究[D].重庆：西南大学，2010.

4. 网络资源

[1] 联合国.目标4：确保包容和公平的优质教育，让全民终身享有学习机会[EB/OL].[2017-09-03].http：//www.un.org/sustainabledevelopment/zh/education/.

[2] 联合国.可持续发展议程[EB/OL].[2021-08-31].https：//www.un.org/sustainabledevelopment/zh/development-agenda/.

[3] 联合国教科文组织.引领2030年教育[EB/OL].[2021-08-31].https：//zh.unesco.org/education2030-sdg4.

二、外文文献

1. 专著

[1] ALEXANDER R. Essays on pedagogy [M]. Abingdon：Routledge，2008.

[2] BANERJEE A V，DUFLO E. Poor economics：rethinking poverty and the ways to end it [M]. New Delhi：Random House，2011.

[3] BLEDSOE C H，CASTERLINE J B，JOHNSON-KUHN J A，et al. Critical perspectives on schooling and fertility in the developing world [M].

Washington: National Academy Press, 1999.
[4] COLEMAN J S. Equality of educational opportunity [M] . Washington: U.S.Government Printing Office, 1996.
[5] CHARLES O J. An introduction to the studying of public policy [M] . Monterey, CA: Brooks/Cole, 1984.
[6] FULLAN M. Leadership & sustainability: system thinkers in action [M] . Monterey, CA: Corwin Press, 2005.
[7] KAMIBEPPU T. History of Japanese policies in education aid to development countries, 1950s–1990s: the role of the subgovernmental processes [M] . New York & London: Routledge, 2002.
[8] KING K, MCGRATH S. Knowledge for education [M] . Cape Town: HSRC Press, 2004.
[9] JUKES M, DRAKE L, BUNDY D. School health, nutrition and education for all: leveling the playing field [M] . Wallingford: CABI Publishing, 2007.
[10] LANCASTER C. Aid to Africa: so much to do, so little done [M] . Chicago: The University of Chicago Press, 1999.
[11] LANCASTER C. Foreign aid: diplomacy, development, domestic politics [M] . Chicago: The University of Chicago Press, 2007.
[12] MENSCH B, LENTZNER H, PRESTON S. Socio–economic differentials in child mortality in developing countries [M] . New York: United Nations, 1986.
[13] PEREIRA J, VILLOTA C. Hitting the target? evaluating the effectiveness of results–based approaches to aid [M] . Brussels: EURODAD, 2012.
[14] PEARSON M. Results based aid and results based financing: what are they? have they delivered results? [M] . London: HLSP Institute, 2011.
[15] WHITE J. The politics of foreign aid [M] . London: Bodley Head, 1974.
[16] WILLIAM Y E. Education and training in the developing countries: the

role of U.S.foreign aid［M］. New York：Frederick A. Praeger，1966.

2. 期刊论文

［1］ABBY R，MIGUEL N. The effectiveness of foreign aid to education：what can be learned?［J］. International Journal of Educational Development，2016，48：23–36.

［2］BERRY C，BARNETT E，HINTON R. What does learning for all mean for DFID's global education work?［J］. International Journal of Educational Development，2015，40：323–329.

［3］BIRCHLER K，MICHAELOWA K. Making aid work for education in developing countries：an analysis of aid effectiveness for primary education coverage and quality［J］. International Journal of Educational Development，2016，48：37–52.

［4］BRANCH G，HANUSHEK E，RIVKIN S. School leaders matter：measuring the impact of effective principals［J］. Education Next，2013，13（1）：62–69.

［5］CASSITY E A. More effective aid policy? AusAID and the global development agenda［J］. Comparative Perspectives，2008，9（2）：2–17.

［6］CHAUDHURY N，HAMMER J，KREMER M，et al. Missing in action：teacher and health worker absence in developing countries［J］. Journal of Economic Perspectives，2006，20（1）：91–116.

［7］COGNEAU D，NAUDET D J. Who deserves aid? equality of opportunity，international aid，and poverty reduction［J］. World Development，2007，35（1）：104–120.

［8］DEJAEGHERE J，WIGER N P. Gender discourses in an NGO education project：openings for transformation toward gender equality in Bangladesh［J］. International Journal of Educational Development，2013，33（6）：557–565.

[9] DERIES K, KNIGHT L. The good school toolkit for reducing physical violence from school staff to primary school students: a cluster-randomised controlled trial in Uganda [J] . Lancet Global Health, 2015, 3 (7): 378-386.

[10] ESSUMAN A, AKYEAMPONG K. Decentralisation policy and practice in Ghana: the promise and reality of community participation in education in rural communities [J] . Journal of Education Policy, 2011, 26 (4): 513-527.

[11] EVANS D, POPOVA A. What really works to improve learning in developing countries? an analysis of divergent findings in systematic reviews [J] . The World Bank Research Observer, 2016, 31 (2): 250-261.

[12] GAKIDOU E, COWLING K, LOZANO R, et al. Increased educational attainment and its effect on child mortality in 175 countries between 1970 and 2009: a systematic analysis [J] . The Lancet, 2010, 376 (9745): 959-974.

[13] GEE K A. Achieving gender equality in learning outcomes: evidence from a non-formal education program in Bangladesh [J] . International Journal of Educational Development, 2015, 40 (6): 207-216.

[14] GLEWWE P. Why does mother's schooling raise child health in developing countries? evidence from morocco [J] . Journal of Human Resources, 1999, 34 (1): 124-159.

[15] GRANTHAM-MCGREGOR S, BUN C Y, CUETO S, et al. Developmental potential in the first 5 years for children in developing countries [J] . The Lancet, 2007, 369 (9555): 60-70.

[16] GREEN A, PRESTON J. Education and social cohesion: recentering the debate [J] . Peabody Journal of Education, 2001, 76 (3-4): 247-284.

[17] HEYNEMAN S P. Foreign aid to education, recent US initiatives: background, risks, prospects [J] . Peabody Journal of Education, 2004, 80 (1): 107–119.

[18] HEYNEMAN S P, LEE B. International organizations and the future of education assistance [J] . International Journal of Educational Development, 2016, 48: 9–22.

[19] HODDINOTT J, BEHRMAN J R, MALUCCIO J A, et al. Adult consequences of growth failure in early childhood [J] . American Journal of Clinical Nutrition, 2013, 98 (11): 1170–1178.

[20] JENSEN R. Agricultural volatility and investments in children [J] . American Economic Review, 2000, 90 (2): 399–404.

[21] MOSSELSON J, WHEATON W, FRISOLI P S J. Education and fragility: a synthesis of the literature [J] . Journal of Education for International Development, 2009 (1): 1–17.

[22] MURALIDHARAN K, DAS J, HOLLA A, et al. The fiscal cost of weak governance: evidence from teacher absence in India [J] . Journal of Public Economics, 2017, 145: 116–135.

[23] NOVELLI M. The new geopolitics of educational aid: from cold wars to holy wars [J] . International Journal of Educational Development, 2010, 30 (5): 453–459.

[24] RICHARDS P. New political violence in Africa [J] . Geo Journal, 1999, 47 (3): 433–442.

[25] OLKEN B, ONISHI J, WONG S. Should aid reward performance? evidence from a field experiment on health and education in Indonesia [J] . Applied Economics, 2014, 6 (4): 1–34.

[26] PRITCHETT L. Where has all the education gone? [J] . The World Bank Economic Review, 2001, 15 (3): 367–391.

[27] PSACHAROPOULOS G，PATRINOS H A. Returns to investment in education：a further update [J] . Education Economics，2004，12（2）：111–134.

[28] WALKER S，WACHS T，GRANTHAM–MCGREGOR S，et al. Inequality in early childhood：risk and protective factors for early child development [J] . The Lancet，2011，378（9799）：1325–1338.

[29] WILLIAMS T P. The political economy of primary education：lessons from Rwanda [J] . World Development，2017，96：550–561.

3. 报告

[1] BOLD T，FILMER D，MARTIN G，et al. What do teachers know and do? does it matter? evidence from primary schools in Africa [R] . Washington：World Bank Group，2017.

[2] Cambridge Education. The ripple effect：a review of the sustainability of the Gansu basic education project [R] . Cambridge：Cambridge Education，2017.

[3] CfBT，Education Trust，Practical Action Consulting & Save the Children. State–building，peace–building and service delivery in fragile and conflict–affected states：literature review–final report [R] . CfBT，Education Trust，Practical Action Consulting & Save the Children，2011.

[4] COLCLOUGH C，KINGDON G，PATRINOS H. The pattern of returns to education and its implications [R] . Cambridge：Research Consortiumon Educational Outcomes & Poverty，2009.

[5] DAS P K. Responding to the past，preparing for the future：post Sidr interventions in education Bangladesh [R] . London：DFID，2008.

[6] DFID. Annual report and accounts 2015–16 [R] . London：DFID，2016.

[7] DFID. Education position paper improving learning，expanding opportuni–

ties [R] .London: DFID, 2013.

[8] DFID. DFID' s evaluation framework for payment by results [R] . London: DFID, 2014.

[9] DFID. DFID education policy get children learning [R] . London: DFID, 2018.

[10] DFID. Jobs, labour market and shared growth: the role of skills [R] . London: DFID, 2008.

[11] DFID. Learning for all: DFID' s education strategy 2010–2015 [R] . London: DFID, 2010.

[12] DFID. Multilateral aid review: ensuring maximum value for money for UK aid through multilateral organisations [R] . London: DFID, 2011.

[13] DFID. Management response & recommendations action plan [R] . London: DFID, 2014.

[14] DFID. Sharpening incentives to perform: DFID' s strategy for payment by results [R] . London: DFID, 2014.

[15] ESSPIN. Overall findings and technical report of ESSPIN composite survey 1 [R] . London: ESSPIN, 2013.

[16] HODGKINSON E. Developments in British aid [R] . London: ODI Review, 1976.

[17] ILO. Give girls a chance – tackling child labour: a key to the future [R] . Geneva: ILO, 2009.

[18] KING K, BUEHERT L. Changing international aid to education [R] . Paris: UNESCO, 1990.

[19] KINGDON G, LITTLE A W, ASLAM M, et al. A rigorous review of the political economy of education systems in developing countries [R] . London: Institute of Education, 2014.

[20] LEWIS M, LOCKHEAD M. Inexcusable absence: why 60 million girls

aren't in school and what to do about it [R]. Washington: Center for Global Development, 2016.

[21] NAG S, CHIAT S, TORGERSON C, et al. Education rigorous literature review: literacy, foundation learning and assessment in developing countries [R]. London: DFID, 2014.

[22] PEARSON M. Results based aid and results based financing: what are they? have they delivered results? [R]. London: HLSP Institute, 2011.

[23] PRICHETT L. Creating education systems coherent for learning outcomes: making the transition from Schooling to Learning [R]. Oxford: Research on Improving Systems of Education, 2015.

[24] ROES P, ALCOTT B. How can education systems become equitable by 2030? [R]. Oxford: High-Quality Technical Assistance for Results, 2015.

[25] ROSE P, SABATES R, ALCOTT B, et al. Overcoming inequalities within countries to achieve global convergence in learning [R]. New York: The Education Commission, 2017.

[26] Save the Children. Last in line; last in school - how donors are failing children in conflict-afflicted fragile states [R]. London: Save the Children, 2007.

[27] Secretariat of the Convention on Biological Diversity. Global monitoring report 2010: innovative financing for biodiversity [R]. Montreal: Secretariat of the Convention on Biological Diversity, 2010.

[28] STEPHEN K. Directing foreign aid for basic education: taking account of political will [R]. Washington: Brookings Global Economy and Development, 2008.

[29] STERN E, STAME N, MAYNE J, et al. Broadening the range of designs and methods for impact evaluations [R]. London: DFID, 2012.

[30] UNESCO. Education for all，global monitoring report：reaching the marginalised [R] . Paris：UNESCO，2010.

[31] UNESCO. Education for all global education monitoring report [R] . Paris：UNESCO，2015.

[32] UNESCO Institute for Statistics. The world needs almost 69 million new teachers to reach the 2030 UNESCO education goals [R] . Paris：UNESCO，2016.

[33] UNESCO. Overcoming inequality：why governance matters [R] . Paris：UNESCO，2008.

[34] UNESCO. Teaching and learning：achieving quality for all [R] . Paris：UNESCO，2014.

[35] UNESCO. The 2010 education for all global monitoring report [R] . Paris：UNESCO，2010.

[36] UNESCO. Youth and skills：putting education to work [R] . Paris：UNESCO，2012.

[37] UNESCO and UN Women. Global guidance on addressing school-related gender-based violence [R] . Paris：UNESCO，2016.

[38] UNICEF. The investment case for education and equity [R] . New York：UNICEF，2015.

[39] Upper Quartile. Evaluation of results-based aid in Rwandan education - Year Two [R] . Kigali：Institute of Policy Analysis and Research-Rwanda，2015.

[40] Upper Quartile. Final evaluation report：evaluation of results-based aid in Rwandan education [R] . Kigali：Institute of Policy Analysis and Research-Rwanda，2015.

[41] WAPLING L. Inclusive education and children with disabilities：quality education for all in low and middle lncome countries [R] . Cambridge：

CMB，2016.
[42] World Bank. Girls' education in the 21st century: gender equality, empowerment and economic growth [R] . Washington: World Bank, 2008.
[43] World Bank. Millennium development goals: confronting the challenges of gender equality and fragile states [R] . Washington: World Bank, 2007.
[44] World Bank. Rwanda education resilience approaches country report [R] . Washington: World Bank, 2013.
[45] World Bank. World development report 2013: the jobs challenge [R] . Washington: World Bank, 2012.
[46] World Bank Group. World development report 2015: mind, society and behavior [R] . New York: World Bank Group, 2015.
[47] World Bank, UNICEF & Fast Track Initiative. Abolishing school fees in Africa: lessons from Ethiopia, Ghana, Kenya, Malawi and Mozambique [R] . Washington: World Bank & Paris: UNICEF, 2009.

4. 政策文本与档案

[1] BARDER O. Reforming development assistance: lessons from the UK experience [Z] . London: Center for Global Development, 2005.
[2] COLLIE P. Economic causes of civil conflict and their Implications for policy [Z] . Washington, DC: World Bank, 2000.
[3] CUNHA F, HECKMAN J J, LOCHNER L, et al. Interpreting the evidence on life cycle skill formation: handbook of the economics of education [Z] . Cambridge: National Bureau of Economic Research, 2005.
[4] DFID. DFID evaluation strategy 2014–2019 [Z] . London: DFID, 2014.
[5] DFID. DFID supply partner code of conduct [Z] . London: DFID, 2017.

[6] DFID. DFID staff code of practice [Z]. London: DFID, 2017.

[7] DFID & HM Treasury. UK aid: tackling global challenges in the national interest [Z]. London: DFID, 2015.

[8] IRETON B. Britain's international development policies–a history of DFID and overseas aid [Z]. London: Palgrave Macmillan, 2013.

[9] MINGAT A. Options for a cost–effective allocation of resources [Z]. Abidjan: Association for the Development of Education in Africa, 2005.

[10] World Bank.World development indicators [Z]. Washington: World Bank, 2008.

5. 网络文献

[1] BBC. International development and foreign office to merge [EB/OL]. (2020–06–16)[2022–04–07]. https://www.bbc.co.uk/news/uk–politics–53062858.

[2] Cabinet Office. Open policy making toolkit [Z/OL]. [2017–01–03]. https://www.gov.uk/guidance/open–policy–making–toolkit/getting–started–with–open–policy–making.

[3] Cambridge Education. Designing and delivering programmes [EB/OL]. [2017–10–11]. https://www.camb–ed.com/intdev/programme.

[4] Cambridge Education. Innovation in education [EB/OL]. (2016–02–03) [2017–07–06]. https://www.youtube.com/watch?v=MZ92xCt0k9w.

[5] Cambridge Education. Introducing Cambridge education [EB/OL]. [2017–12–11]. https://www.camb–ed.com/intdev/introducing–cambridge–education.

[6] Cambridge Education. Managing funds and grants [EB/OL]. [2017–11–12]. https://www.camb–ed.com/intdev/fund–management.

[7] Centre for Global Development. Cash on delivery aid [EB/OL]. [2017–

10–14] . http：//www.cgdev.org/section/initiatives/_active/codaid.

[8] DFID. About us [EB/OL] . [2017–08–23] . https：//www.gov.uk/government/organisations/department–for–international–development/about.

[9] DFID. Achieving universal access–evidence for action [R/OL] . [2017–10–22] . http：//s3.amazonaws.com/zanran_storage/www.dfid.gov.uk/ContentPages/4925004.pdf.

[10] DFID. Evaluation reports [EB/OL] . (2013–10–07)[2020–03–12] . https：//www.gov.uk/government/collections/evaluation–reports.

[11] DFID. Girls' education challenge [EB/OL] . (2013–03–26)[2017–10–25] . https：//www.gov.uk/guidance/girls–education–challenge.

[12] DFID. Statistics on international development 2017 [R/OL] . (2017–03–28)[2017–11–13] . https：//www.gov.uk/government/statistics/statisticson–international–development–2017.

[13] DFID. Smart rules：better programme delivery [Z/OL] . (2014–07–17) [2017–09–21] . https：//assets.publishing.service.gov.uk/government/uploads/system/uploads/attachment_data/file/699425/Smart–Rules–External–April18.pdf.

[14] DFID. Prevention of violence against women and girls：research and innovation fund [R/OL] . [2018–01–05] . https：//devtracker.dfid.gov.uk/projects/GB–1–203709/.

[15] ESSPIN. Lagos private school census 2010–2011 [EB/OL] . [2017–07–16] . http：//www.esspin.org/index.php/search/reports?q=LG+501.

[16] FILIPENCO D. What is international aid? [EB/OL] . (2022–04–21) [2022–07–30] . https：//www.developmentaid.org/news–stream/post/141735/what–is–international–aid.

[17] Global Partnership for Education. Aid to education [Z/OL] . [2017–11–20] . https：//www.globalpartnership.org/about–us/donor/united–kingdom.

[18] HM Treasury. Government sets out conditions for returning to 0.7% aid target [EB/OL] . (2021-07-12)[2022-08-04] . https：//www.gov.uk/government/news/government-sets-out-conditions-for-returning-to-07-aid-target.

[19] HONEYMAN V. From DFID to the FCDO：what does this mean for UK aid? [EB/OL] . (2020-12-18)[2022-05-26] . https：//css.leeds.ac.uk/from-dfid-to-the-fcdo-what-does-this-mean-for-uk-aid/.

[20] JONES A，HARRY Y. Boris Johnson scraps overseas aid department, heralding end to "giant cashpoint in the sky" [EB/OL] . (2020-06-16) [2022-04-07] . https：//www.telegraph.co.uk/politics/2020/06/16/lock-down-uk-news-update-boris-johnson/.

[21] McKinsey & Company，Social Sector Office. The economic impact of the achievement gap in America's schools [R/OL] . [2017-11-02] . https：//www.mckinsey.com/industries/social-sector/our-insights/the-economic-cost-of-the-us-education-gap.

[22] MWABU G，ACKERMAN X. Focusing on quality education in Sub-Saharan Africa [EB/OL] . (2013-05-28)[2018-02-11] . https：//www.brookings.edu/blog/education-plus-development/2013/05/28/focusing-on-quality-education-in-sub-saharan-africa/.

[23] OECD. Official development assistance 2016 [EB/OL] . (2017-04-05)[2017-05-06] . http：//www2.compareyourcountry.org/oda?cr=12&cr1=oecd&lg=en&page=1.

[24] OECD. The 0.7% ODA/GNI target – a history [EB/OL] . [2019-12-26] . http：//www.oecd.org/dac/stats/the07odagnitarget-ahistory.htm.

[25] Official Development Assistance. Definition and coverage [DB/OL] . [2016-10-14] . http：//www.oecd.org/dac/stats/officialdevelopmentassistancedefinitionandcoverage.htm.

[26] Pratham P. Annual status of education report (rural) 2007 [R/OL] . (2008-01-05)[2017-04-23] . https：//www.researchgate.net/publication/23646062_Annual_Status_of_Education_Report_Rural_2007：Pratham Resource Centre.

[27] STEWART H，WINTOUR P. Three ex-PMs attack plan to merge DFID with foreign office [EB/OL] . (2020-06-16)[2022-04-07] . https：//www.theguardian.com/politics/2020/jun/16/foreign-office-and-department-for-international-development-to-merge.

[28] Super DTP. Independent quality assurance [EB/OL] . [2022-08-05] . https：//superdtp.com/independent-quality-assurance/.

[29] UK Aid. Girls' education challenge [EB/OL] . [2022-07-31] . https：//girlseducationchallenge.org/#/.

[30] UK Aid. Leave no girl behind [EB/OL] . [2022-07-31] . https：//girlseducationchallenge.org/stories/story/leave-no-girl-behind/.

[31] UK Aid Direct. International day of persons with disabilities：exeter Ethiopia link [EB/OL] . [2016-11-30] . https：//ukaiddirect.org/case-studies/international-day-of-persons-with-disabilities-exeter-ethiopia-link/.

[32] UK Aid Direct. International day of the girl：Afrikids [EB/OL] . [2016-11-30] . https：//ukaiddirect.org/case-studies/case-studies/.

[33] UK Aid Direct. Improved knowledge and awareness of health，HIV，education，rights and choices for deaf people in Uganda [EB/OL] . [2016-11-30] . https：//www.ukaiddirect.org/learning/case-studies/improved-knowledge-and-awareness-of-health-hiv-education-rights-and-choices-for-deaf-people-in-uganda/.

[34] UK Gov. International development act 2002 [Z/OL] . (2012-02-26) [2017-11-23] . http：//www.legislation.gov.uk/ukpga/2002/1/contents.

[35] UK Gov. International development (reporting and transparency) act 2006 [Z/OL] . (2016-07-25)[2017-11-23] . http：//www.legislation.gov.uk/ukpga/2006/31/contents.

[36] UK Gov. Equality act 2010 [Z/OL] . (2010-04-08)[2017-11-23] . http：//www.legislation.gov.uk/ukpga/2010/15/contents.

[37] UK Gov. Terrorism act 2000 [Z/OL] . (2000-07-20)[2017-11-23] . http：//www.legislation.gov.uk/ukpga/2000/11/contents.

[38] UNESDOC Database. Education for all，global monitoring report，world inequality database in education [R/OL] . [2018-01-13] . http：//www.educationinequalities.org/.

[39] UNESCO Institute for Statistics. Atlas of gender inequalities in education [R/OL] . [2018-01-26] . https：//www.tellmaps.com/uis/gender/#!/tellmap/-1195952519.

[40] UNESCO. Six education for all goals [EB/OL] . (2000-04-18)[2021-08-31] . http：//en.unesco.kz/six-education-for-all-goals.

[41] World Bank. Averting a human crisis during the global downturn：policy options from the World Bank's human development network [R/OL] . (2009-04-05)[2017-11-23] . http：//siteresources.worldbank.org/NEWS/Resources/AvertingTheHumanCrisis.pdf.

[42] World Bank. Girls' education in the 21st century：gender equality，empowerment and economic growth [Z/OL] . [2017-09-23] . http：//siteresources.worldbank.org/EDUCATION/Resources/278.

[44] World Bank. Learning to realize education's promise [R/OL] . (2018-01-14)[2018-01-26] . http：//www.worldbank.org/en/publication/wdr2018.

附　录

一、缩略语表

简称	英文全称	中文名称
DAC	Development Assistance Committee	发展援助委员会
DCSF	Department for Children Schools and Families	英国儿童、学校和家庭部
DIB	Development Impact Bonds	发展影响债券
DFID	Department for International Development	（英国）国际发展部
EFA	Education for All	全民教育
ESDG	Education Service Delivery Grant	教育服务实施经费
EvD	Evaluation Department	（DFID）评估部
FBOs	Faith-Based Organizations	以信仰为基础的组织
FCO	Foreign and Commonwealth Office	外交和联邦事务部

续表

简称	英文全称	中文名称
FCPD	Finance and Corporate Performance Dirision	财务与企业绩效司
GBEP	Gansu Basic Education Project	（中英）甘肃基础教育项目
GEC	Girls' Education Challenge	女童教育挑战
GPE	Global Partnership for Education	全球教育合作伙伴
ICAI	Independent Commission for Aid Impact	独立援助影响委员会
MGDs	Millennium Development Goals	千年发展目标
OECD	Organization for Economic Co-operation and Development	经济合作与发展组织
PbR	Payment by Result	以结果为基础的经费支付
RBA	Results Based Aid	基于援助的结果
RBF	Results Based Finance	以财政为基础的结果
RESP	Rwanda Education Sector Programme	卢旺达教育部门项目
NGO	Non-Governmental Organization	非政府组织
SBS	Sector Budget Support	部门预算支持
SDGs	Sustainable Development Goals	可持续发展目标
UNDP	United Nations Development Programme	联合国开发计划署

续表

简称	英文全称	中文名称
UNESCO	United Nations Educational, Scientific and Cultural Organization	联合国教科文组织
UNICEF	United Nations International Children's Emergency Fund	联合国儿童基金会
VfM	Value for Money	经费价值
WB	World Bank	世界银行

二、访谈提纲

1. 对教育援助实施的第三方机构人员的访谈

（1）DFID 与剑桥教育集团是什么关系？

（2）在国际援助发展中，你们扮演了什么角色？

（3）谁监督你们的工作？如何做的？

（4）你们如何获得经费？谁给你们提供的？

（5）在其项目中，你们是如何分配经费的？

（6）谁来监督你们的经费使用？如何监督的？

（7）你们所谓的“创新教育”是指什么？它是一个新的战略目标吗？

（8）英国政府是用什么样的政策来支持你们开展教育援助创新工作的？

（9）你们所指的“合作创新”又是什么？“合作创新”与

之前的“合作”有什么不同？

（10）根据提出的“创新”，你们做了些什么？你们又将做些什么？

（11）在开展援助工作前，你们如何联系受援国的？获得了受援国的哪些帮助？

（12）你们是如何选择合作者的？

（13）项目结束后，你们实现了预期的目标吗？

（14）在援助实施的过程中，你们遇到了什么样的问题？又是如何处理的？

（15）援助实施后，你们如何评估教育援助的成效？

（16）在实施教育援助的项目中，英国国家的国际利益是什么？

（17）英国国家利益和教育援助的关系是什么？

英文提纲

· To the third-party staff

（1）What is the relationship between DFID and Cambridge education？

（2）What is your role in international aid development？

（3）Who supervises the work of Cambridge education？ How well did they do it？

（4）How did you receive money or funding for your programme？

（5）How did you allocate the money to the programme？

(6) Who supervised your budget spending ? How well did they do it ?

(7) What is "innovation in education"? Is it a new strategical goal for international aid ?

(8) Are there any policies to support innovation for your educational aid ?

(9) What is "Partnership innovation"? Compared with the partnership you built, why did you add the word "innovation" after partnership ? What is the difference between ex-partnership and innovation partnership ?

(10) According to the innovation, what have you done ? Or what will you do ?

(11) Before delivering the programme, how did you connect with recipient countries ? Or how did you get the support from recipient counties ?

(12) How did you choose the partner ?

(13) Did the results of aid achieve what you had planned at the end of the programme ?

(14) Were there any problems when you implemented this programme ? How did you deal with them ?

(15) Did you evaluate the educational aid results after aid delivery ?

(16) What is the UK's national interest in your aid programme ?

(17) Based on the perspective of international development,

what is the relationship between the UK's national interest and educational aid ?

2. 对英国国际发展部官员的访谈

（1）在制定援助政策时，DFID 是如何订立教育援助目标的？

（2）制定援助政策时，DFID 需要遵循什么样的法律法规？

（3）在制定援助政策时？DFID 关注什么问题？

（4）在教育援助的过程中，英国能够获得什么样的利益？

（5）英国政府是如何选择受援国的？依据是什么？

（6）英国是如何与国际组织建立合作关系的？

（7）你认为英国政府与受援国保持着怎样的关系？

（8）英国政府在国际组织和机构中扮演了怎样的角色？

（9）在教育援助的过程中，英国政府的政治立足点是什么？

（10）在实施援助的过程中，英国政府是如何与受援国沟通的？又是如何与国际组织沟通的？有什么相应的政策文本指导着这种合作？

（11）英国是如何分配援助经费的？是依据什么标准分配的？

（12）在经费分配的过程中，存在什么问题？

（13）英国政府又是如何处理这些问题的？

（14）在英国的教育援助实施的过程中，你认为存在哪些积极的方面和消极的方面?

（15）援助结束后，对英国会产生怎样的影响?

（16）英国将采取哪些措施来推进世界教育援助的发展?

· To the DFID officals

（1）How did DFID choose targets or goals to make international policies for educational aid ?

（2）Do you need to follow the related documents or regulations for making the educational aid policies ?

（3）What was DFID's focus when the policies for educational aid were made ?

（4）Which kind of benefits could the UK obtain from the educational aid ?

（5）How did the UK government select the recipient countries ?

（6）How did you choose the partner for building cooperation ? Such as the OECD or UNICEF ?

（7）In your opinion, what kind of relationship exists between the UK government and recipient countries ?

（8）What is the role that the UK government plays in international organizations or institutions ?

（9）What is the political standpoint of the UK Government in the process of educational aid ?

（10）How did the UK negotiate with the recipient countries for aid delivery？ How did it supprot for international organizations？Are there any regulations to guide it？

（11）We know that there are different allocation or budgets among different recipients. How did you allocate the educational funding to developing counties？ Do you have any standards for allocation？

（12）Are there any problems or contradictions in the process of allocation？

（13）How did the UK government deal with these issues？

（14）What is your opinion on the outcomes of educational aid？ What are the positive aspects？ What are the negative aspects？

（15）What kind of influence has the aid had on the UK？

（16）What will the UK do in the near future to promote the development of educational aid in the world？

3. 对援助研究人员的访谈

（1）为什么你要选择这个研究项目？你是如何获得这个项目的？

（2）项目的主体是什么？

（3）你们是如何管理这个项目的？做了些什么？

（4）该项目的经费从哪里来？英国政府还是DFID？

（5）你们是如何使用经费的？

（6）谁来监督你们经费的使用情况？

（7）在你实施项目之前，你是如何选择援助对象（受援国）的？是如何与受援国沟通的？又是如何实施这个项目的？

（8）在项目实施中，你们扮演了什么角色？做了些什么？遇到什么困难？又是如何克服的？

（9）作为一个研究项目，你们有评估框架吗？谁提供给你们的？

（10）项目实施后，其结果是否达到了你们的预期？有什么不同？这些不同是如何产生的？

（11）作为一个研究者，你对英国教育援助政策的实施有什么看法？

· To the researchers

（1）Why did you choose this research project？ How did you get this research project？

（2）What is the aim about this project？

（3）How did you manage this project？ What did you do？

（4）How did you get funding for EdQual？ How did the UK government or DFID provide this funding for you？

（5）How did you spend this funding？

（6）Has anyone supervised this process of using money？

（7）Before delivering this project，why did you choose these countries to do your work？ How did you negotiate with the recipient countries？ How did you deliver this project？

（8）In the process of edqual delivery，what was your role？

What did you do？ What problems did you have？ How did you deal with them？

（9）Do you have a framework of evaluation for this project？Who provided the framework for your evaluation？

（10）After delivery，did you get the result that you predicted？Were there some differences？ What were the reasons for these differences？

（11）What is your individual opinion on educational aid？

4. 对受援国学生的访谈

（1）英国在你们国家实施了哪些项目？

（2）为什么要在你的国家开展这些项目？

（3）这些项目的理念和目标是什么？

（4）在你们国家，教育援助政策的开展体现在哪些方面？

（5）你对这样的援助活动有没有预期？

（6）在英国教育援助的项目实施中，你看到了些什么？他们是怎么做的？

（7）这些做法是否跟你的预期相一致？

（8）援助政策的实施对当地的教育事业发展作出了哪些贡献？如学生成绩、基础设施建设、劳动力培训、儿童、女童、女性等。

（9）援助政策的实施是否出现水土不服的现象？如果有，政府、地方或学校做出了哪些调整？

（10）援助开展后，是否对其结果进行了验收？如果有，你看到他们是怎么检查或验收的吗?

(11)在教育援助的政策实施中,你认为英国政府在援助中,扮演了什么角色?

(12)你是如何看待英国教育援助政策实施的?

· To the students who served or studies in the recipients

(1) Do you know which project has been delivered by the UK Aid in your country?

(2) Why did the UK choose your country to do this project?

(3) Do you know the conception and aim of this project?

(4) In your country, what did they do in the process of education aid policy?

(5) What did you have any expectations for such aid programmes?

(6) How did the process of delivering this project go?

(7) Is the educational aid result as you had expected?

(8) What contribution did the UK aid policy make delivering the aid policy? For example, students' outcomes, school infrastructure, children education, girls education, etc.

(9) Were there any problems in the process of delivering educational aid policy? How did the national government, local authority or school adjust and tackle these problems?

(10) Was there any feedback mechanism for evaluating the aid result?

（11）What kind of role did the UK government play in the process of delivering educational aid policy？

（12）What is your view on the UK education aid policy for developing countries？

5. 对援助志愿者的访谈

（1）这是一个什么样的项目？

（2）为什么要开展这个项目？

（3）项目的理念或者说目标是什么？

（4）该项目是如何管理的？

（5）经费是怎么来的？个人、政府还是企业？经费又是如何管理的？

（6）为什么会选择（或者说要去）这个国家开展援助工作？

（7）在前往该国之前，做了哪些准备？

（8）在援助实施的过程中，前期计划与实施情况的哪些方面存在不同？

（9）在援助过程中，你的角色是什么？做了些什么？遇到了哪些困难？困难是如何解决的？

（10）在其困难中，英国政府或者组织机构为你们做了些什么？受援国又做了些什么？

（11）援助的过程中，其结果与你预期的结果是否一致？

（12）援助实施后，你们有没有评估教育援助的结果？

· To the volunteers

(1) What is this project about?

(2) Do you know why this Charity organization undertook this project?

(3) What was the aim of this project?

(4) How did leaders manage this project?

(5) Who provided this funding for you? How did you use the funding?

(6) Why did you want to join in this aid project?

(7) Before delivering aid, what did you do to prepare for this project?

(8) In the process of delivering this project, were there any differences between aid plan and delivery?

(9) What was your role in the process? What did you do? Which kind of difficulties did you have? How did you deal with them?

(10) Were there any problems when you lived in the recipient countries? What did the charity, the UK government or the local authority do for you?

(11) In the process of the aid delivery, did you achieve the aim you had hoped for?

(12) After delivery, how did you evaluate the aid result you had achieved?

后 记

本书是在我博士学位论文的基础上修改完成的。开展有关“英国对外教育援助政策”的研究，贯穿了我读博生涯的全过程。每一个章节的呈现都是一段研究历程的记录。需要强调的是，在研究推进的过程中，部分成果已在相关学术期刊上发表，并纳入本书的章节中。

本书得以问世，首先要感谢我的导师王璐教授。当我再次拿起博士学位论文进行书稿修改时，每一节内容都让我想起王璐教授的鼓励、教导、敦促与支持。同时，感谢我的硕士导师孙河川教授的鼎力支持，是他引荐我前往英国布里斯托大学教育学院学习和开展研究调研工作。

该项研究的完成得到了很多老师的支持和帮助。受国家留学基金委员会的资助，在英国布里斯托大学教育学院萨莉·托马斯（Sally Thomas）教授的支持下，我于 2017 年 3 月前往英国布里斯托大学进行一年的联合培养。在此期间，有幸得到苏塞克斯大学基思·勒温（Keith Lewin）教授和爱丁堡大学肯尼斯·金（Kenneth King）教授的支持和引荐，帮助我完成了实证调研工作。同时，感谢剑桥教育集团（Cambridge Education）

安迪·布洛克（Andy Brock）的信任，提供给我与研究相关的一手资料。在本书的撰写和修改过程中，也希望这些所见、所闻、所感、所悟，能够在文字中呈现出英国对外教育援助的一幅幅画面。

同时，感谢北京大学施晓光教授、浙江大学吴雪萍教授，以及北京师范大学顾明远先生、王英杰教授、刘宝存教授、谷贤林教授、林杰教授、朱智勇教授、马健生教授担任我的博士论文的开题、答辩专家，并提出了许多宝贵的意见和建议。另外，本书要特别感谢“顾明远教育研究发展基金”给予的资助，支持我前往英国开展调研活动。在此表达我对顾先生的一份敬意。

最后，还要感谢知识产权出版社对于本书的支持，尤其是责任编辑王颖超老师提出了很多宝贵的修改意见，在此一并致谢。

王小栋

2022 年 11 月 20 日